Wohnmobilreisen

mit Kindern

Angela Misslbeck

WOHNMOBIL REISEN
mit Kindern

Tipps & Tricks von Eltern für Eltern
Mit Tourenvorschlägen & Checklisten

BRUCKMANN

Inhaltsverzeichnis

Vorwort oder: *Es war einmal* in Amerika 8

Tipps, Tricks und Tools

Planung 15
DIE ECKDATEN EURER WOHNMOBILREISE MIT KIND 15
DAS ERSTE MAL 16
DER RICHTIGE ZEITPUNKT.. 16
WELCHES FAHRZEUG FÜR WEN? 20
Wohnmobil-Glossar – CAMPING-FACHBEGRIFFE VON A BIS Z 23
EIN WOHNMOBIL KAUFEN? 24
ODER DOCH LIEBER MIETEN?... 24
Checkliste MIETCAMPER 27

Vorbereitung 28
ROUTENPLANUNG 28
SO FINDET IHR CAMPINGPLÄTZE UND STELLPLÄTZE 28
Nützliche Apps FÜR CAMPER-FAMILIEN 31
GÜNSTIG UNTERWEGS IM CAMPERVAN 32
Camping-Packliste FÜR FAMILIEN: DAS MUSS MIT 34

Unterwegs mit *Kids* und *Camper* 37
JETZT GEHT'S LOS – FAHRZEUG-CHECK 37
DAS WICHTIGSTE GRIFFBEREIT... 38
SPIELERISCH UNTERWEGS.. 41
STRECKENWAHL: SCENIC ROUTE ODER AUTOBAHN? 41
CAMPINGPLÄTZE – KINDERFREUNDLICH ODER NICHT? 42
REZEPTE AUS DER CAMPERKÜCHE FÜR KIDS 46

Camper-Familien im Gespräch

Das erste Mal: *Erwartungen* versus Realität 53
Premiere: *Allein mit Kind* im Camper 57
Rüstzeug und *Rückzugsplätze* bei Regenwetter 61
Sommer für Sommer: *Zu sechst* im Miet-Wohnmobil 66
Kuscheln im Cali: *Große Busliebe* mit kleinem Kind 74

Oben: Abendessen am Campervan nach einem Badetag
Unten: Mittagspause mit Weitblick an der provencalischen Küste

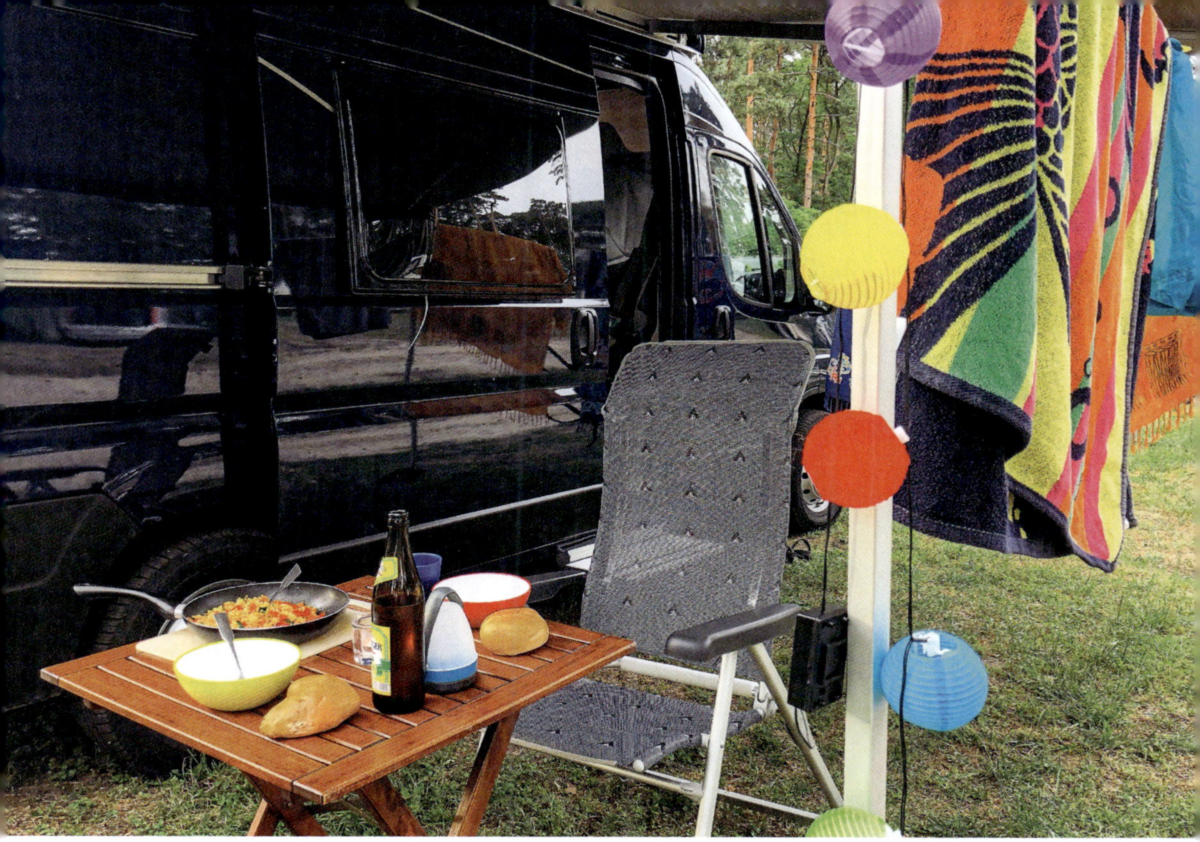

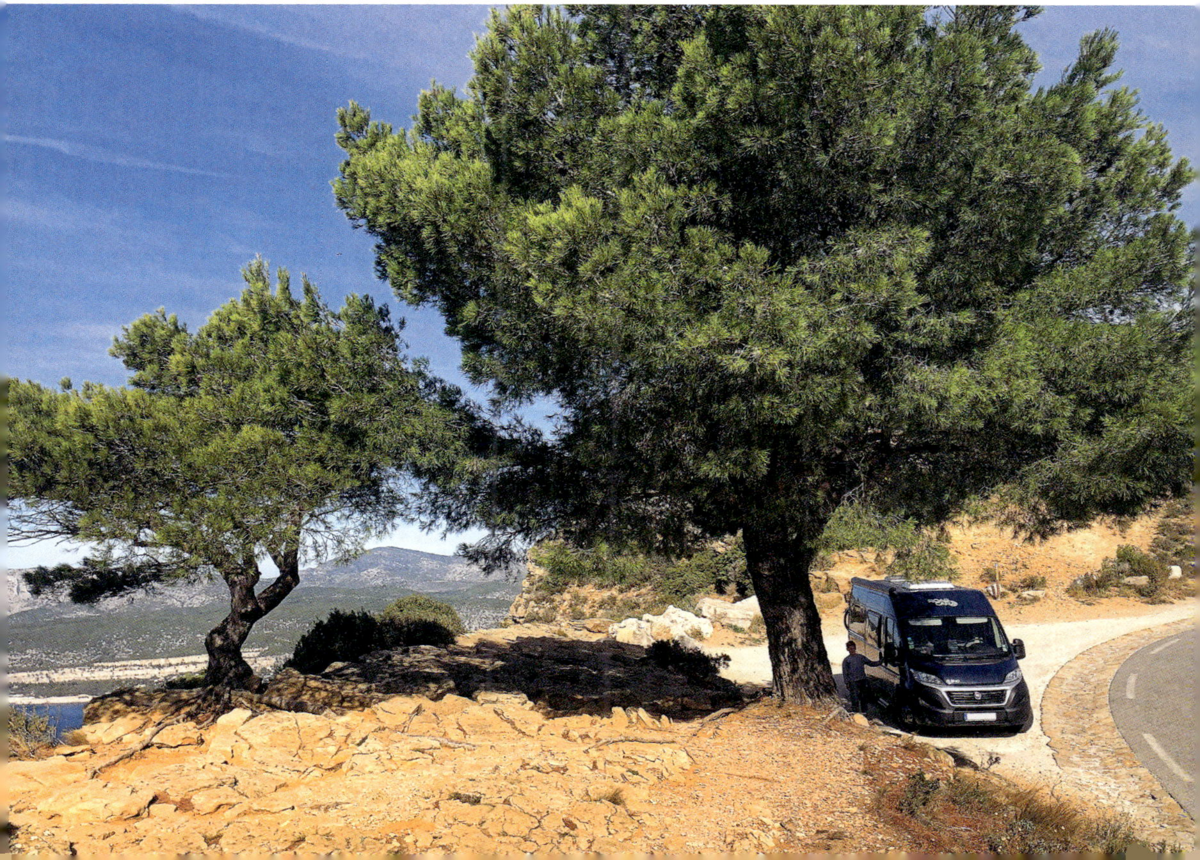

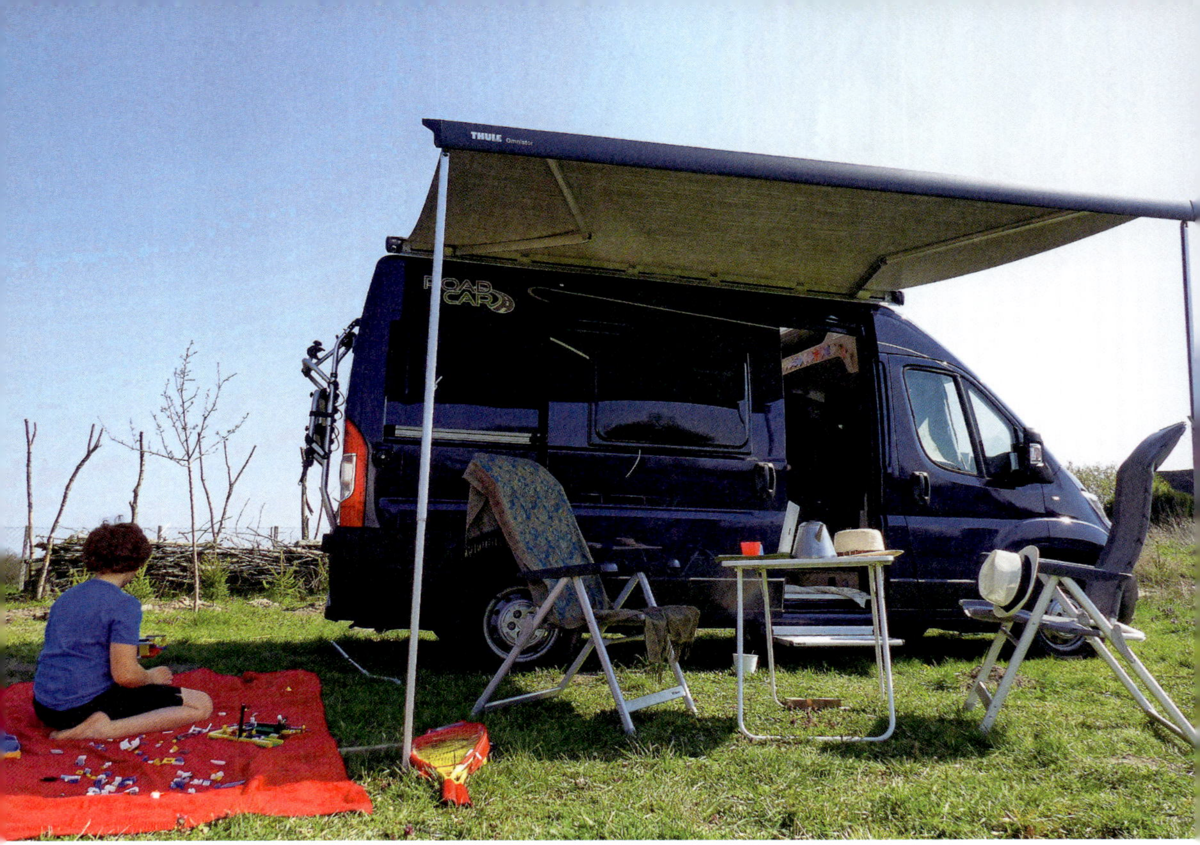
THULE
ROAD CAR

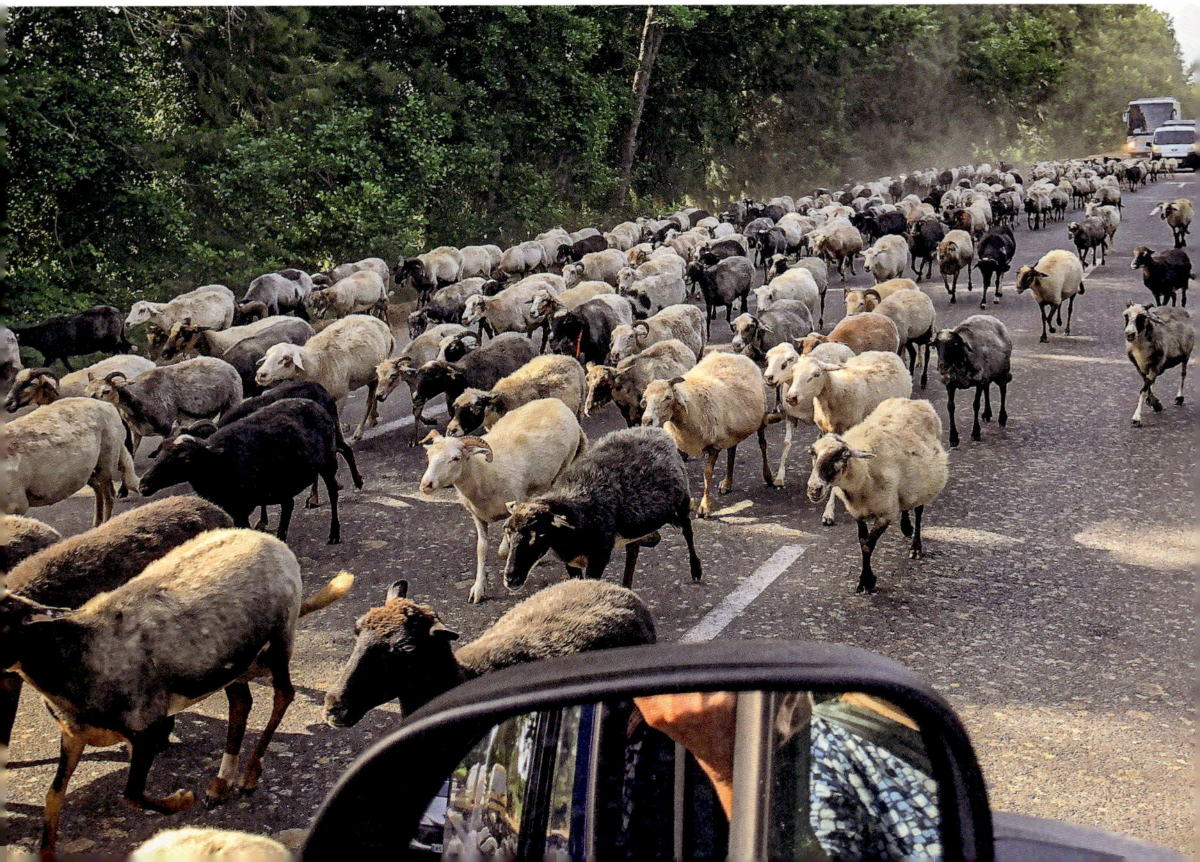

Outdoor-Leben *schwanger* und mit *Kleinkind* 81
Kastenwagen statt Camper: Mobiles Reisen mit *Teenies* 86
Ein *Wohnmobil* für *drei Familien* 94
Einfach raus: Elternzeit *zu fünft* im Campingbus 101
Vanlife als *digitale Nomadin* allein *mit Kind* 106
Vanlife mit Kindern: *Nachhaltig mobil* leben *als Familie* 113
Freistehen im *Dachzelt*: Viel Natur und eine *tolle Community* 118
Action, bitte! Im *Wohnwagen* zu viert auf Achse 123

Die schönsten Wohnmobilrouten in Europa

Sauerland: Naturerlebnisse im Land der *tausend Berge* 131
Brandenburg: Tierische *Naturvielfalt* im Norden 135
Rheinland–Pfalz: Kraxeln, Forschen und *Genießen* in der Südpfalz 139
Berchtesgaden: Outdoorurlaub im *Nationalpark* 143
Slowenien und Kroatien: Naturhighlights und Meeresrauschen 147
Istrien – Wasserfälle, *Meer* und mehr 151
Die Top 3 von *Oberitalien*: Seiser Alm, Gardasee und *Venedig* 155
Schweiz und Oberitalien: Frühling am Lago 159
Toskana: Kultur und *Dolce Vita* 163
Korsika: *Wasserspiele* im Inselinneren 167
Disneyland Paris: Fahrt ins Blaue 171
Provence: Naturspektakel zwischen *Wasser* und *Felsen* 175
Ruta Atlántica: Küstenstraßen in *Frankreich* und *Spanien* 179
Baskische Atlantikküste: Panorama-Roadtrip 183
Schottland: Gold, Seeungeheuer und ein *zauberhafter Zug* 187
Dänemarks Nordseeküste: Insel-Hopping im Wattenmeer 191
Lofoten, Vesterålen und Senja: Im Land der Mitternachtssonne 195
Schwedens wilde Ostküste: Naturabenteuer pur 199
Baltikum: Seen, Flüsse, Meer 203

REGISTER 206

IMPRESSUM 208

Oben: Von früh bis spät draußen: Eine schöne Spielwiese
findet sich bei Wohnmobilreisen mit Kindern fast immer.
Unten: Abenteuer on the Road: Bei einer Wohnmobil-Tour
auf Korsika sind tierische Begegnungen auf den Straßen
keine Seltenheit.

Vorwort oder: *Es war einmal* in Amerika ...

Unser erstes Wohnmobil wartete in Phoenix, Arizona, auf uns. Es war der kleinste RV (Recreational Van), den wir kriegen konnten. Doch mit knapp neun Meter Länge und einem Alkovenaufbau war es mit Abstand das größte Fahrzeug, das ich je gesteuert hatte. Noch bevor ich einsteigen konnte, ging mein fünfjähriger Sohn auf Entdeckungstour. »Mama, das ist ja ein ganzes Haus auf Rädern«, rief er begeistert. Er kletterte auf den Beifahrersitz, saß auf der Sitzerhöhung stolz wie ein König auf seinem Thron und befahl: »Komm, wir fahren los!«

Vom ersten Tag an haben wir uns in unserem rollenden Zuhause auf Zeit total wohlgefühlt. Nach drei Monaten Backpacking und Mietwagenrundreisen stand nur eine Frage im Raum: Warum sind wir nicht gleich mit einem Wohnmobil losgefahren? Vier Wochen Wohnmobilreise durch den Südwesten der USA haben uns beide zu begeisterten Fans des Vanlife gemacht. Nach rund 2000 Meilen im RV über diverse Scenic Routes in Nationalparks, die »Mother Road« Route 66 nach Los Angeles und ein Stück der Panamericana auf dem Highway Number 1 nach San Francisco stand fest: Wir waren ganz sicher nicht zum letzten Mal im Wohnmobil unterwegs.

»Wenn unser Auto mal kaputtgeht, dann kaufen wir uns ein Wohnmobil«, sagte ich von da an regelmäßig. Befeuert wurde dieser Plan jedes Mal, wenn wir mal wieder im Zelt unterwegs waren, weil wir nicht rechtzeitig für die Ferien gebucht hatten – oder wahlweise dann, wenn ich im Dezember an den Reisebuchungen für die kommenden Herbstferien saß. Das Auto ging kaputt. Am selben Tag begann mein Sohn, Wand-Deko zu basteln. »Für unser Wohnmobil«, sagte er.

Inzwischen sind wir glückliche Besitzer eines kleinen Kastenwagens. Die Wand-Deko hat ihm vom ersten Tag an seine persönliche Note gegeben. Er ist unser Reisemobil für die Schulferien, aber auch unser mobiles Wochenendhäuschen. So oft es geht, fahren wir damit los. Und wenn es mal länger nicht geht, meldet sich schnell das Heimweh nach unserem Zuhause auf Rädern.

Was ich an Wohnmobilreisen mit Kind so liebe

Es tut gut, sich auf wenig zu beschränken. Alles, was wir zum Glücklichsein brauchen, passt auf zehn Quadratmeter. Trotzdem hat mein Sohn genug Platz für eine große Auswahl seiner liebsten Spielsachen. Und unser eigenes Bett haben wir auch an Bord.

Eine Nacht mitten in der Wüste verbringen und trotzdem keinen Komfort vermissen: Wohnmobilreisen machen es möglich.

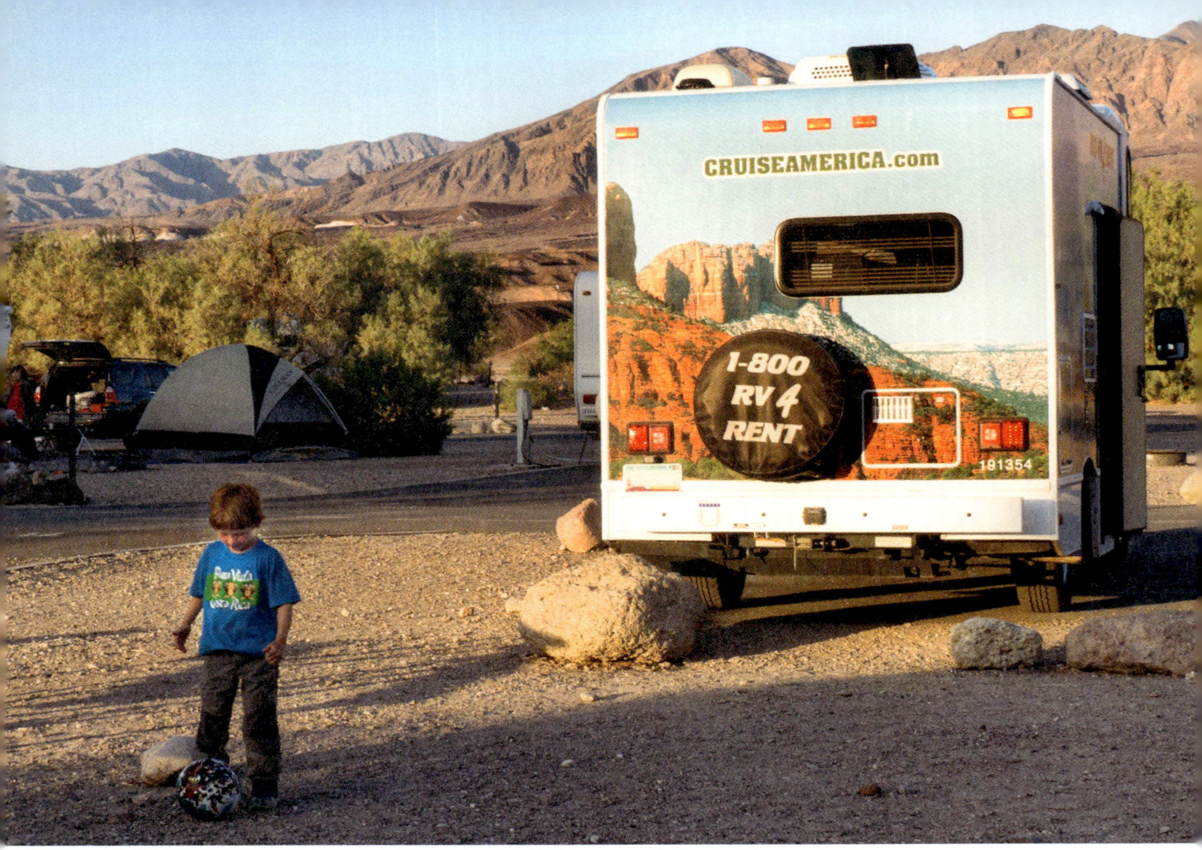
CRUISEAMERICA.com
1-800
RV 4
RENT
191354

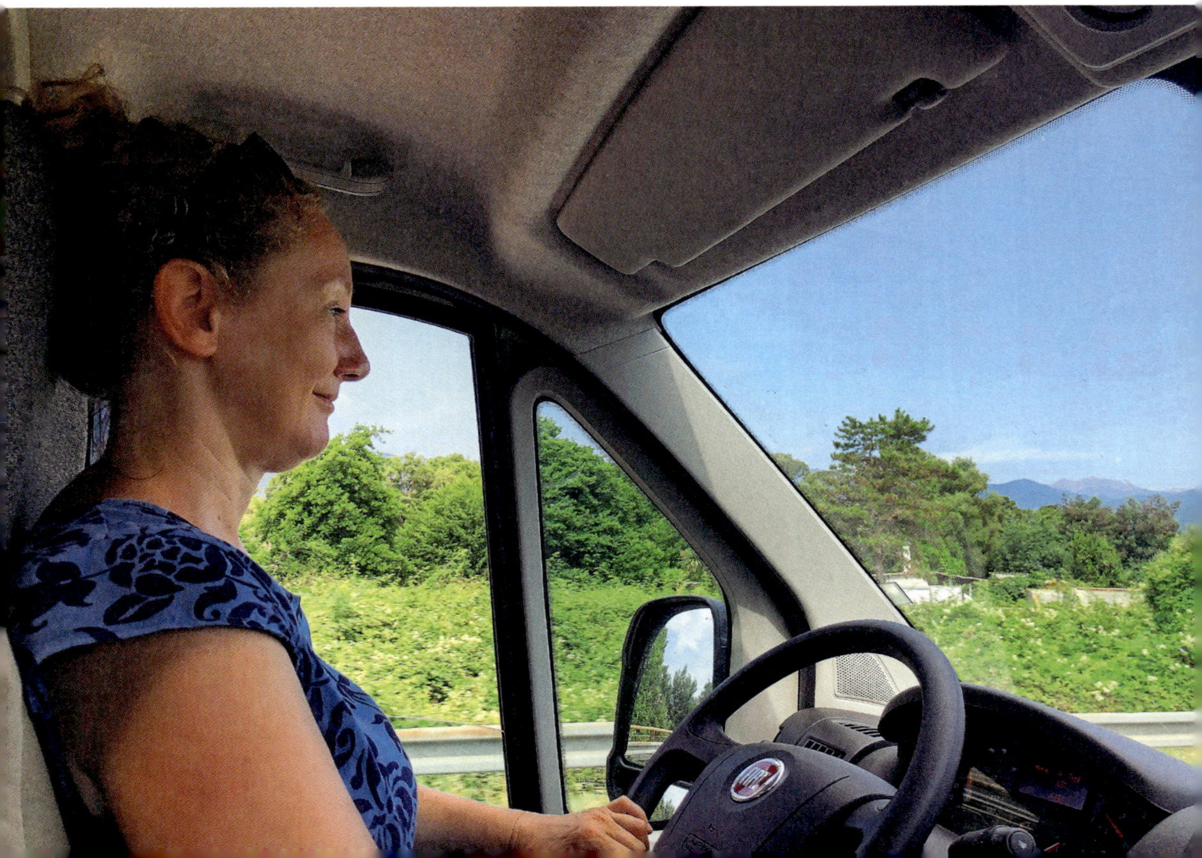

Es tut gut, den Urlaub in den Schulferien nicht mehr lange im Voraus buchen und planen zu müssen. Wir fahren einfach los und schauen, wie weit wir kommen. Wir bleiben, wo es uns gefällt und so lange, wie es uns gefällt. Gibt es etwas, was sich mehr nach Urlaub anfühlt als diese Freiheit, ganz spontan zu entscheiden, was wir als Nächstes machen?

Vor allem aber tut es uns gut, den ganzen Tag draußen in der Natur zu sein. Bei Sonnenschein sind Wald und Wiese unsere Frühstücksterrasse und unser Garten. Mein Sohn läuft nach Lust und Laune, manchmal sogar im Schlafanzug, los und kommt erst zurück, wenn er Hunger hat. Nachdem er sich schlafen gelegt hat, lausche ich bei einem Glas Wein den Geräuschen der Nacht und inhaliere den Duft der Sommerwiese. Falls es doch mal regnet, gibt es für mich kaum etwas Gemütlicheres, als aus dem kuscheligen Heckbett dem Prasseln der Tropfen zuzuhören. Gerade mit Kindern kann ich mir keine schönere Art vorstellen, Urlaub zu machen, als das Reisen im Wohnmobil.

Das bietet euch dieses Buch

Genug geschwärmt. Ich bin ja nicht die Einzige, die diese Art zu reisen für sich und ihr Kind entdeckt hat. Dass ihr dieses Buch

Oben: Spannend – Kicken im Death Valley, während Kojoten um den Campingplatz streifen
Unten: Glücklich – die Autorin am Steuer ihres ersten eigenen Campervans

aufgeschlagen habt, spricht dafür, dass ihr auch von der Idee begeistert seid.

Alles, was ihr zum Wohnmobilreisen mit Kindern wissen müsst, findet ihr im ersten Teil des Buches. Dort gibt es jede Menge Tipps und Tricks für die Planung und Vorbereitung eures Familienurlaubs im Camper und für unterwegs. Nützliche Checklisten helfen euch, damit ihr nichts Wichtiges vergesst.

Im zweiten Teil schildern dreizehn verschiedene Camper-Familien ihre Erfahrungen. Das Spektrum reicht von Einsteigern über eingefleischte Wohnmobilreisende bis zu Van-Nomaden. Die Familien in diesem Buch fahren Campingbusse, Kastenwagen, Wohnmobile, sie übernachten auch im Dachzelt und im Wohnwagen. Die einen sind mit Baby und Kleinkind unterwegs, andere reisen mit Teenies. Manche haben nur ein Kind an Bord, andere gleich vier. So verschieden all die Familien sind, gemeinsam ist ihnen eines: die Liebe zu Camperreisen.

Und damit ihr selbst nach dem Lesen möglichst schnell losfahren könnt, findet ihr im dritten Teil die schönsten Routen unserer Familien in Deutschland und Europa mit ihren Highlights für Kids zum Nachreisen.

Die Inhalte dieses Buchs sind mit großer Sorgfalt recherchiert. Dennoch kann ich keine Gewähr für die Richtigkeit der Angaben übernehmen. Denn nicht nur Telefonnummern, auch Bestimmungen ändern sich. Für Hinweise dazu bin ich dankbar.

Tipps, Tricks und Tools

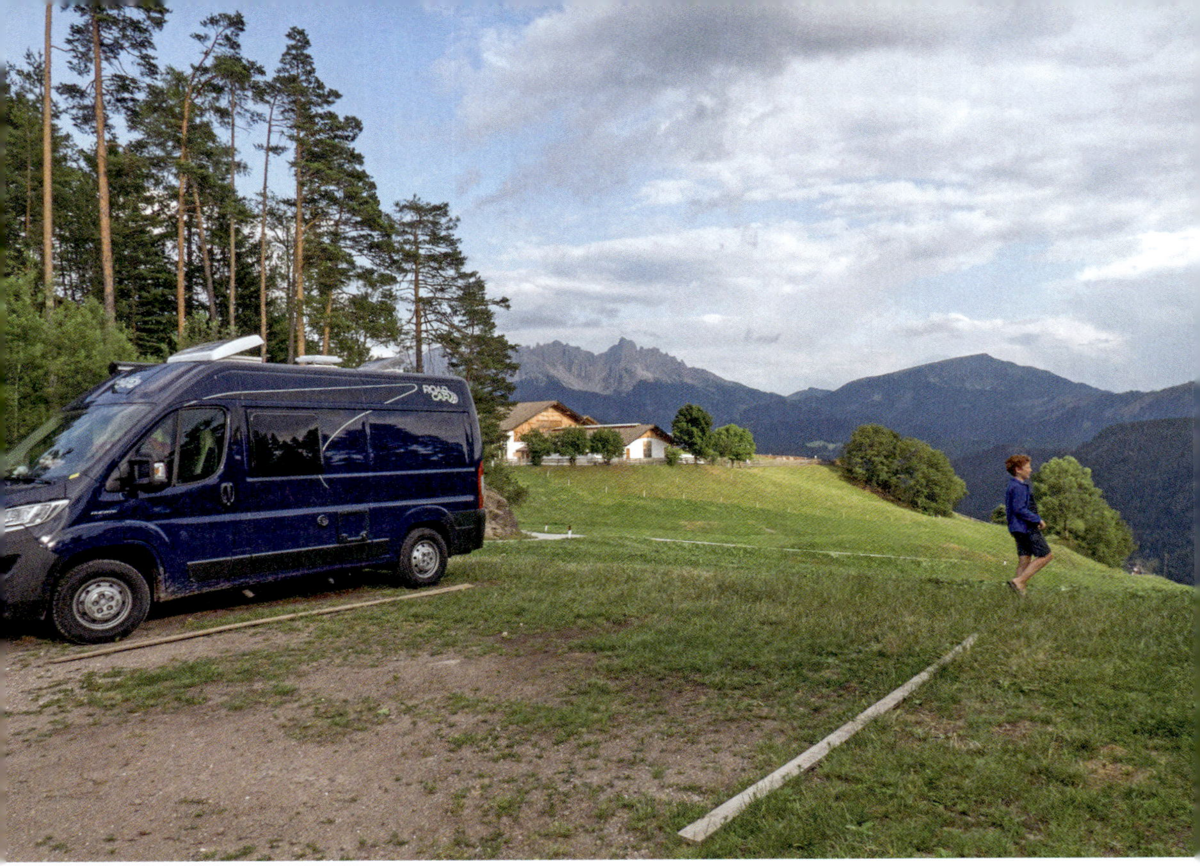

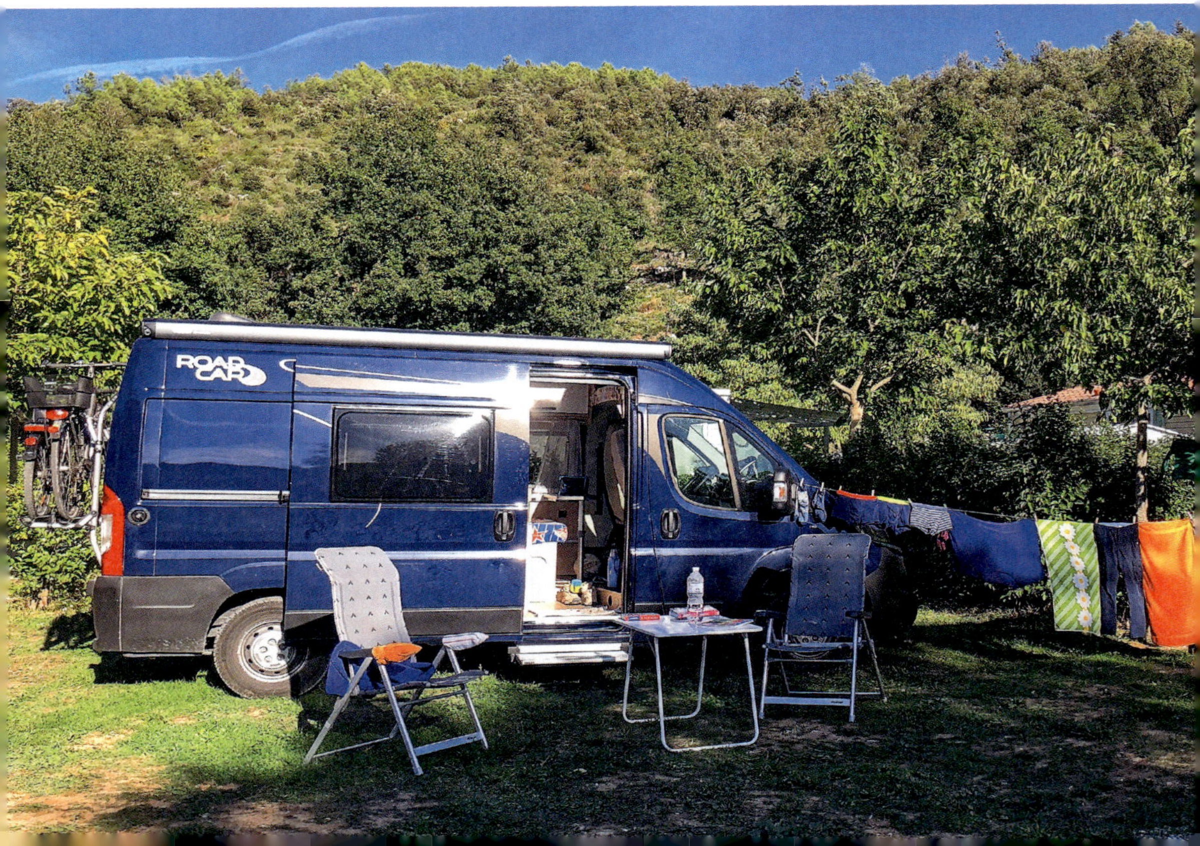
ROAD CAR

Planung

Wenn ihr ein paar grundsätzliche Dinge im Vorfeld eures Roadtrips klärt, steigen die Chancen auf einen geglückten, harmonischen Familienurlaub im Wohnmobil. Hilfreich ist es, zunächst die Eckdaten eurer Reise abzustecken, vor allem das Reiseziel und den Reisezeitpunkt. Es lohnt sich auch, ein paar Gedanken darauf zu verschwenden, welches Fahrzeug für euch gut passt, und ob ihr eines kaufen oder mieten wollt. Was ihr bei der Miete oder dem Kauf eines Wohnmobils beachten solltet, erfahrt ihr in diesem Kapitel. Und schließlich macht euch das Wohnmobil-Glossar schon mal fit für das Fachsimpeln auf dem Campingplatz.

Die Eckdaten eurer Wohnmobilreise mit Kind

Folgende Fragen stehen ganz am Anfang der Planung:

- Wann wollt ihr verreisen? Bedenkt dabei das Alter eurer Kinder, das Reiseziel, die Saison und eure Urlaubsmöglichkeiten.
- Welches Fahrzeug wollt ihr nehmen? Vom Dachzelt bis zum Wohnwagen hat jedes Campingfahrzeug seine eigenen Vorteile (siehe Seite 20).

Oben: Perfekte Camperidylle? Gute Planung erleichtert das.
Unten: Wie viel Kleidung muss mit? Waschen ist unterwegs meist kein Problem.

- Wohin soll eure erste Tour führen? Im Mietfahrzeug könnt ihr euren ersten Camper-Roadtrip mit Kids auch auf einem anderen Kontinent unternehmen. USA, Kanada, Australien und Neuseeland sind beliebte Wohnmobil-Reiseziele für Familien in der Ferne. In Europa habt ihr die Qual der Wahl: Im Süden lockt die Sonne, im Norden winken große Freiheiten bei der Stellplatzwahl. Im Westen erwartet euch eine hervorragende Camper-Infrastruktur, im Osten noch Wildnis und Abenteuer. Einige Ideen für Touren zum Nachreisen in Europa findet ihr im dritten Teil dieses Buches.
- Wie lange soll euer erster Campertrip dauern? Wenn ihr noch unsicher seid, dann schnuppert doch einfach beim kurzen Wochenendtrip ins Vanlife mit Kids rein.
- Wie weit wollt ihr fahren? Auch wenn bei Roadtrips der Weg das Ziel ist: Gerade mit Kids ist weniger Strecke mehr Erholung und Entspannung.
- Wo wollt ihr übernachten? Ein Campingplatz bietet Sicherheit und Infrastruktur. Als mutige Naturliebhaber könnt ihr frei stehen, wo es erlaubt ist. Dass ihr dabei Rücksicht auf Anwohner nehmt und euren Parkplatz genauso sauber verlasst, wie ihr ihn vorgefunden habt, versteht sich von selbst.

Das erste Mal

Ihr habt noch nie ein Wohnmobil von innen gesehen? Dann wartet ein großes Abenteuer auf euch. Vanlife kann sehr idyllisch sein. Ein paar praktische Erfahrungen helfen, das zu genießen.

Für den Einstieg empfiehlt sich ein Mietfahrzeug. So könnt ihr ausprobieren, welches Modell zu euren Bedürfnissen passt. Den Zeitaufwand für die Fahrzeugübernahme solltet ihr nicht unterschätzen. Ein bis zwei Stunden kann die Einweisung durchaus dauern. Mit einer Checkliste vergesst ihr nichts Wichtiges (siehe Seite 27).

Bei einer Runde über den Parkplatz des Verleihers lernt ihr das Fahrzeug kennen und stellt fest, was besser verstaut werden muss. Packt euer Gepäck nicht in Koffer, sondern in Beutel, Rucksäcke oder Reisetaschen, die ihr klein zusammenfalten oder für verschiedene Zwecke verwenden könnt.

Für Badutensilien sind Kosmetikbeutel zum Aufhängen praktisch. Schuhe, Jacken, Mützen, Sonnenhüte, Regenschirme und Ähnliches bewahren wir immer nah am Ausgang auf. Leicht zugänglich halte ich außerdem die Reiseapotheke mit Notfallset, Taschentücher,

Nicht nur mit Baby im Camper ist eine Markise als Sonnendach Gold wert – vor allem, wenn es in den Süden geht.

Feuchttücher etc. Bücher und andere schwere Gegenstände sind im unteren Stauraum gut aufgehoben.

Lasst es in den ersten Tagen langsam, ohne Programm und Langstrecke, angehen. Gerade am Anfang dauert alles länger. Wasser und Strom und alle weiteren Funktionen könnt ihr euch auf dem ersten Campingplatz erschließen. Bei Fragen helfen entweder Platznachbarn oder ein Blick ins Fahrzeug-Handbuch.

Auch für die Kinder ist eure neue Art zu reisen am Anfang aufregend. Das kann unruhige Nächte zur Folge haben – und ist ein weiterer Grund, es langsam angehen zu lassen.

Der richtige Zeitpunkt

Kann man mit einem Baby im Wohnmobil reisen? Klar geht das! Aber geht es auch mit Teenagern im Campingbus? Auch das ist möglich, wie die Familien in unserem Buch zeigen. Jedes Alter birgt seine eigenen Chancen und Herausforderungen.

- Baby an Bord: Achtet darauf, dass euer Camper ein Sicherungssystem für die rückwärtsgewandte Babyschale bietet. Unterwegs stellt euer Baby noch keine großen Ansprüche. Ihr müsst nur sicherstellen, dass es beim Schlafen und Spielen nicht aus dem Bett fallen kann, gegebenenfalls mit Rausfallschutz. Für draußen sind eine Decke und ein textiler Sonnenschutz wichtig. Alternativ leistet ein Pop-up-Reisezelt gute Dienste. Eine Faltschüssel taugt als

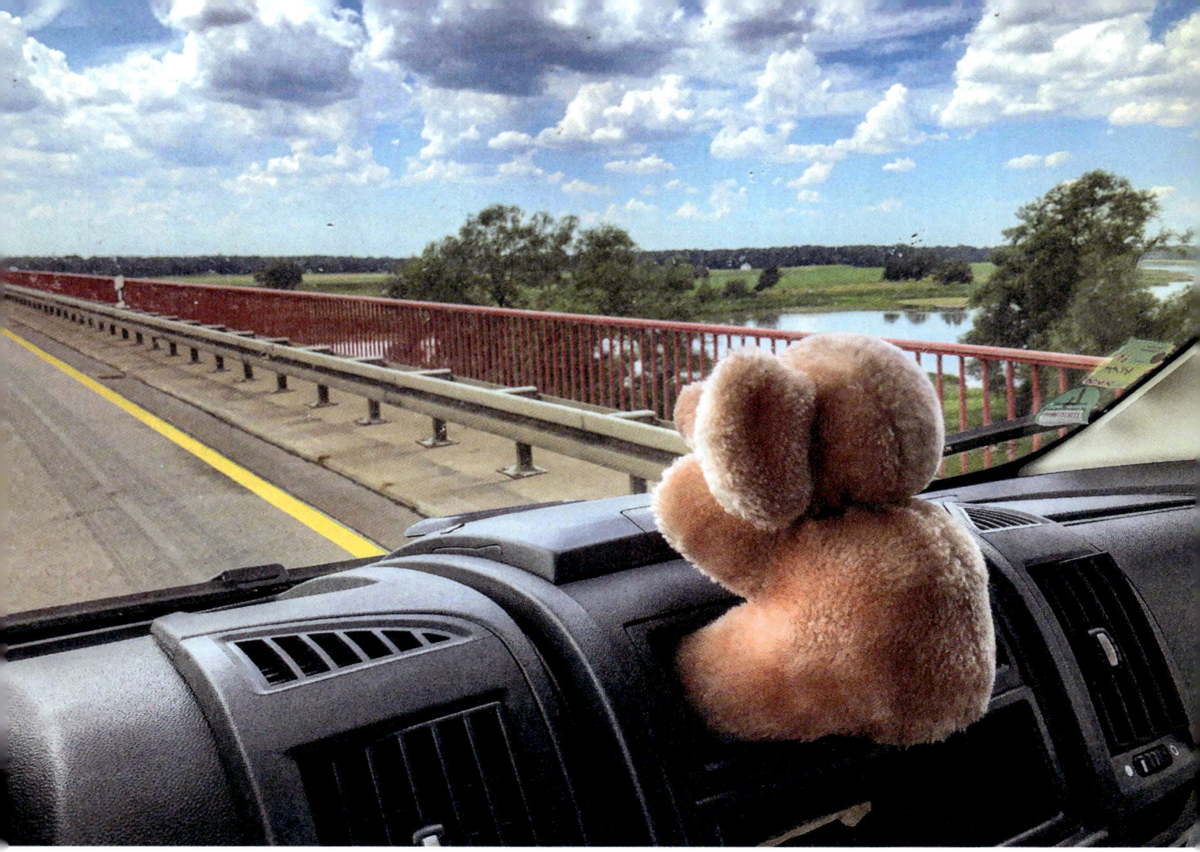

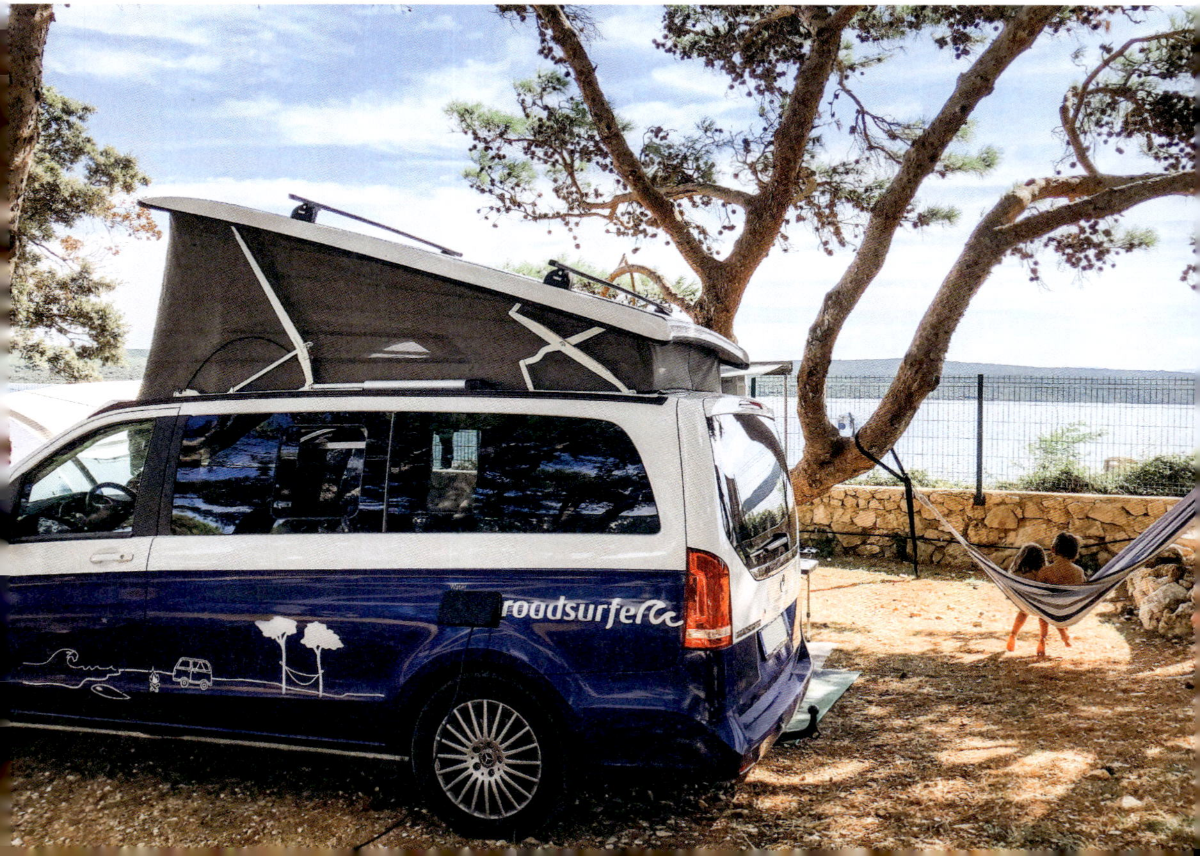
roadsurfer

Babybad. Wichtig ist extra Trinkwasser fürs Baby.

- Kleinkind-Alarm: Kleinkinder können zwar ungemein charmant, aber leider auch ganz schön anstrengend sein. Beim Campen können sie sich draußen austoben. Allerdings müsst ihr immer aufpassen. Wenn das Windelalter gerade ausklingt, ist eine eigene kleine Toilette beim Camping vorteilhaft (zum Beispiel ein standfester Eimer mit Toilettensitz-Aufsatz). Im Schlaf brauchen Kleinkinder wie Babys einen Rausfallschutz. Die Fahrzeiten solltet ihr auf ihre Schlafgewohnheiten abstimmen und möglichst kurz planen. Den Kindersitz könnt ihr nur mit Dreipunktgurt oder Isofix befestigen.
- Kindergartenkinder: Kindergartenkinder finden auf Campingplätzen schnell Spielkameraden. So könnt ihr euch mit anderen Eltern bei der Beaufsichtigung abwechseln. Bei manchen Aufgaben könnt ihr euer Kind ab drei Jahren schon spielerisch einbeziehen. Beim Schlafen ist noch immer ein Rausfallschutz wichtig. Fahrstrecken dürfen nun nach und nach wieder länger werden. Die Sicherung unterwegs bleibt noch lange ein Thema.
- Schulkinder: Schulkinder sind schon prima Juniorpartner beim Camping, sei es beim Spülen, Abtrocknen oder wenn es darum geht, das Fahrzeug startklar zu machen

oder es auf einem neuen Platz einzurichten. Eure Schulkinder dürfen auf dem Campingplatz auch mal eigene Wege gehen, solange ihr wisst, wo sie sich aufhalten. Für die Fahrt (in Deutschland) ist ab 12 Jahren oder 150 Zentimeter Körpergröße kein Kindersitz mehr vorgeschrieben. Mit Hörspielen, Rätseln und Reisespielen sind viele Schulkinder auch auf längeren Autofahrten gut beschäftigt.

- Freiheit für Pubertiere: Das Reisen mit Kindern wird umso leichter, je älter die Kids sind. Eine Ausnahme machen manchmal pubertierende Jugendliche. Totalverweigerung und Null-Bock-Phasen sind beim Camping schwer zu ertragen, weil ihr euch schlecht aus dem Weg gehen könnt. Die Chancen auf einen harmonischen Campingurlaub mit Teenies steigen, wenn ihr sie in die Reiseplanung einbeziet und ihnen unterwegs Mitbestimmungsrechte und Rückzugsmöglichkeiten einräumt. Ein eigenes Zelt, getrenntes Tagesprogramm oder ein Freund bzw. eine Freundin, die mitdarf, können Wunder wirken.

Doch das Alter eurer Kinder ist nur ein Faktor bei der Überlegung, wann der richtige Zeitpunkt für eure erste Campertour gekommen ist. Außerdem wichtig sind:

- Saison am Reiseziel: In der Hochsaison müsst ihr eventuell vorausbuchen.
- Klima/Temperaturen: Wie gut ihr frostige Nächte und heiße Tage vertragt, ist nicht nur eine Frage der Ausstattung, sondern auch Typsache. Auch Allergien können bei

Oben: Kuscheltier an Bord? Dann kann es losgehen.
Unten: Geschwisterliebe – eine Hängematte für alle

der Entscheidung über den Reisezeitpunkt ausschlaggebend werden.

- Ferien/Urlaub: Wenn ihr an die Ferien gebunden seid oder nur in einem bestimmten Zeitraum Urlaub bekommt, passt ihr am besten euer Reiseziel dem vorgegebenen Reisezeitpunkt an.
- Reisedauer: Lange Reisen, etwa in der Elternzeit, erfordern lange Vorbereitung. Denn auch Angehörige, Freunde und das Zuhause sollten bereit dafür sein.

Welches Fahrzeug für wen?

Die Familien, die ihr in diesem Buch kennenlernt, sind mit Dachzelt, Campingbus, Kastenwagen, Wohnmobil und Wohnwagen unterwegs. Jedes dieser Camper-Fahrzeuge hat seine eigenen Vorteile. Welches Fahrzeug für euch am besten passt, könnt nur ihr selbst entscheiden. Eine gute Gelegenheit für einen ersten Test bietet sich, wenn ihr einen Camper mietet. Wollt ihr ein Fahrzeug länger prüfen, kommt vielleicht ein Camper-Abo infrage (z. B. bei Roadsurfer). Bei der Entscheidungsfindung können ein paar allgemeine Hinweise helfen:

- Größe: Dachzelt-Autos und Campingbusse sind als vollwertige Alltagsfahrzeuge auch für die Stadt geeignet. Mit kleinen Einschränkungen gilt das auch noch für kurze Kastenwagen. Alkoven-Wohnmobile oder Wohnwagen brauchen mehr Platz – sowohl beim Fahren als auch zum Parken.
- Anhänger: Einen Wohnwagen könnt ihr für Tagestouren abhängen. Dann seid ihr im Pkw flexibel. Allerdings sind einige Straßen für Fahrzeuge mit Anhängern gesperrt, zum Beispiel Passstraßen im Gebirge.
- Höhe: Für Fahrzeuge über 1,80 Meter Höhe gelten oft Höhenbeschränkungen – und zwar sowohl auf Straßen als auch auf Parkplätzen. Vorsicht ist dann auch bei Brückendurchfahrten angesagt. Hilfreich kann ein Navigationsgerät sein, das auf die Fahrzeuggröße eingestellt (kalibriert) werden kann.
- Fährüberfahrten: Je länger und höher das Fahrzeug, desto teurer der Fährpreis. Die entscheidenden Grenzen liegen oft bei sechs Meter Länge und zwei Meter Höhe.
- Schlaf- und Sitzplätze: Mit Baby und kleinen Kindern braucht ihr weniger Platz als mit Grundschülern. Teenager könnt ihr unter Umständen zum Schlafen schon in ein Zelt »ausquartieren«.
- Komfort: »Wer viel Komfort oder gar Luxus beim Camping wünscht, wird sich im Dachzelt eher nicht wohlfühlen«, meint Julia (siehe Interview Seite 118). Zwischen Campingbus und Wohnwagen gibt es viele Abstufungen. Am besten fragt ihr euch, was ihr unbedingt braucht und worauf ihr verzichten könnt. Wie wichtig sind euch Wettersicherheit, Heizung, keine Umbauten für die Nacht, Küchenausstattung, Toilette und Dusche an Bord? (siehe Interview Seite 118)

Oldtimer zum Selbstausbau oder neuer Kastenwagen? Das ist auch eine Typfrage.

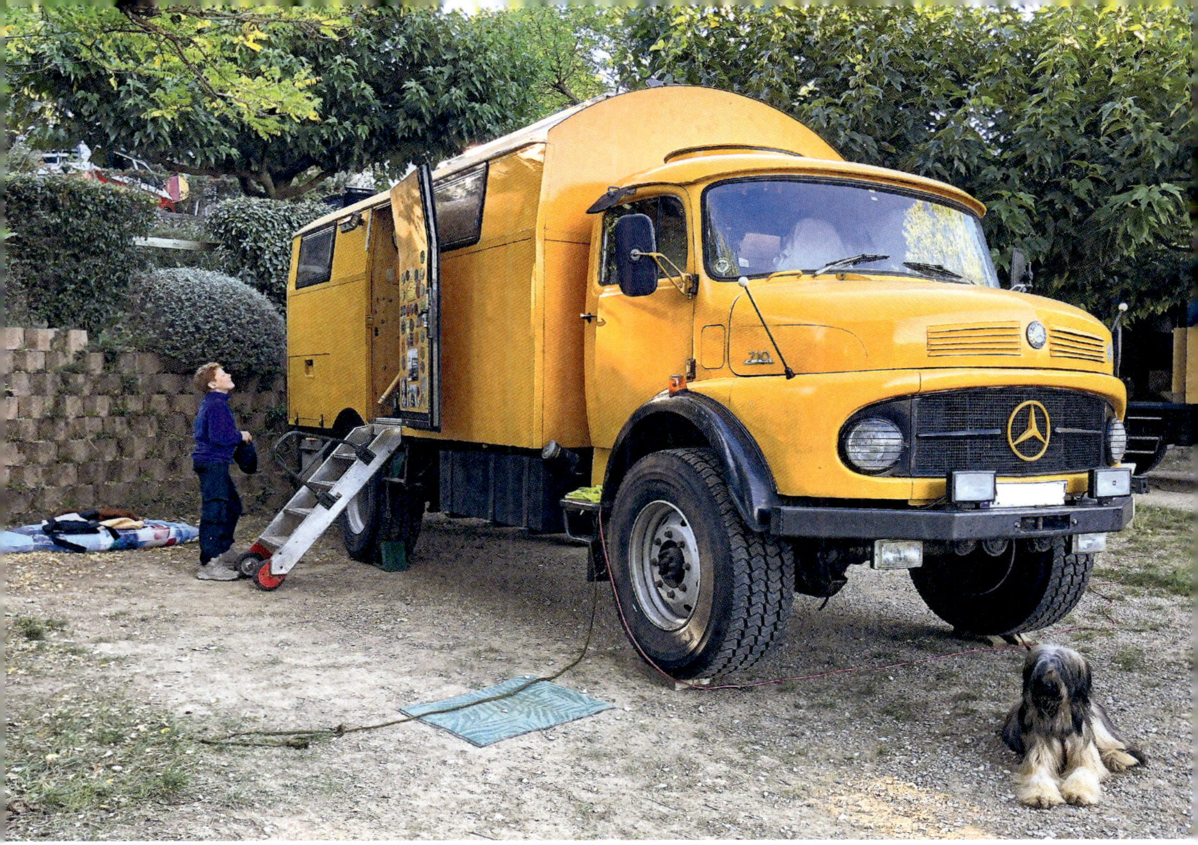

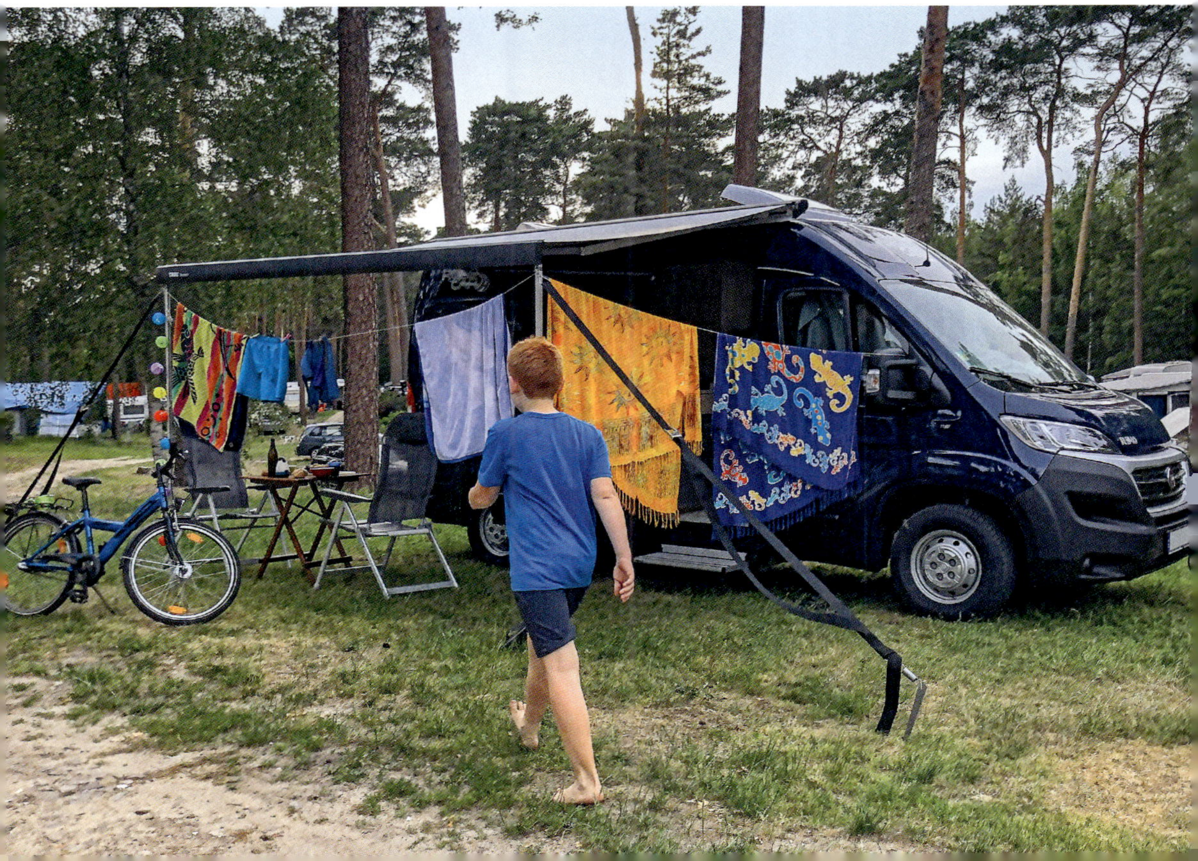

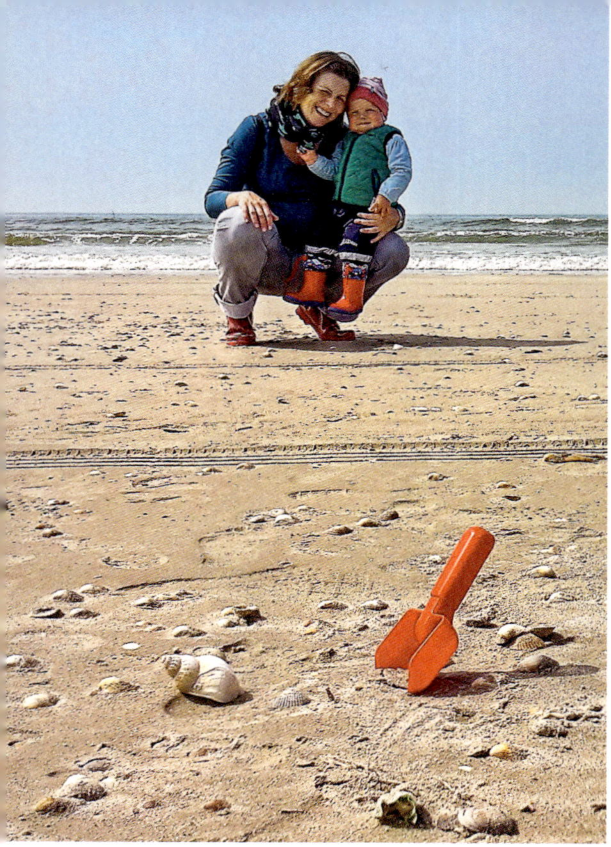

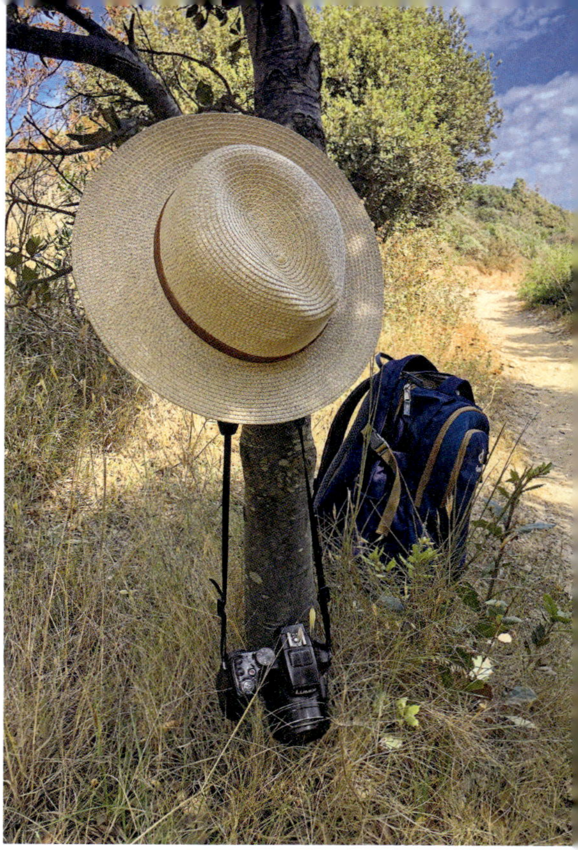

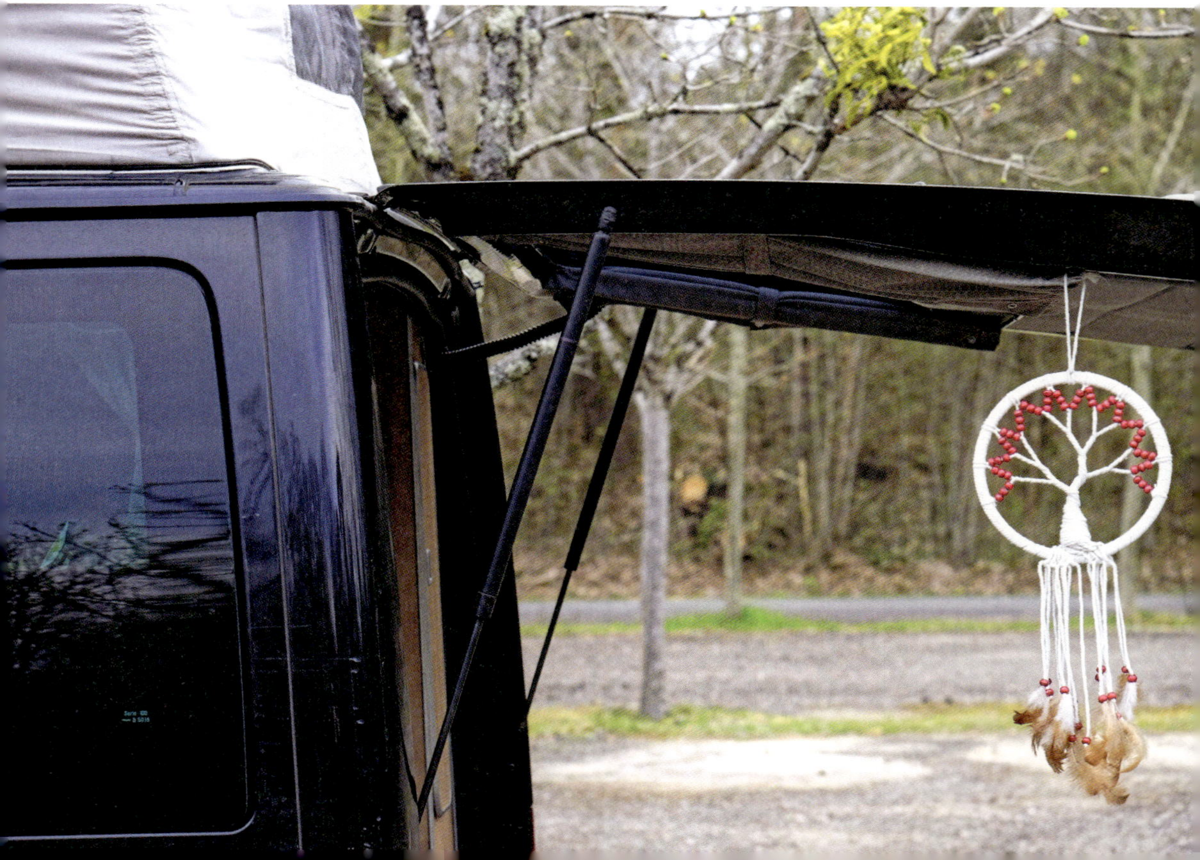

Wohnmobil-Glossar – Camping-Fachbegriffe von A bis Z

Alkoven: Schlafraum über dem Fahrerraum

Auffahrkeile: dienen dazu, ein Wohnmobil auf unebenen Stellplätzen waagerecht aufzustellen

Autarkes Fahrzeug: bezeichnet in erster Linie ein Wohnmobil mit WC und Dusche. Gelegentlich ist auch eine eigene Stromversorgung, zum Beispiel durch Solarpanele, inbegriffen.

Bordbatterie (auch Wohnraumbatterie): versorgt alle Stromverbraucher im Wohnraum

Chemietoilette (auch Kassettentoilette): Um Gerüche zu vermeiden, werden (mehr oder weniger natürliche) Chemikalien in den Tank gegeben.

Dumpen: englisch für Abladen, also Ablassen von Grauwasser oder Schwarzwasser an entsprechenden Entsorgungsstationen

Eco-Camping: umweltfreundlicher und meist naturnaher Campingplatz

Einfüllstutzen: ist nötig, um den Frischwassertank ohne Schlauch zu befüllen

Einwegmiete: Aufpreis, wenn der Mietcamper woanders abgegeben als angemietet wird

FCFS: First Come First Served, auch Windhund-Prinzip: Stellplätze werden ohne Reservierung nach der Ankunftszeit vergeben.

Freistehen: Übernachten auf Parkplätzen oder in der Natur ohne Ver- und Entsorgung und Stromanschluss, längerfristig nur mit autarken Fahrzeugen möglich

Frischwassertank: versorgt Spüle, Waschbecken, WC und Dusche

Frühbucherrabatt: Je länger es bis zur Campermiete dauert, desto größer ist meist der Preisnachlass.

Grauwasser: schmutziges Wasser aus Wasch- und Spülbecken, wird im Grauwassertank unter dem Fahrzeug gesammelt und über einen Auslass entsorgt

Heki: kurz für Hebe-Kipp-Dachfenster

Hook-up: Wasser-, Abwasser-, Strom- und manchmal auch Gasanschluss direkt am Stellplatz auf Campingplätzen

Heckgarage: großes Staufach für Fahrräder, Campingmöbel, Surfboards etc. im hinteren Teil von großen Wohnmobilen

Kastenwagen: zum Wohnmobil ausgebautes Transporterfahrzeug

Kontrollboard: Panel zum An- und Ausschalten der Bordbatterie und zur Kontrolle der Füllstände von Batterie und Tanks

Markise: Sonnendach zum Herauskurbeln seitlich am Wohnmobil

Naturcampingplatz: meist einfacher, naturbelassener Campingplatz ohne Parzellen im Grünen

Parzelle: abgegrenzte Stellfläche auf dem Campingplatz

Schwarzwasser: fließt in einigen Wohnmobilen aus der Toilette in den Fäkalientank, muss getrennt über einen Ablass entsorgt werden

Ver- und Entsorgungsstation (auch Sani-Station): Möglichkeit, Grau- und Schwarzwasser zu entsorgen, Kassettentoiletten zu entleeren und Frischwasser nachzufüllen; gibt es an Campingplätzen, Stellplätzen und teilweise auch an Autobahnraststätten

Wohnmobilstellplatz: meist kostenpflichtiger Übernachtungsplatz für Wohnmobile mit Ver- und Entsorgung und Stromversorgung, selten auch einfachem Sanitärbereich

Zuladung: zusätzlich zum Eigengewicht des Fahrzeugs erlaubtes Gewicht, wobei das Eigengewicht meist bereits das Gewicht des Fahrers und gefüllte Wasser- und Kraftstofftanks umfasst

Zulässiges Gesamtgewicht: beträgt bei den meisten Fahrzeugen 3,5 t – bei Überschreitung drohen Strafen

Sandschippe, Rucksack, Sonnenhut und Kamera: wichtige Utensilien für eine Traumreise im Wohnmobil mit Kindern

Ein Wohnmobil kaufen?

Eure erste Tour hat euch Lust auf mehr Camperreisen gemacht? Dann stellt sich schnell die Frage, ob ihr weiterhin mieten oder euch ein eigenes Camperfahrzeug anschaffen wollt. Die Kosten sind dabei sicher das wichtigste Kriterium. Sie hängen wesentlich davon ab, wie oft ihr mit dem Camper loswollt. Für einige Wochen Camperurlaub pro Jahr fahrt ihr mit einem gemieteten Camper meist günstiger. Plant ihr regelmäßig längere Camper-Roadtrips, dann gibt es zum Kauf unter Kostenaspekten keine Alternative.

Die Entscheidung für ein eigenes Wohnmobil bietet den Vorteil, dass ihr jederzeit ganz spontan entscheiden könnt, wann ihr loswollt. Eure persönliche Grundausstattung ist immer an Bord. Allerdings seid ihr selbst für alles verantwortlich – unterwegs wie während der Abstellzeit.

Bei einem Neufahrzeug habt ihr Garantieanspruch. Die Lieferung kann einige Zeit in Anspruch nehmen. Stellt euch darauf ein, dass sie länger dauert, als vom Verkäufer angekündigt. Eine Alternative kann ein Vorführmodell sein. Dafür kann es sich lohnen, die ersten Wohnmobilmessen der Saison zu besuchen.

Schneller als ein neues Fahrzeug bekommt ihr ein gebrauchtes. Allerdings sind gebrauchte Wohnmobile und Campingbusse in den vergangenen Jahren deutlich teurer geworden. Um den Zustand des Fahrzeugs beurteilen und eventuell versteckte Schäden finden zu können, solltet ihr euch mit Fahrzeugtechnik und Wohnmobiltechnik etwas auskennen. Den im Vergleich zum Neufahrzeug niedrigeren Anschaffungspreis bezahlt ihr sonst unter Umständen mit hohen Reparatur- und Instandhaltungskosten.

Aufgrund der Garantie empfehlen Jasmin und Jonas (siehe Interview Seite 113) bei einem Gebrauchtwagenhändler zu kaufen anstatt von privat »gekauft wie gesehen«, da so keinerlei juristische Handhabe mehr möglich ist, um gegen versteckte Mängel vorgehen zu können. Wichtig ist aus ihrer Sicht eine Dichtigkeitszertifizierung oder die Bestätigung im Kaufvertrag, dass das Wohnmobil trocken ist. Außerdem raten sie dazu, das eingetragene Leergewicht zu prüfen, wenn bei Fahrzeugen bis 3,5 t Ein- und Umbauten vorgenommen wurden.

Egal ob neu oder gebraucht: Nehmt euch Zeit, um das Fahrzeug wirklich auf Herz und Nieren zu prüfen. Vereinbart mit dem Verkäufer wenn möglich sogar eine Probetour von einer Nacht, bei der ihr alle Funktionen austestet. Damit ihr nichts Wichtiges vergesst, helfen Checklisten für den Wohnmobilkauf. Im Internet gibt es dafür sehr detaillierte Vorlagen.

Eigener Kastenwagen oder Miet-Wohnmobil? Beides hat Vorteile.

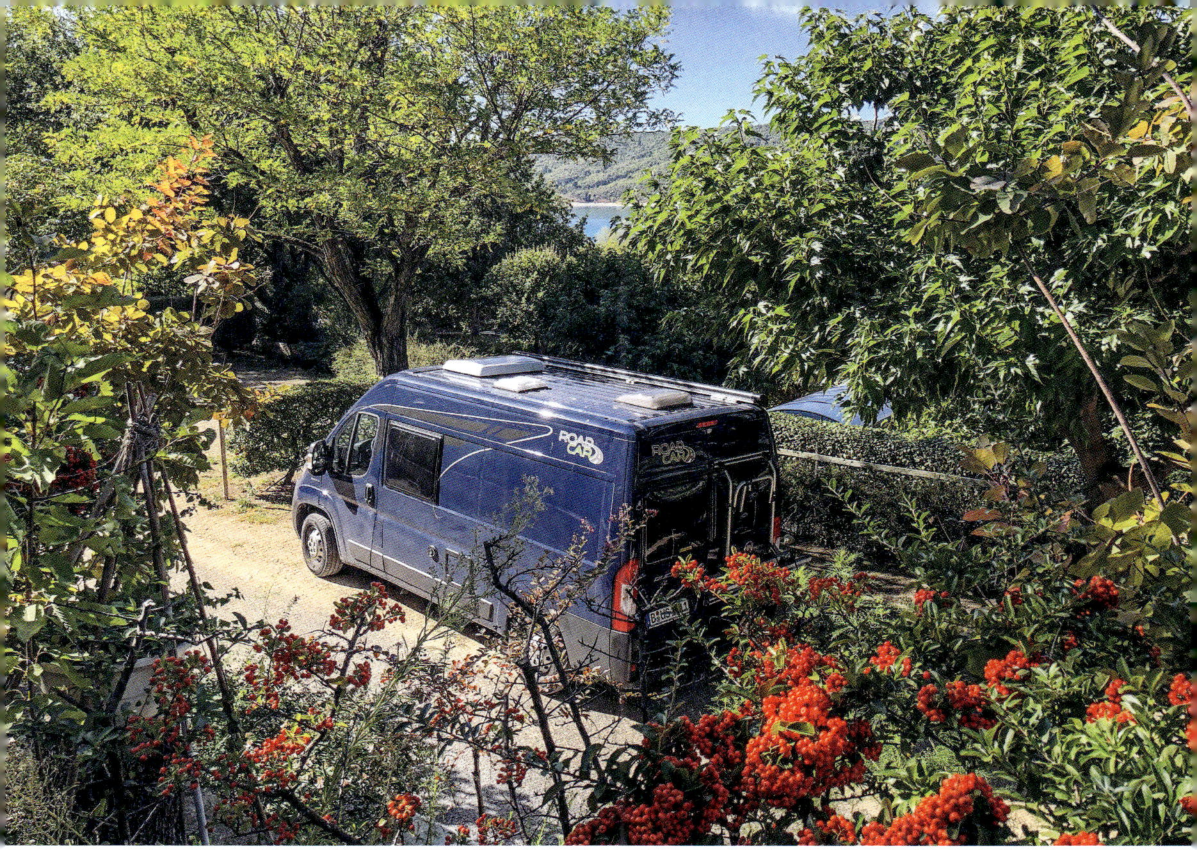
ROAD CAR

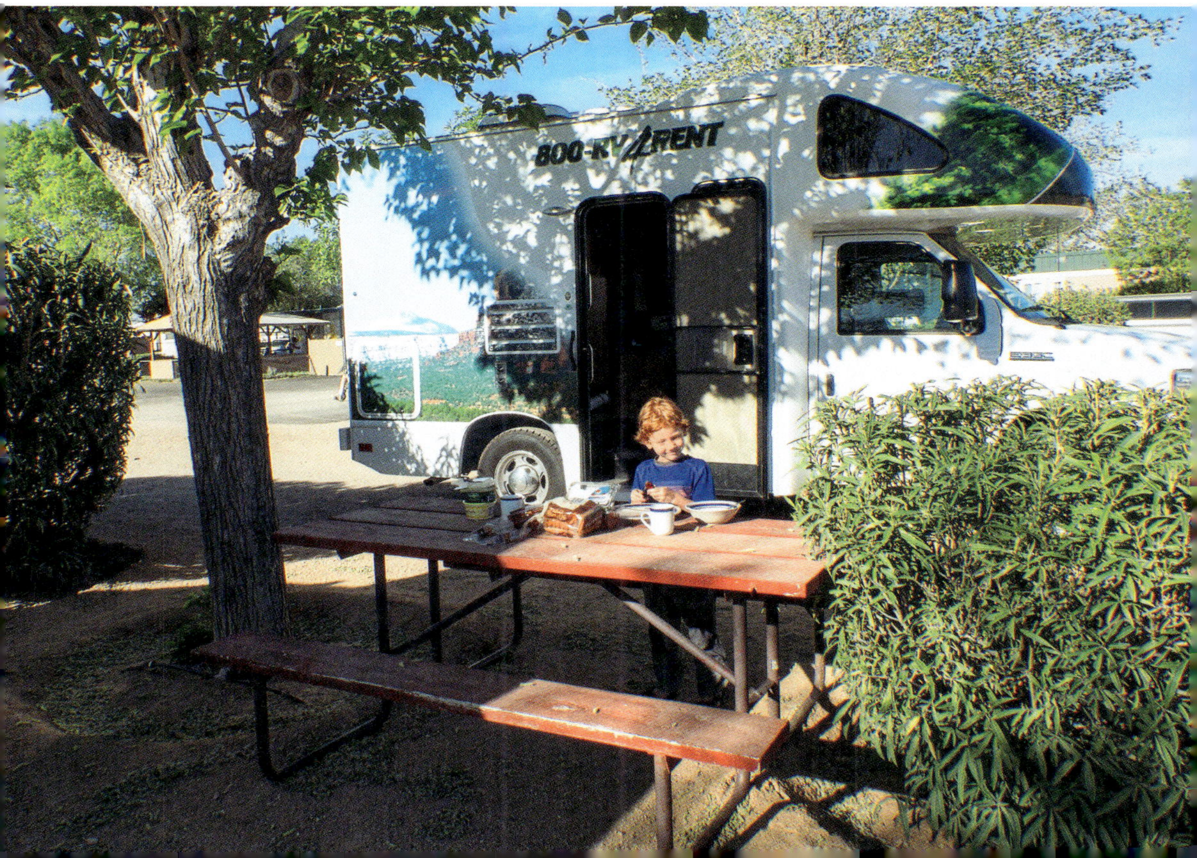
800-RV4RENT

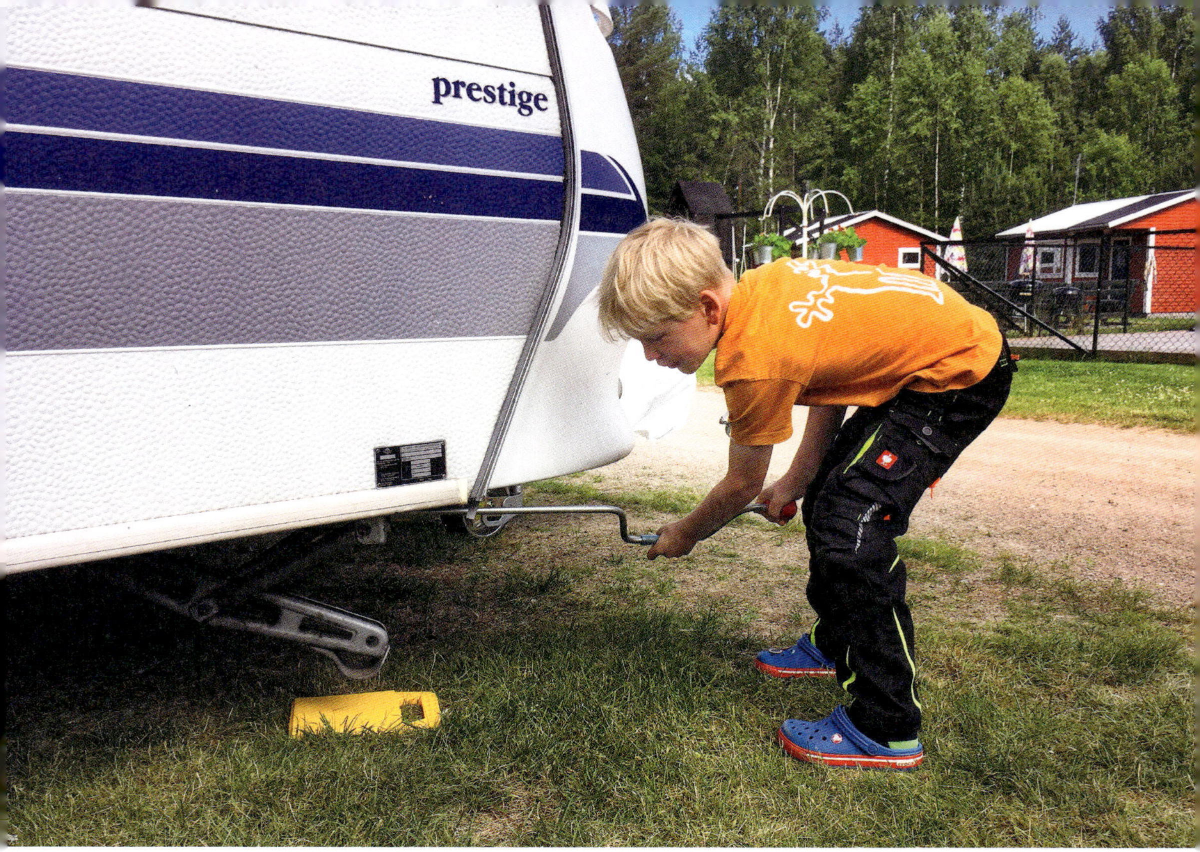
prestige

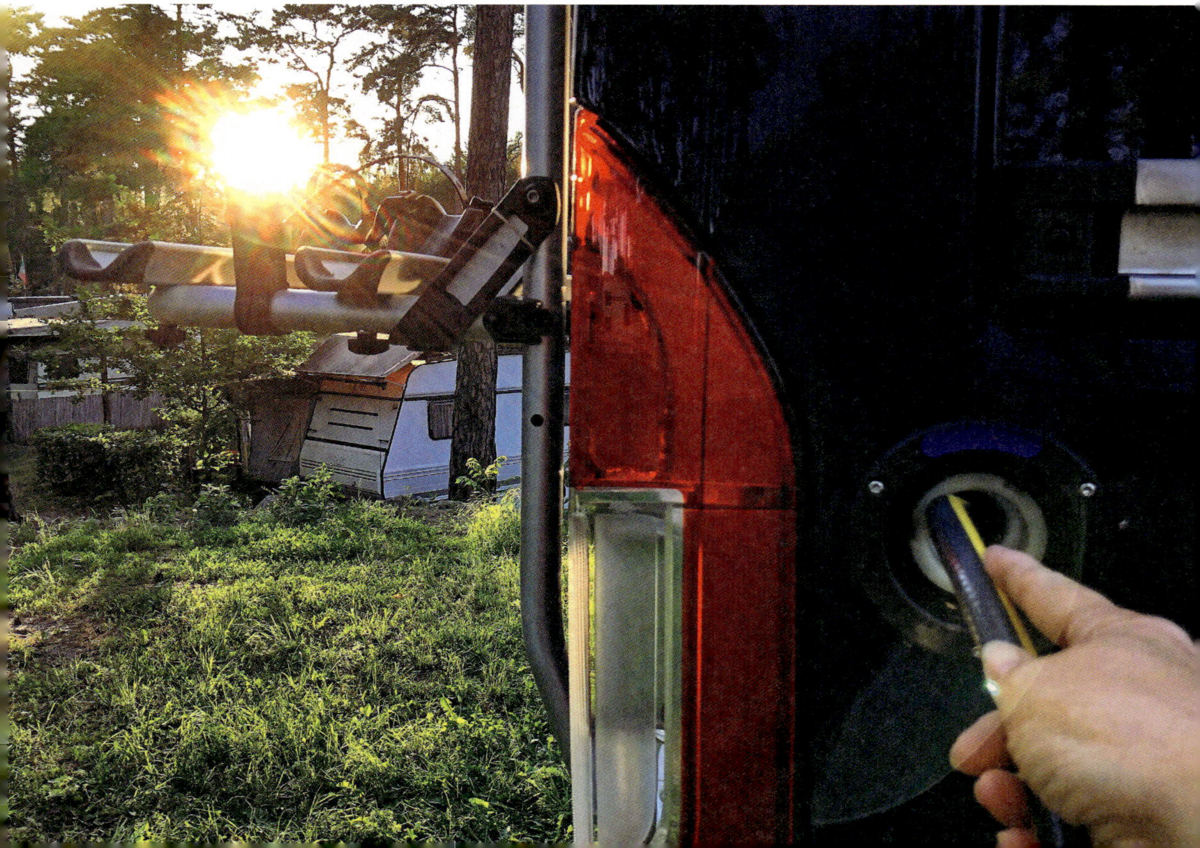

Oder doch lieber mieten?

Bei einem Mietfahrzeug könnt ihr zwar auch Pech haben, aber in der Regel müsst ihr euch nicht selbst darum kümmern. Instandhaltung und Winterquartier sind Vermietersache. Mieten könnt ihr einen Camper zudem fast überall auf der Welt. So entfällt mitunter eine lange Anreise. Als Nachteile müsst ihr jedoch lange Vorausbuchungsfristen und eventuell eine Anreise zur Vermietstation in Kauf nehmen. Bei der Wahl des Wohnmobilvermieters spielen verschiedene Faktoren eine Rolle. »Unsere Erfahrung ist, dass man bei kleineren lokalen Autovermietungen in der Regel günstiger mieten kann. Allerdings haben solche Anbieter oft kein großes Servicenetz, was im Schadensfall ein Nachteil sein kann. Früh buchen lohnt sich bei vielen Vermieterfirmen. Da kann man oft Rabatte von rund fünf bis zehn Prozent bekommen«, rät Hartmut (siehe Interview Seite 86). Dagmar (siehe Interview Seite 66) hat die Erfahrung gemacht, dass Vermieter abseits von Großstädten oder in einem anderen Bundesland mit abweichenden Feriendaten oft besonders günstig sind. Eine Alternative können auch Mietcamper von Privatpersonen über Ebay-Kleinanzeigen oder Sharing-Plattformen wie Paul Camper oder Campanda sein. Sie bieten zwar keinerlei Service, dafür aber meist eine umfassende Ausstattung.

Oben: Beim Aufstellen und Abfahren packen ältere Kinder stolz mit an.
Unten: Wasser marsch! Mit Schlauch ist ein Tank schnell gefüllt.

Checkliste Mietcamper

Vorab klären
- Welcher Führerschein ist für das Fahrzeug nötig?
- Können Kindersitze befestigt werden?
- Dürfte ggf. auch der Hund mit?
- Sind bestimmte Strecken oder Ziele ausgeschlossen?
- Welche Versicherungen sind im Preis inklusive?
- Welche Ausstattung ist enthalten?
- Wie erreicht ihr den Vermieter?
- Kann euer Auto ggf. für die Dauer der Miete beim Verleiher parken?
- Reicht das Kreditkartenvolumen für alle Vor-Ort-Zahlungen inklusive Kaution?
- Wie lange dauert die Fahrzeug-Einweisung?
- Wo bleiben die Kinder während der Einweisung?

Bei der Übergabe
- Führerschein, Buchungsbestätigung, Anzahlungsnachweis und Kreditkarte bereithalten
- Ist die zugesagte Extraausstattung an Bord?
- Sind Stromkabel, Wasserschlauch und Abwasserschlauch sowie ggf. Auffahrkeile vorhanden?
- Ist die Gasflasche voll?
- Ist der Frischwassertank voll?
- Sind die Abwassertanks leer?
- Läuft das Wasser überall (zu und ab)?
- Funktioniert der Kühlschrank?
- Schließen alle Schränke und Schubladen?
- Ist die Tankfüllung wie vereinbart?
- Hat das Fahrzeug Kratzer, Dellen etc.? Dokumentiert Mängel am besten mit Fotos!
- Kilometerstand dokumentieren, falls Freikilometer begrenzt sind!

Vorbereitung

Ihr wisst, wann ihr loswollt. Ihr wisst, was ihr euch und euren Kids zutrauen könnt. Ihr habt ein Fahrzeug. Dann kann es ja losgehen. Aber wisst ihr auch, wohin? Bei aller Spontaneität ist eine grobe Routenplanung nützlich. Gerade mit Kids kann es außerdem entscheidend sein, dass ihr alles Wichtige an Bord habt.

Routenplanung

Außer bei der An- und Abreise solltet ihr auch als erfahrene Fahrer mit geduldigen Kindern nicht mehr als drei bis vier Stunden Fahrzeit pro Tag einplanen. Denn sonst bleibt die Erholung auf der Strecke.

Mit Google Maps könnt ihr eure Etappen schon vor der Reise grob festlegen und Stellplätze in der Umgebung suchen. Für unterwegs empfehlen sich zur Sicherheit die Offline-Karten für die Smartphone-App. Das schont im Ausland das Datenvolumen und gibt euch auch in entlegenen Regionen mit schlechtem Internet etwas Sicherheit. Als analoges Backup kann ein herkömmlicher Straßenatlas oder das Reiseland-Tourenset des ADAC (für Mitglieder kostenlos) sinnvoll sein.

Die tatsächliche Fahrzeit im Wohnmobil ist nach meiner Erfahrung auch ohne Stau und auf Nebenstrecken oft rund ein Viertel länger als die bei Google Maps angegebene Zeit. Plant daher lieber großzügig. Denn im Zweifel gilt bei Campertouren immer: lieber zu früh am Ziel als zu spät. Das kann auch mal heißen, dass ihr in der Hochsaison schon am späten Vormittag auf eurem angepeilten Campingplatz ankommt, um einen der begehrten Plätze zu bekommen – es sei denn, ihr habt im Voraus gebucht.

Für manche Camper kommen Vorausbuchungen überhaupt nicht infrage. Denn schließlich gibt man damit die viel gerühmte Freiheit und Spontaneität bei Wohnmobilreisen auf. Wer mit Kindern reist, kann vor allem in den Schulferien jedoch mit einer Vorausbuchung besser beraten sein. Besonders begehrte Campingplätze am Meer oder in den Bergen sind in der Hochsaison oft Monate im Voraus ausgebucht. Wenn ihr bei der Wahl des Campingplatzes oder zeitlich flexibel seid, geht es aber unter Umständen auch in den Ferien ohne Vorausbuchung. Fragt vor der Weiterfahrt den nächsten Platz telefonisch an. So müsst ihr den Weg nicht umsonst machen.

Schattenplätzchen im Korkeichen-Hain: Mit etwas Zeit findet sich meist auch spontan ein schöner Stellplatz.

So findet ihr Campingplätze und Stellplätze

Aber wie findet ihr überhaupt passende Stellplätze? Neben klassischen Campingführern in
Buchform und manchen Reiseführern helfen
inzwischen verschiedene Apps bei der Suche
nach einem geeigneten Übernachtungsplatz
(siehe Seite 31). Welche App gerade die richtige ist, hängt von verschiedenen Faktoren ab.

- Braucht ihr nur einen Übernachtungsstopp?
  Dann könnt ihr in vielen Ländern frei
  stehen.
- Braucht ihr Wasser und Strom? Das gibt es
  meist schon auf einfachen Stellplätzen.
- Braucht ihr Duschen und eine Wasch-
  maschine? Diesen Komfort bietet ein
  Campingplatz. Im Gegensatz zu einfachen
  Stellplätzen dürft ihr dort auch Tisch und
  Stühle aufbauen und euch (außer-)häuslich
  einrichten.

Die Preise steigen mit dem Komfort des
Platzes. Ist es euch wichtig, dass ihr von eurer
Basisstation aus ohne Fahrzeug etwas unter-
nehmen könnt, dann seht euch auf Google
Maps oder Maps.me die nähere Umgebung
des ausgewählten Platzes im Detail an und
checkt die Anbindung durch öffentliche
Verkehrsmittel.

Nützliche Apps für Camper-Familien

Mit diesen Apps könnt ihr kostenlos Routen planen, navigieren, Stellplätze und Campingplätze finden und eure Ausflüge vor Ort planen. Die Apps stellen eine Auswahl dar. Sinnvoll ist es, sich auf einige Apps für jede Funktion zu beschränken.

Navigation, Routen- und Ausflugsplanung

EasyPark: Parkplatzsuche per App. Zeigt auch die Preise an und enthält eine Bezahlfunktion.

Google Maps: Der Allrounder für Routenplanung und Navigation bietet auch Offline-Karten, Suche nach öffentlichen Verkehrsmitteln, Umkreissuche nach Infrastruktur, Stellplatzsuche etc.

HereWeGo: Die Alternative zu Google Maps wählt teilweise andere Routen, zeigt aber ebenfalls Restaurants, Tankstellen und weitere Infrastruktur an.

Komoot: Tourenvorschläge für Radfahrer, Wanderer, Mountainbiker und Trailrunner. Auch eigene Touren können gespeichert werden.

Maps.me: Ideal für Umkreissuchen in der Natur, zum Wandern und Radfahren.

Mehr-tanken: Findet die günstigsten Tankstellen im Umkreis.

Rome2Rio: Sucht Verbindungen von A nach B mit öffentlichen Verkehrsmitteln, mit Login ist auch Ticketkauf möglich.

Stellplatzsuche für eine Nacht

Landvergnügen: Die App zum Einladungsprogramm in Deutschland funktioniert nur mit Mitgliedschaft und Login.

Park4Night: Der Klassiker zeigt in der kostenlosen Online-Version auf einer Karte Campingplätze, Stellplätze, Parkplätze, Raststätten etc. an. Die Angaben werden von Nutzern gemeldet und sind daher nicht immer eindeutig, aktuell und verlässlich, liefern aber gute Hinweise. Im kostenpflichtigen Abo ist auch Offline-Suche, GPS-Suche und Suche entlang von Routen möglich.

Nicht jeder Parkplatz eignet sich als Stellplatz. Apps helfen bei der Suche unterwegs.

StayFree: Zeigt auf einer Karte kostenlose Parkplätze an, die sich nach Nutzerangaben auch zum Parken über Nacht eignen.

Stellplatz- und Campingplatzsuche

Campercontact: Zeigt nach eigenen Angaben über 33 000 Plätze in mehr als 60 Ländern mit Schwerpunkt Europa, enthält Bewertungen und macht auch Routenvorschläge.

Camping 3in1: App-Version des Online-Campingführers des Deutschen Camping Clubs (DCC). Nach eigenen Angaben mit 17 000 Einträgen von Campingplätzen, Wohnmobilstellplätzen und Bauernhofcampings in ganz Europa. Es gibt auch Filterfunktionen, Platzbeschreibungen und Ausstattungspiktogramme.

Campy: Mehr als 35 000 Plätze aller Art in Europa zeigt die Kartensuche an. Zahlreiche Filterfunktionen, eigene Plätze können gespeichert werden. Kostenpflichtige Offlinevariante erhältlich.

CaraMaps: Listet nach eigenen Angaben 40 000 Plätze in Europa auf, darunter aber auch Parkplätze, Ver- und Entsorgungsstationen, Tankstellen und Ähnliches; ohne Login nur Kartensuche möglich.

iOverlander: Kartensuche und Listen-Umkreissuche nach allen Arten von Stellplätzen, auch Übernachtungsparkplätzen, eine Anmeldung ist nötig.

PromobilStellplatz Radar: Listet auf der Karte Stellplätze im ausgewählten Gebiet, vom kostenlosen Parkplatz bis zum 5-Sterne-Camping auf, teilweise mit Angaben zur Ausstattung. Umfasst nach eigenen Angaben 12 000 redaktionell geprüfte Stellplätze und rund 5000 Campingplätze in Europa.

VanlifeLocation: Listet europaweit Übernachtungsparkplätze und private Stellplätze in der Natur, mit Kartensuche und Buchungsfunktion nach Anmeldung.

Vansite: App des gleichnamigen Portals für private Stellplätze in Deutschland.

Womo-Stellplatz.eu: Umfasst nach eigenen Angaben rund 20 000 Plätze vom kostenlosen Übernachtungsparkplatz bis zum Campingplatz mit Kartensuche und vielen Filterfunktionen.

Günstig unterwegs im Campervan

Camping ist nicht zuletzt deshalb bei Familien so beliebt, weil es vergleichsweise günstig ist. Doch auch beim Camping gibt es große Preisunterschiede. Ein Platz auf einem Fünf-Sterne-Camping kann in der Hochsaison mit allem Drum und Dran genauso teuer werden wie eine Ferienwohnung. Das gilt vor allem, wenn pro Kopf abgerechnet wird und schon kleine Kinder voll zahlen. Doch es gibt verschiedene Sparmöglichkeiten.

Freistehen/Wildcampen

Für eine Nacht ist das Übernachten auf Parkplätzen in fast allen Ländern Europas erlaubt. Informiert euch vorab über die Bestimmungen an eurem genauen Aufenthaltsort. Selbstverständlich verlasst ihr beim Freistehen euren Platz ganz genau so, wie ihr ihn vorgefunden habt, und beachtet Verbotsschilder. Tisch und Stühle bleiben im Camper verstaut.

Einladungsprogramme

Eine schöne Alternative zum Freistehen sind sogenannte Einladungsprogramme. Es gibt sie in immer mehr Ländern Europas. Etabliert sind sie in Frankreich (France Passion), Deutschland (Landvergnügen) und Großbritannien (BritStops). Auch Österreich (Bauernleben, Schau aufs Land), Italien (Fattore Amico), Spanien (Espana Discovery), die Schweiz (Swiss Terroir), Dänemark (Pintrip), Norwegen (Nortrip) und Schweden (SwedeStops) bieten diese Programme. Das Prinzip ist überall ähnlich: Ihr kauft eine Plakette und einen Stellplatzführer. Die dort gelisteten Gastgeber dürft ihr ein Jahr lang (meist von Ostern bis Ostern) für eine Nacht anfahren. Meist handelt es sich dabei um Gasthöfe, Weingüter, Ölmühlen, Bauernhöfe oder Fischereien mit Hofläden, die sich natürlich freuen, wenn ihr dort einkauft oder esst. Im Gegenzug bekommt ihr oft wertvolle lokale Tipps. Die meisten dieser Programme sind im FEFI-Netzwerk zusammengeschlossen (fefi.eu).

Bauernhofcamping/private Stellplätze

Ebenfalls wie zu Besuch seid ihr bei einem Bauernhofcamping. Meist sind diese Campingplätze naturnah, ruhig, klein und familiär. Das gilt auch für die Agricampeggios in Italien und die Campings à la Ferme in Frankreich. Die Standards sind sehr unterschiedlich. Auch das Angebot variiert. Manche verfügen über Pool und Spielplatz. Andere bieten Brötchenservice, ein Abendmenü oder sogar Halbpension. Unterschiede gibt es ebenso bei den Preisen. Dennoch sind sie meist günstiger als normale Campingplätze.

Eine weitere Möglichkeit für naturnahes Camping sind private Stellplätze im Garten oder auf dem Feld. Preise und Standards sind sehr

Besuch vom Huhn: Camping auf dem Bauernhof macht Kindern viel Spaß.

unterschiedlich, ebenso vielfältig sind die Suchportale. Beispiele sind alpacacamping.de, camperland.de, campspace.com, hinterland.camp, homecamper.de, vansite.eu.

Wohnmobilstellplätze

Auch Wohnmobilstellplätze sind deutlich günstiger als Campingplätze. Sie bieten in der Regel Strom, Ver- und Entsorgung, gelegentlich auch Duschen oder Möglichkeiten zum Aufenthalt wie Spielplätze. Manchmal ist es auch nicht erlaubt, Tisch und Stühle aufzustellen. Solche Plätze eignen sich daher am besten, wenn ihr einen Schlafstopp auf einer langen Strecke einlegt oder ohnehin den ganzen Tag mit Programm verplant habt

und auswärts esst, also etwa für einen Sightseeingstopp in einer Stadt.

Camping-Rabattkarten

Mit bestimmten Rabattkarten erhaltet ihr auf vielen Campingplätzen Preisnachlässe. Die bekanntesten sind die ACSI-Karte, die ADAC-Campingkarte, die Camping Card International (CCI), der Camping Key Europe (CKE) und die Clubkarte des Deutschen Camping Club (DCC). Sie unterscheiden sich stark in Preisen und Bedingungen. Oft gelten die Rabatte nur in der Nebensaison. Das ganze Jahr über gilt die DCC-Karte. Sie ist allerdings auch am teuersten. Auch sie gilt wie alle anderen nicht auf allen Campingplätzen.

Camping-Packliste für Familien: Das muss mit

Grundausstattung Wohnmobil

- Gasflasche
- ggf. Gasanschluss-Adapter fürs Ausland
- Kabeltrommel
- 220-V-/CEE-Adapter
- Regenschutz für Steckdosenverbindungen
- Wasserkanister 10 Liter
- Gartenschlauch mit Adaptern (für Frischwasser-versorgung)
- Einfüllstutzen
- Auffahrkeile
- Feuerlöscher
- Ersatzsicherungen
- Rutschmatten für Gasflaschen, Schubladen, Schränke
- Kopfkissen, Bettwäsche/Schlafsäcke, Kuschel-decken

Campingausstattung

- Campingstühle (ggf. Hochstühle für Kleinkinder)
- Campingtisch
- Gasgrill, ggf. mit Gaspatrone
- Sturmbänder für Markise
- Gummihammer
- Spieldecken für die Kinder
- Hängematte inkl. Aufhängung

Reinigung/Hygiene

- Kehrschaufel und Kehrbesen
- Wischlappen
- (faltbare) Wasch-/Spülschüssel
- Waschmittel
- Wäscheklammern und Schnur
- Wäschesack
- Allzweckreinigungstücher
- Silberionen für Frischwassertank
- Abwassertank-Refresher
- Toilettenflüssigkeit/-tabs
- leicht zersetzbares Toilettenpapier
- Müllbeutel

Küchenausstattung

- große, flache Teller
- Müslischalen/Suppenschüsseln
- Tassen und Becher oder Melamin-Gläser
- Besteck
- Schneidemesser, Brotmesser, Schere
- Dosenöffner, Flaschenöffner, Korkenzieher
- Kochlöffel, Pfannenwender, Grillzange
- Schneebesen, Kartoffelschäler, Schöpfkelle
- (Stab-)Feuerzeug
- großes und kleines Schneidbrett
- großer und kleiner Topf
- Pfanne
- Salatschüssel
- Nudelsieb
- Espressokocher oder French Press
- (faltbare) Frischhaltedosen
- Zip-Beutel
- Küchenrolle
- Spülbürste, Spülschwamm und Spüllappen
- Geschirrtücher
- Topflappen
- Spülmittel
- Öl und Essig
- Salz, Pfeffer und Gewürze in kleinen Behältern (z. B. leere Tic-Tac-Packungen)
- Nudeln, Reis, Bulgur, Haferflocken, Müsli, Knäcke-brot oder Brotkonserven, weitere Konserven, Kaffee, Tee, hitzebeständige Süßigkeiten und Snacks

Körperpflege

- (Outdoor-)Handtücher
- (Outdoor-)Badetücher
- (Einmal-)Waschlappen
- Feuchttücher
- Kulturbeutel zum Aufhängen
- Seife, Duschbad, Shampoo
- Kamm, Bürste

- Körperlotion, Cremes
- Zahnbürsten und Zahnpasten
- Nagelschere, -feile, Pinzette
- ggf. Tampons, Damenbinden
- ggf. Rasierer
- ggf. Haarfön
- Desinfektionstücher, -spray oder -mittel

Reiseapotheke

- Sonnencremes
- Mücken- und Zeckenschutz
- Pinzette
- Zeckenzange
- Notfallset mit Pflaster, Verband, kleiner Verbands-schere, milder Wunddesinfektionslösung, evtl. Bachblüten-/Rescuetropfen, Arnica C30
- kühlendes Gel, z. B. Fenistil, bei Insektenstichen und Sonnenbrand
- Schmerzmittel, Paracetamol für Kinder
- Fieberthermometer
- ggf. Mittel gegen Reiseübelkeit
- ggf. Dauermedikation wie Pille, Asthmaspray etc.
- Papiertaschentücher
- Ohropax

Technik

- Smartphone mit Ladekabel
- Tablet mit Ladekabel
- Fotoapparat mit Akkus und Ladegerät
- Powerbank
- kleines Allround-Solar-Ladegerät
- ggf. mobiler WLAN-Router

Sonstiges

- Socken, Unterwäsche, Nachtwäsche
- Shirts, Hosen, Jacken, ggf. Röcke, Kleider
- Clogs/Badeschlappen, Gummistiefel
- Regenschirm, Regenkleidung, Sonnenbrille
- Kabelbinder
- Panzertape
- kleines Werkzeugset mit Wechselkopf-Schrauben-zieher und Imbus-Set

- Nähset
- Schuhbürste
- Allround-Zeltschnur (auch als Wäscheleine)
- Stirnlampen inkl. Ersatzbatterien
- Camping-Tischleuchten inkl. Ersatzbatterien
- Kerzen, evtl. Fackeln und (Ersatz-)Feuerzeug
- Notizbuch und Stifte
- Bücher, Reiseführer, Kartenmaterial (ggf. elektronisch)

Für Kinder

- Sonnenschutz für die Fenster
- Sonnenhut, wasserfeste Sonnencreme, UV-Schutzkleidung, Badesachen
- Fläschchen/Wasserflasche, Snacks
- Lieblingskuscheltier
- Ausmalbuch/Malblock/Notizbuch und Stifte
- Lieblingsspielzeug(e)
- Bücher
- Walkie-Talkies inkl. Ersatzbatterien
- Fernglas
- Taschenlampe
- Kompass
- Taschenmesser
- Spielkarten und kleine Reisespiele (Würfel, Vier gewinnt, Minimemory etc.)
- Outdoorspiele: Ball, Boccia, Schwedenschach, Badminton, Frisbee, Indiaca, Klettball
- ggf. Inlineskates, Skateboard, Longboard
- MP3-Player mit Hörspielen, Musik und Kopfhörer
- Tablet mit Spielen und Filmen

Für Babys und kleine Kinder

- Eimer, Schaufel, Gießkanne, Becherlupe, ggf. Laufrad
- Sonnenschirm/Strandmuschel
- Schwimmhilfen, Wasserspielzeug
- Babyphone
- Reisebuggy oder (faltbarer) Bollerwagen
- ggf. (Einmal-)Lätzchen, Babywindeln, Einmal-Wickelunterlagen, Töpfchen, Reisezelt

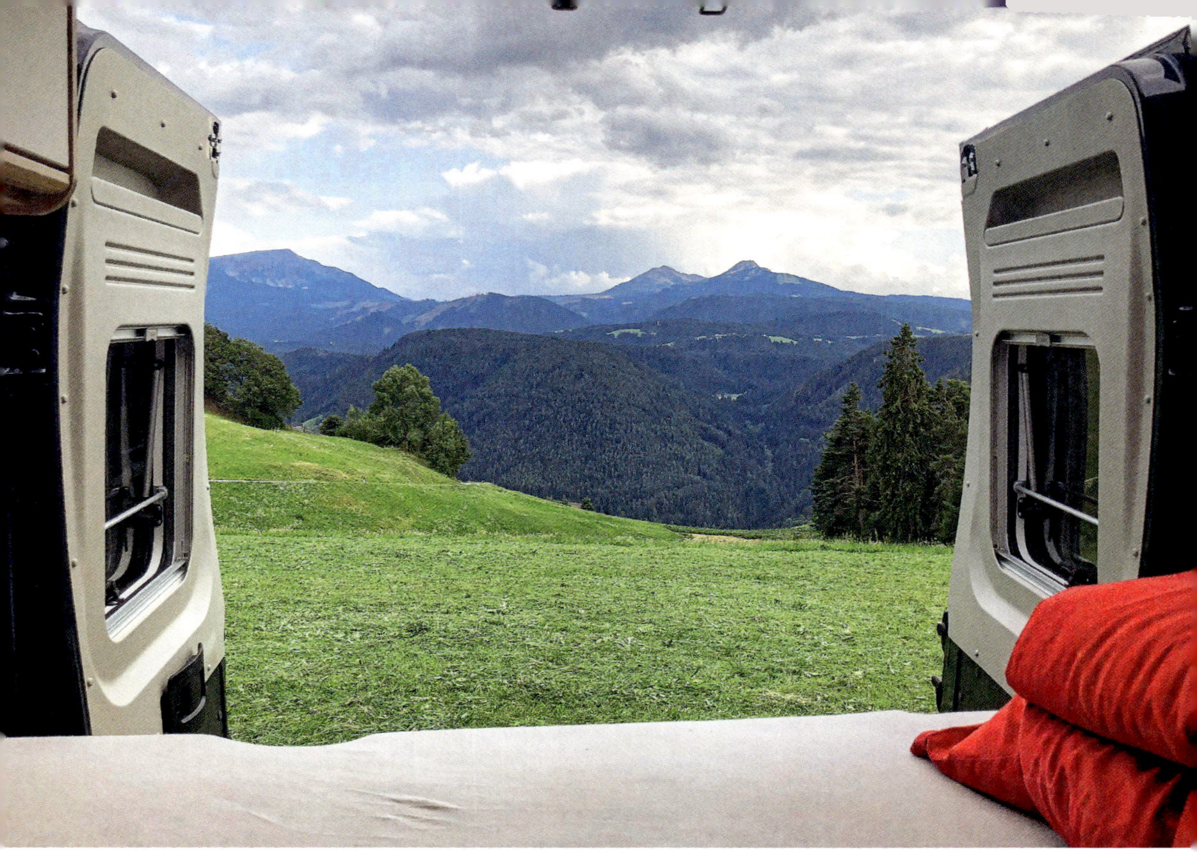

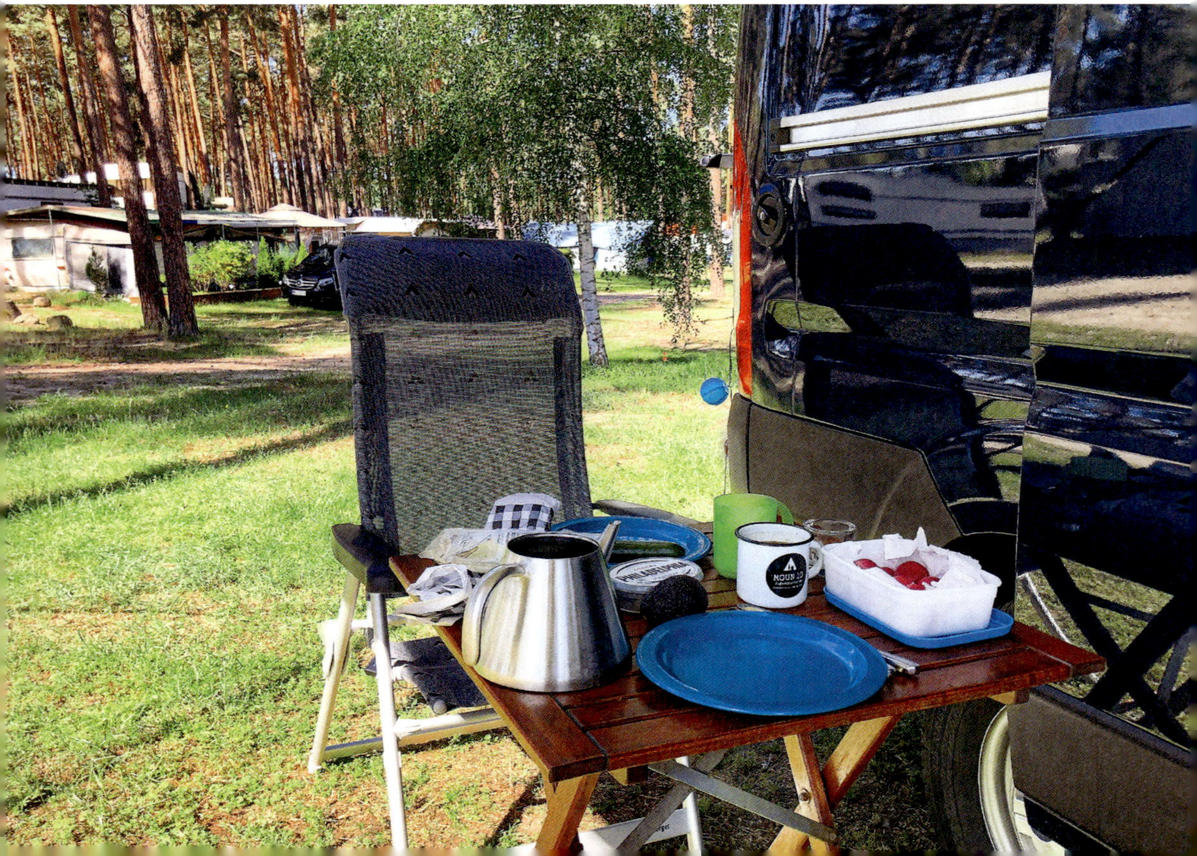

Unterwegs mit *Kids* und *Camper*

Alles an Bord? Dann seid ihr fast startklar für euer Familienabenteuer im Wohnmobil. Jetzt kommt es nur noch auf ein paar Kleinigkeiten an. Gute Vorbereitung zahlt sich gerade beim Reisen mit Kindern meist auch mit guter Laune aus. Wenn euer Fahrzeug selbst fit gemacht ist, ihr die wichtigsten Dinge griffbereit habt und die Tagesetappe geplant ist, dann kann kaum noch etwas schiefgehen.

Jetzt geht's los – Fahrzeug-Check

Nichts ist nervtötender, als auf der Fahrt in den Urlaub von einer Panne ausgebremst zu werden. Deshalb solltet ihr euren Camper regelmäßig checken lassen. Es kann nicht schaden, wenn einmal im Jahr vor einer langen Fahrt ein Profi die Technik überprüft.

Einiges könnt ihr aber auch selbst testen. Kontrolliert mindestens einen Monat vor der geplanten Abfahrt, ob Bordbatterie, Wasserpumpe, Kühlschrank, Heizung und Gasversorgung funktionieren. Falls etwas repariert werden muss, bleibt so genug Zeit für einen Werkstatttermin.

Folgende Doppelseite: Vanlife-Freiheit – Einsame Stellplätze in der Natur genießt ihr am längsten, wenn ihr vorher gut eingekauft habt.
Oben: Zimmer mit Aussicht – auf Wunsch täglich wechselnd
Unten: Campingausstattung – Alles an Bord für ein Frühstück im Grünen?

Vor jeder längeren Fahrt empfehlen sich folgende einfache Checks:

Fahrzeugtechnik

- Reifendruck prüfen
- Ölstand prüfen
- Kühlerwasser checken
- Scheibenwischwasser auffüllen
- Scheinwerfer, Blinker und Rücklichter kontrollieren
- Tankfüllung kontrollieren

Wohnmobiltechnik

- Gasflasche verschlossen?
- Raumteiler eingesetzt?
- Trittstufe eingefahren?
- Markise eingerastet?
- Schubladen und Schranktüren verriegelt?
- Alle (Dach-)Fenster geschlossen?
- Toilettenschieber geschlossen?
- Innenbeleuchtung aus?
- Alles sicher verstaut?
- Abwasser entleert?
- Toilette entsorgt?
- Frischwasser aufgefüllt?

Ist auch der Fußraum im Fahrerbereich frei, sodass nichts unter die Pedale rollen kann?

Dann checkt noch mal, ob ihr alles Wichtige griffbereit habt.

Das Wichtigste griffbereit

Fehlt noch was? Vor allem fehlende Dokumente können unterwegs große Schwierigkeiten bereiten. Diese Unterlagen solltet ihr parat haben:

- Reisepässe/Ausweise, Kinderreisepässe und ggf. Visa
- (Auslands-)Krankenversicherungsnachweis
- Führerschein(e)
- Kreditkarten
- Bargeld/Kleingeld (für Maut)
- Fahrzeugpapiere
- ggf. grüne Versicherungskarte fürs Auto
- ggf. ADAC-Karte
- ggf. Buchungsunterlagen (Fähre, Campingplatz)
- ggf. Vignetten (Maut, Einladungsprogramm)

Manche Länder verlangen bei der Einreise die Geburtsurkunden der Kinder, um zu sehen, ob beide Elternteile mitreisen. Bleibt ein Elternteil zu Hause, solltet ihr zusätzlich eine Reisevollmacht für das Kind mitführen.

Es spart viel Sucherei, alle Papiere zusammen in einem festen Umschlag, einer Klarsichthülle oder einer dünnen Aktentasche an einem festen Platz, zum Beispiel im Handschuhfach, aufzubewahren. Nutzt ihr für die Anreise eine

Fähre, dann müsst ihr ohnehin einen dicken Schwung Papiere auf einmal vorweisen.

Zur Sicherheit bewahre ich an einem weiteren, etwas versteckten Ort Kopien aller wichtigen Unterlagen auf. Sicher hat auch euer Wohnmobil schwer zugängliche Fächer, die nicht auf Anhieb zu sehen sind. Außerdem habe ich Scans davon in einem Online-Postfach, auf das ich von unterwegs zugreifen kann.

Damit ist der leidige Papierkram erledigt. Für eine längere Fahrt mit Kindern solltet ihr aber auch für die Kleinen noch ein paar Dinge zurechtlegen:
- Getränke, Snacks
- Lieblingskuscheltier
- Hörspiele (evtl. auf MP3-Player mit Kopfhörer)

- Buch
- Tablet mit Spielen und Filmen
- ggf. Mittel gegen Reiseübelkeit
- ggf. Windeln und Feuchttücher fürs Baby

Viele Eltern schwören beim Autofahren mit Kindern auf Zurückhaltung bei zuckerhaltigen Getränken und Snacks – aus guten Gründen: Sie können die Reiseübelkeit begünstigen und bringen einen schnellen Energieschub. Dann fällt Stillsitzen noch schwerer. Kräutertees oder Wasser mit Zitrone und frischen Kräutern (Pfefferminze, Basilikum oder Waldmeister) sind gute Alternativen. Als Snacks empfehlen sich salzige Knabbereien oder mäßig Süßes wie Müsliriegel und Trockenobst, wenn es nicht das bewährte belegte Brot oder Brötchen sein soll.

Spielerisch unterwegs

Wann sind wir da? Wollt ihr diesen Satz nicht im Minutentakt von hinten hören, dann solltet ihr ein paar Ideen zum Zeitvertreib unterwegs parat haben. Dabei habt ihr im Wohnmobil deutlich mehr Möglichkeiten als in einem normalen Auto. Denn meist sitzen die Kinder hinten am Tisch. Bei ruhigen Autobahnfahrten können sie dort zum Beispiel malen, rätseln oder Kartenspiele machen. Scheren und Messer sollten während der Fahrt jedoch unter Verschluss bleiben.

Je nach Alter der Kinder habt ihr verschiedene weitere Möglichkeiten zum Zeitvertreib unterwegs. Musik und Hörspiele beschäftigen schon Kleinkinder hervorragend (und Teenager wieder). Wenn die Kinder Kopfhörer und ein eigenes Abspielgerät haben, könnt ihr vorne euren eigenen Soundtrack zu eurem Roadtrip hören.

Viele Spiele für Autofahrten sind echte Klassiker, die ihr vielleicht selbst schon als Kinder mit euren Eltern gespielt habt. Beispiele gefällig?
- »Ich sehe was, was du nicht siehst ...«
- »Ich packe meinen Koffer und nehme ... mit.« (alles aufzählen, was vorher gesagt wurde)
- Melodien erraten (ihr summt, das Kind sagt den Text)

Das Lieblings-Spielzeug darf bei keinem Roadtrip fehlen. Die Fahrt vergeht aber auch mit Spielen ohne Material.

- Reimwörter finden: Schau – blau – Frau – Sau ...
- Wortketten bilden: Wohnwagen – Wagenrad – Radfahrt – Fahrtwind – Windbeutel ...
- Lastwagen/grüne Autos/Motorräder etc. zählen
- Kennzeichen raten
- Wer bin ich?
- Teekesselchen (einen Begriff erraten)

Mit solchen Spielen vergeht auch an Regentagen die Zeit. Dennoch empfiehlt es sich für den Familienurlaub, ein paar Spiele einzupacken. Dafür habt ihr bei Wohnmobilreisen deutlich mehr Platz als etwa bei Flugreisen. Dennoch sollte nicht das halbe Wohnmobil mit Spielzeug belegt sein, zumal die Kinder unterwegs meist weniger brauchen, als man denkt.

Eine gute Lösung haben Nora und Marius für sich und ihre drei kleinen Kinder im Campingbus gefunden: In eine Holzkiste kommt gemeinsam genutztes Spielzeug. Dann dürfen die Kids mit den Spielsachen ihrer Wahl auffüllen. Zusätzlich hat Nora für jedes Kind einen Schatzbeutel genäht, in den es Fundstücke füllen kann. »Das erspart uns viele Diskussionen und Lagerplätze im Van«, sagt Nora (siehe Interview Seite 101).

Streckenwahl: Scenic Route oder Autobahn?

Jetzt ist es an euch, zu entscheiden, welchen Weg ihr nehmt: den schnellsten oder den schönsten?

Geht es euch nur darum, von A nach B zu kommen, dann ist die Autobahn meist die beste Lösung. In vielen Ländern ist sie aber gebührenpflichtig, und meist ist die Maut für Wohnmobile teurer als für Pkw.

Sind euch die Gebühren zu hoch, dann weicht auf Landstraßen aus. Manchmal gibt es Schnellstraßen, auf denen ihr ähnlich gut vorankommt.

Wenn es nicht darum geht, Strecke zu machen, dann ziehe ich persönlich Landstraßen vor. Mit Kind ist es ein Vorteil, dass wir jederzeit anhalten können, ohne auf den nächsten Rastplatz zu warten. Vor allem aber sehe ich auf solchen Straßen mehr von Land und Leuten. Wenn ich im Straßenatlas eine landschaftlich schöne Route (Scenic Route) in der Nähe sehe, dann nehme ich dafür auch einen Umweg in Kauf. Wer weiß, vielleicht liegt ein traumhafter Stellplatz oder Campingplatz an der schönen Strecke?

Campingplätze – kinderfreundlich oder nicht?

So ein einsamer Stellplatz ist natürlich nur eingeschränkt kinderfreundlich. Denn Spielfreunde finden die Kids dort mit Sicherheit nicht. Anders auf Campingplätzen. Aber woran erkennt ihr, ob ein Campingplatz kinderfreundlich ist?

Was einen Campingplatz als kinderfreundlich auszeichnet, ist gar nicht so leicht zu sagen.

Denn die Ansprüche sind je nach Alter der Kinder, aber auch was die persönlichen Vorlieben angeht sehr unterschiedlich. Die einen sind mit viel Platz im Grünen zufrieden. Andere erwarten zumindest Kindersanitärs und für die dritten ist Kinderanimation ein Muss.

Ist ein Campingplatz also erst kinderfreundlich, wenn er einen Spielplatz und einen Pool hat? Ich habe die Erfahrung gemacht, dass die Natur selbst der beste Spielplatz ist. Über einen Pool freut mein Sohn sich allerdings inzwischen schon, wenn es keine anderen Möglichkeiten zum Planschen und Baden gibt. Kinderanimation käme für ihn hingegen nicht infrage. Daher können wir darauf gut verzichten. Weil er sich in der Natur ohnehin stundenlang selbst beschäftigt, komme ich dennoch zu meiner Erholung.

Ob ein Campingplatz kinderfreundlich ist, hat aus meiner Sicht weniger mit Spielplatz, Pool und Co. zu tun, als vielmehr mit Kleinigkeiten:

- Großzügige Stellplätze sind für Familien genial. Dann können die Kids sich auch mal direkt am Platz beschäftigen. Im Sommer und im Süden ist Schatten zudem wichtig.

Familienfreundliche Campingplätze: Viel Platz in der Natur genügt oft schon – am besten im Baumschatten.

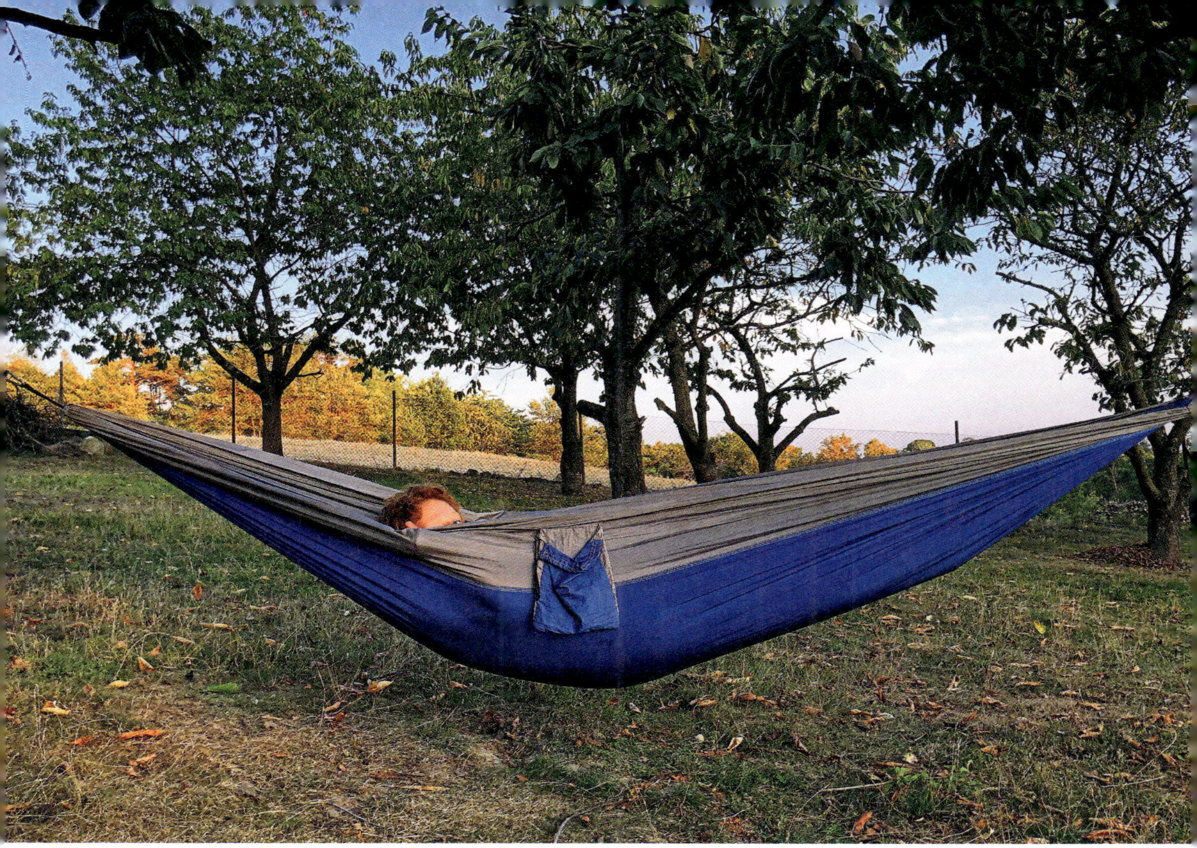

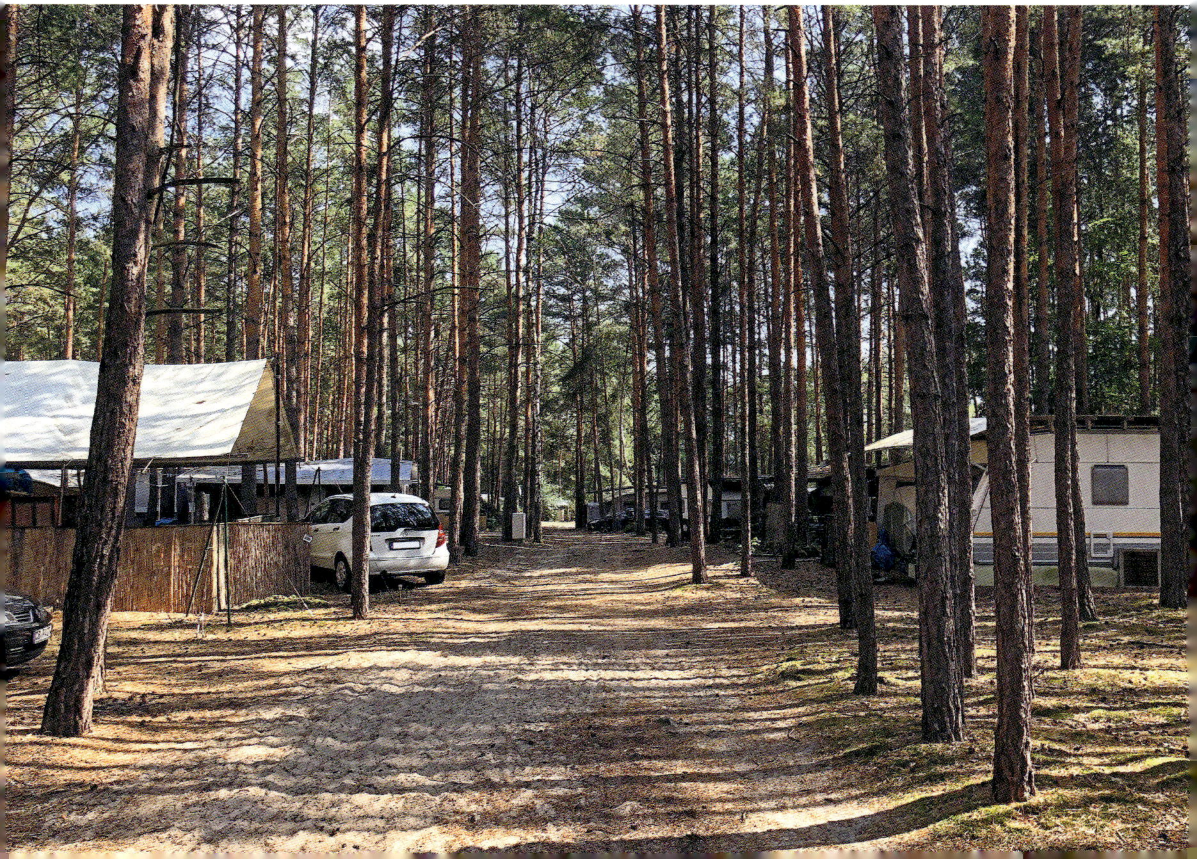

- Eine ruhige Lage in der Natur ist vorteilhaft für einen eventuellen Mittagsschlaf. Hinzu kommt: Je kleiner der Campingplatz, desto ruhiger ist er höchstwahrscheinlich auch.
- Besonders mit kleinen Kindern ist eine überschaubare Platzanlage ohne direkten Wasserzugang sehr vorteilhaft – und dort am besten ein Platz am Rand. Dann behaltet ihr die Kids leichter im Auge und es lauern nicht zu viele Gefahren.
- Ein Familien-Sanitärbereich ist ein sicheres Zeichen dafür, dass an die Kleinen gedacht wird. Neben niedrigeren Waschbecken und kleineren Toiletten sind vor allem Familienduschen mit extra viel Platz im Camper-Alltag mit Kids sehr hilfreich.
- Letztlich entscheidet aber vor allem der Umgang mit den Kindern an der Rezeption und seitens anderer Camper darüber, ob ein Campingplatz kinderfreundlich ist.

Euer Urteil müsst ihr euch also schließlich selbst vor Ort bilden. Ihr könnt euch aber recht sicher sein: Vorbehalte gegen Kinder oder strafende Blicke, weil sie laut oder dreckig sind, werden euch auf Campingplätzen selten begegnen. Stattdessen werdet ihr ganz sicher viele andere Familien treffen. Denn Camping ist einfach die absolut kinderfreundlichste Art zu reisen – und im Wohnmobil noch dazu komfortabel.

Camping am Meer: Von einem Platz in der ersten Reihe am Wasser habt ihr die Kids auch am Strand im Auge.

Rezepte aus der Camperküche für Kids

Viele Kinder sind echte Feinschmecker. Mit diesen familienerprobten Rezepten für die Camperküche überzeugt ihr auch kleine Gourmets.

Anjas Pizzabrot

Zutaten: Brot in Scheiben, Olivenöl, Salz, passierte Tomaten oder Tomatenmark, italienische Kräuter, Pizzabelag (z. B. Thunfisch, Oliven, Paprika, Tomaten, Zwiebeln), Käse

Brot mit Olivenöl beträufeln, passierte Tomaten oder Tomatenmark darauf verteilen. Darüber Salz und italienische Kräuter streuen. Nach Lust und Laune wie eine Pizza belegen. Den Käse nicht vergessen. Das Ganze in einer Pfanne bei mittlerer Temperatur backen. Wenn der Boden (nach Gefühl) leicht knusprig ist, die Pfanne mit einem Deckel bedecken und weiterbacken, bis der Käse geschmolzen ist.

Evas warmer Nudelsalat
(mediterran)

Zutaten: Nudeln, Tomaten, Basilikum, Öl, Essig, Salz, Pfeffer, Instantbrühe, Senf

3 Teile Öl und 1 Teil Essig mit Salz, Pfeffer, Instantbrühe und Senf zu einer Salatsoße verrühren. Nudeln kochen. Tomaten und Basilikum klein schneiden. Alles in den abgetropften Nudeltopf und mit der Soße übergießen.

Angelas Gemüse-Bulgur
(orientalisch)

Zutaten: Bulgur (grober Hartweizengries), Zucchini, Paprika, Karotte, Tomaten, Salz, Pfeffer, Öl, Knoblauch, Curry (nach Belieben: Kreuzkümmel, Koriander, Garam-Masala-Gewürzmischung), dazu Naturjoghurt

Gemüse waschen, klein schneiden und mit den Gewürzen in der Pfanne anbraten. Bulgur im Topf quellen lassen, unterrühren, mit einem Klecks Joghurt servieren. Funktioniert auch mit Reis, dauert dann etwas länger.

Julias Räucherfisch nach Maori-Art
(neuseeländisch)

Zutaten: Pfanne, idealerweise mit Deckel, Alufolie, eine Handvoll kleine, feine Holzstückchen, eine ganze Forelle, Salz, Zucker, evtl. rohe Reiskörner, je nach Geschmack: getrocknete Kräuter

Den ausgenommenen Fisch innen mit etwas Salz und einem Hauch Zucker einreiben. Eine

Mit Alufolie lassen sich Cookies auf dem Grill backen.

Lage Alufolie in die Pfanne legen, Holzspäne und ggf. rohen Reis und Zucker darauf verteilen, ggf. Kräuter dazu, eine zweite Lage Alufolie darauf, die Folie mit der Gabel löchern, Fisch darauf (mit offenem Bauch), Pfanne rauchdicht verschließen. Bei voller Flamme räuchern, nicht öffnen. Eine ganze Forelle braucht etwa 15 Minuten.
Die Anleitung im Detail gibt's bei jaegerdesverlorenenschmatzes.de.

Rebeccas Ratatouille
(mediterran)

Zutaten: Aubergine, Zucchini, Zwiebeln, Paprika, Tomaten, Olivenöl, Knoblauch, Salz, Pfeffer, Kräuter der Provence, Baguette

Gemüse würfeln und in Öl mit Knoblauch anbraten, bis es ganz gar ist. Mit Salz, Pfeffer und Kräutern der Provence würzen, dazu Baguette.

Jasmins gelbes Gemüsecurry
(asiatisch)

Zutaten: Olivenöl, Knoblauchzehe, Zwiebel, ½ Dose Kichererbsen, rote Paprika, ½ Ananas

Ein Lagerfeuer begeistert auch eingefleischte Outdoor-Kinder – vor allem wenn sie Stockbrot backen dürfen.

oder ½ Dose Ananas, 1 Packung Tofu, ½Dose Kokosmilch, 1-2 EL gelbe Currypaste, frisch geriebener Ingwer, Pfeffer, Salz, Kurkuma, Chili, Knoblauch

Das Gemüse und den Tofu klein schneiden. 1 EL Olivenöl in einem Wok erhitzen, Zwiebel und Knoblauch dazugeben und glasig braten. Tofu, Kichererbsen und Paprika (oder weiteres Gemüse) hinzufügen. Das Ganze fünf Minuten scharf anbraten. Anschließend alle Gewürze und den geriebenen Ingwer dazugeben. Im letzten Schritt wird die Kokosmilch hinzugegeben und die gelbe Currypaste vorsichtig untergerührt. Einige Minuten köcheln lassen, bis das Gemüse gar ist. Dazu passt besonders gut Reis.

Stockbrot fürs Lagerfeuer

Zutaten: 1 Päckchen Trockenhefe oder ½ Würfel Frischhefe, 1 Prise Zucker, 250 ml lauwarmes Wasser, ½ TL Salz, 500 g Mehl, 2 EL Olivenöl, nach Belieben: Kräuter, Chili, Knoblauch oder mehr Zucker, Stöcke, Lagerfeuer

Wasser, Hefe, Salz und Zucker gut verrühren, Öl hinzufügen, nach und nach Mehl zugeben, ggf. weitere Zutaten beimischen. Teig mit einem Tuch abdecken und mindestens 30 Minuten gehen lassen, in 4 bis 6 Portionen teilen und nochmals 30 Minuten gehen lassen. In golfballgroße Kugeln teilen, zu Schnüren rollen, um einen Stock drehen und vorsichtig in die Lagerfeuerhitze halten.

Camper ist nicht gleich Camper, und jede Familie ist anders. Was für die eine Familie dem Paradies gleichkommt, passt für eine andere vielleicht gar nicht. Die einen wollen Platz und Komfort, die anderen Abgeschiedenheit und Einfachheit. Manche sind mit Babys unterwegs, andere mit Teenagern ...

Weil es oft von der Situation abhängt, was gut und nützlich oder unpassend und überflüssig ist, kommen hier dreizehn völlig verschiedene Familien zu Wort. Im Gespräch berichten sie von ihren Erfahrungen mit Wohnmobil- und Camperreisen und geben jede Menge Tipps für fast alle Fälle. Egal, ob ihr allein mit Kind reist oder als sechsköpfige Familie, ob ihr nur eine Woche oder auf unbestimmte Zeit unterwegs sein wollt, ob ihr euch ein eigenes Wohnmobil anschaffen oder eines mieten wollt, ob ihr schwanger reist oder unterwegs arbeiten wollt: Hier schöpft ihr aus dem Fundus der Erfahrungen und Tipps gleichgesinnter Familien.

Camper-Familien
im Gespräch

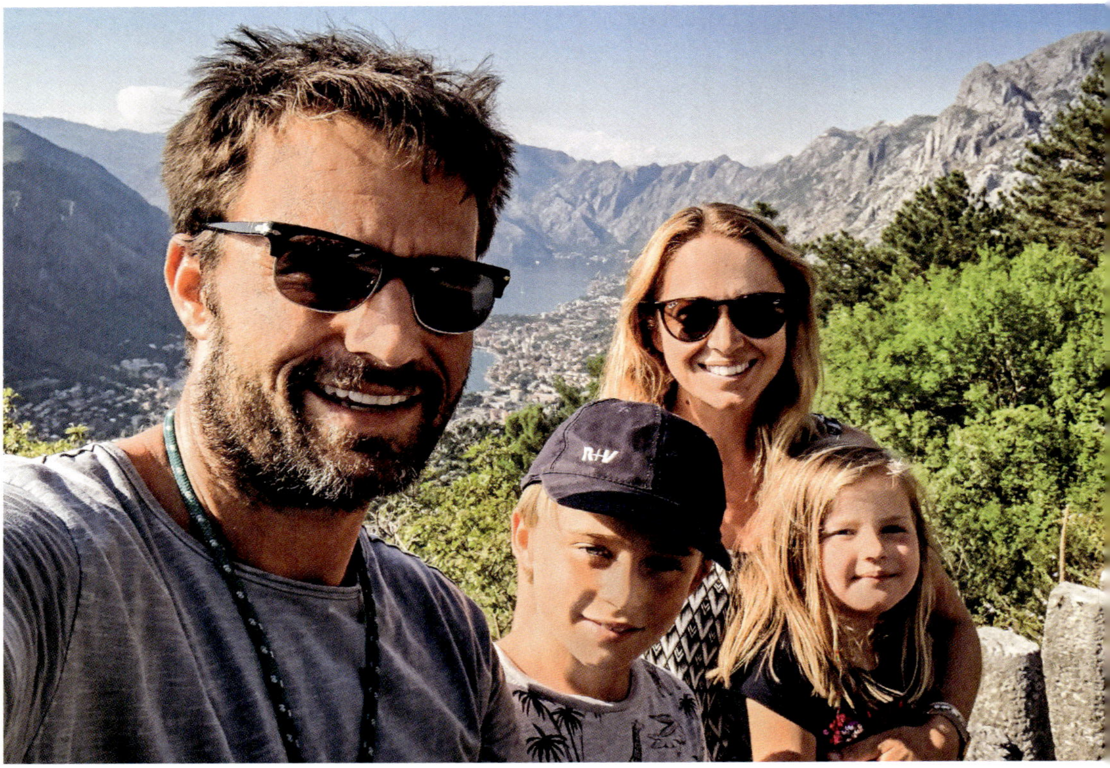
R+V

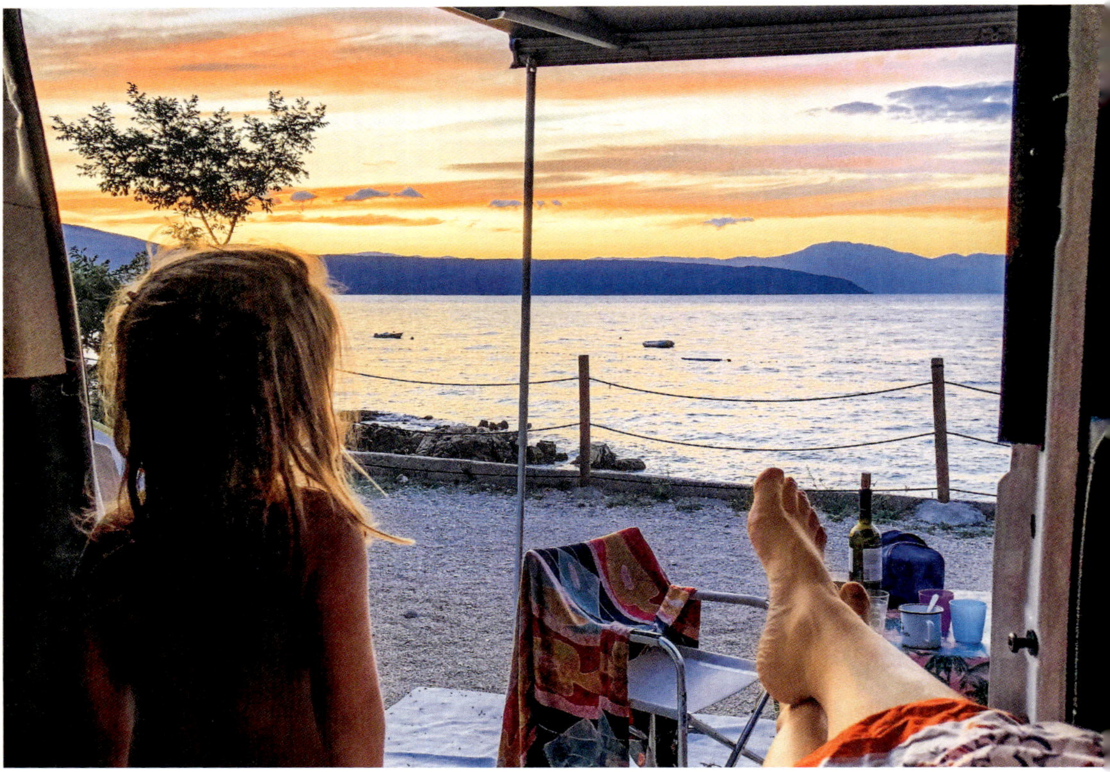

Das erste Mal: *Erwartungen* versus Realität

Steckbrief

Familie: *Jens und Tatjana mit Tassilo (6) und Jana (3)*
Fahrzeug: *Mietcamper Mercedes Marco Polo*
Immer dabei: *Hängematte, Machineta Espressokanne, Hörspiele, Indiaca, Schnorchel, Taschenlampe, Musik*
Lieblingsrezept: *Gegrilltes*
Mehr über uns: *lieblingsspot.de*

Tatjana macht mit ihrem Mann und den beiden Kids gern individuelle Roadtrips. Im Campingbus waren sie nun zum ersten Mal unterwegs.

Tatjana, wie war eure Camperpremiere?
Abenteuerlich, aufregend, nicht immer ganz leicht, aber sehr abwechslungsreich. Langweilig wurde uns definitiv nicht.

Was hat euch an Camperurlaub gereizt?
Ich bin schon als Kind immer mit meinen Eltern in den Campingurlaub gefahren und war auch schon in den USA, Neuseeland und Australien mit dem Camper unterwegs – allerdings ohne Kids. Ich verbinde damit schöne

Oben: Happy – Jens und Tatjana mit Tasilo und Jana beim Balkan-Campertrip
Unten: Entspannt – Den Sonnenuntergang im Campingbus am Meer genießen

Kindheitserinnerungen von purer Freiheit. Das wollte ich uns und den Kindern auch ermöglichen. Gereizt hat uns auch, dass man einen Roadtrip machen kann und viel von einem Land sieht, ohne jedes Mal das Hotel zu wechseln.

Wie habt ihr euch auf euren ersten Camperurlaub vorbereitet?
Wir haben uns entsprechendes Camping-Equipment besorgt. Beim Camper war uns wichtig, dass er vier Schlafplätze hat, da die Kinder noch nicht alt genug sind, um alleine im Zelt zu schlafen. Ansonsten hatten wir eine grobe Route festgelegt, wollten aber nichts vorab reservieren, um spontan zu bleiben. Das ist ja das Schöne am Camperurlaub. Ich habe mir aber einen Campingführer besorgt und die Park4Night-App heruntergeladen.

Gab es auch etwas, wovor ihr vorher gehörigen Respekt oder Bedenken hattet?
Ich hatte etwas Respekt vor dem engen Raum im Camper und der Schlafsituation mit den Kindern. Schließlich ist es ja Urlaub und man will nicht, dass die Kinder jeden Tag um sechs Uhr morgens wach sind. Das Packen war definitiv auch eine Herausforderung.

Und wie hat sich das dann in der Praxis gestaltet? Wurden eure Bedenken zerstreut und die Erwartungen erfüllt?

Tatsächlich war es am Anfang mit dem Schlafen im Camper für die Kinder sehr aufregend. Aber nach ein paar Nächten hatten wir dann eine Routine gefunden, die für alle gepasst hat. Erst haben die Kinder oben im Dachzelt geschlafen. Dort war es aber morgens zu hell. Also sind sie nach unten gezogen. Der Platz im Camper ist tatsächlich sehr begrenzt, aber mit ein bisschen Logistik haben wir auch das in den Griff bekommen. Am Ende ist man dann ein eingespieltes Team und alles hat seinen Platz gefunden. Ein Wurfzelt hat uns da ungemein geholfen.

Vanlife ist ja – zumindest auf Instagram – gleichbedeutend mit Freiheit und Sonnenuntergang. Wie habt ihr das Vanlife mit Kids real erlebt?

Genau so – allerdings nur in der Momentaufnahme. Davor bedeutet Vanlife auch Koordination, Planung und Logistik. Ist man aber erst einmal auf dem Stellplatz angekommen, beginnt das richtige Vanlife mit unbeschreiblicher Freiheit, Natur pur und back to the roots. Es braucht definitiv nicht viel, um glücklich zu sein.

Gab es auch etwas, was euch genervt hat?

Das ständige Umräumen hat schon etwas an unseren Nerven gezerrt. Wir mussten ja jeden Abend und jeden Morgen das Bett unten herrichten und wieder wegräumen. Aber irgendwann hatten wir eine Routine gefunden, was wir als Erstes machen müssen, wenn wir auf einem neuen Stellplatz sind, was wir fürs Kochen brauchen und was wir wo hinlegen müssen, wenn die Kinder schon im Bett sind.

Wie fanden die Kids denn den Camperurlaub?

Sie haben es geliebt! Unsere Kinder reden heute noch davon, dass sie wieder mit dem Camper los wollen. Am schönsten war es, wenn wir neue Freunde gefunden hatten, mit denen die Kids dann den ganzen Tag gespielt haben und auf dem Campingplatz

herumgerannt sind. Unser Sohn sagte am Ende wortwörtlich: »Drei Wochen Urlaub sind mir ohne Freunde eigentlich viel zu lang, aber mit dem Camper war es cool!«

Wie schneidet der Camperurlaub ab, wenn ihr ihn mit euren anderen Familienurlauben vergleicht?
*Am Anfang bedeutet Camperurlaub ja in gewisser Hinsicht auch Verzicht auf Annehmlichkeiten wie Badewanne, eigenes Klo/Dusche und komfortable Küchenausstattung. Aber man gewöhnt sich so sehr daran, mit wenig klarzukommen, dass man nach Hause kommt und denkt: Wofür brauche ich eigentlich diesen ganzen Kram? Das macht den Cam-*perurlaub zwar etwas anstrengender, aber auf der anderen Seite macht es einen auch in jeder Hinsicht genügsamer und zufriedener. Außerdem kommt man beim Camping viel schneller mit anderen Menschen in Kontakt, egal welche Sprache man spricht. Das fanden wir sehr schön.

Wollt ihr wieder mit dem Camper los?
Unbedingt! Der nächste Camperurlaub ist schon in Planung. Ich würde dann jedoch nicht ganz so viele Stopps machen und zu viert auch einen größeren Camper buchen.

Na, dann viel Spaß bei eurer nächsten Tour, Tatjana!

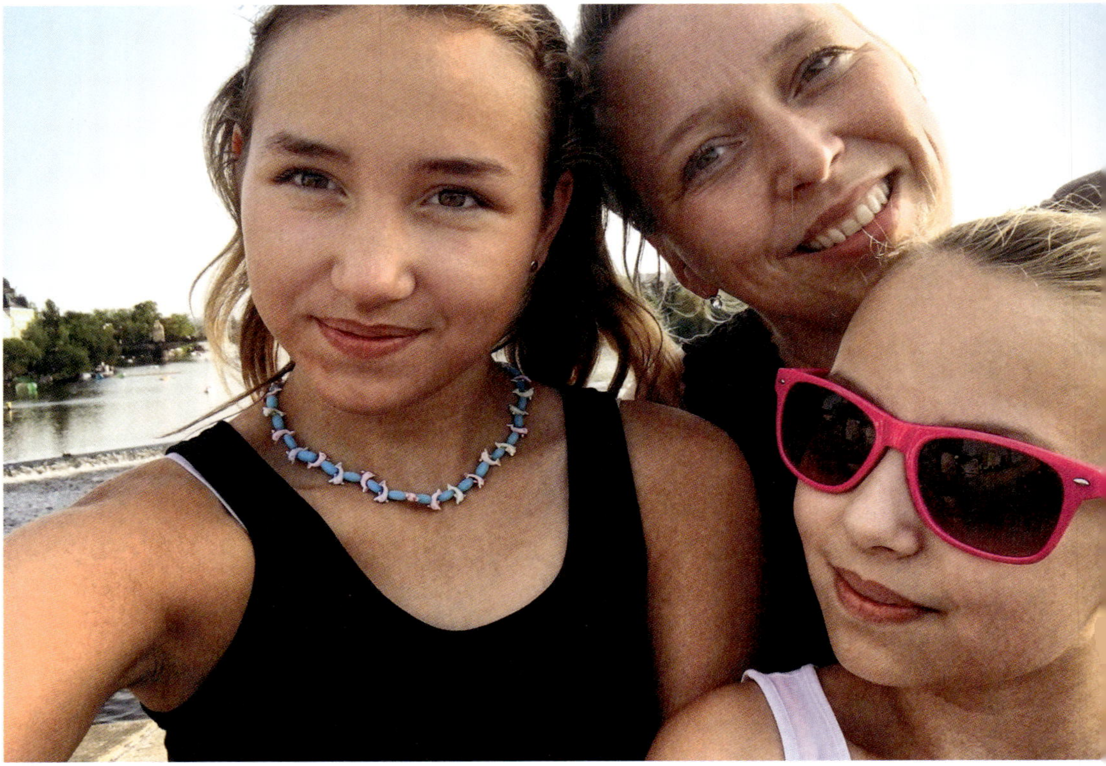

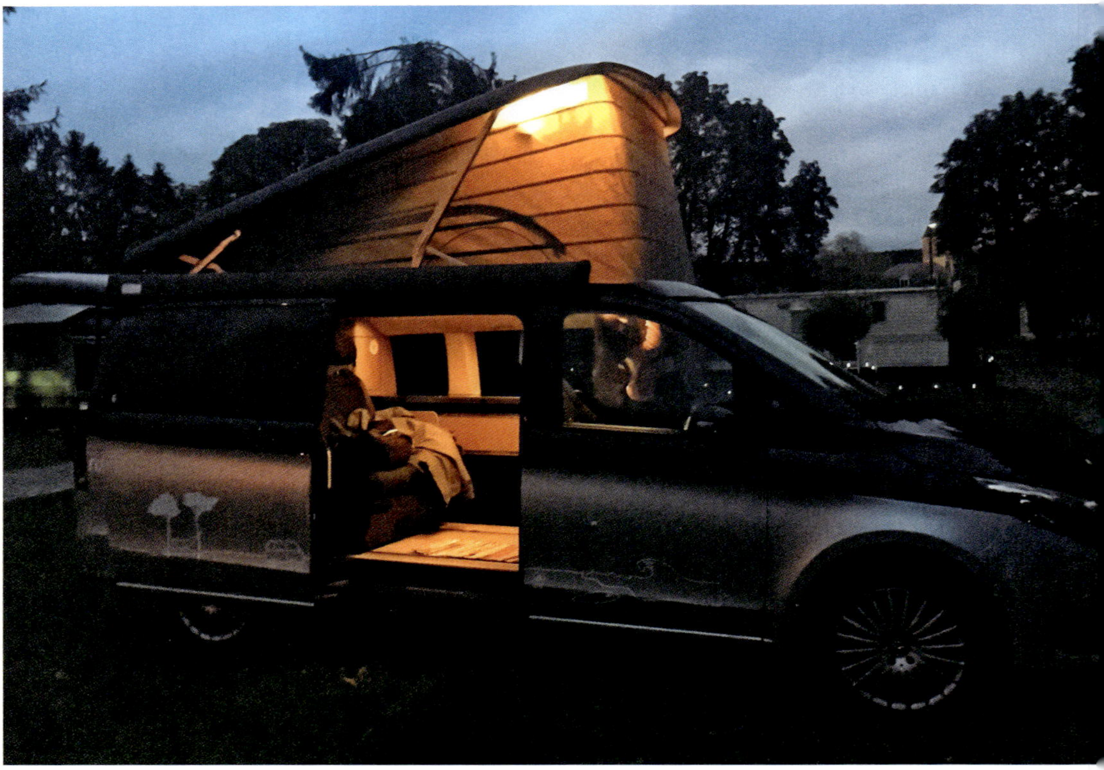

Premiere: *Allein mit Kind* im Camper

Steckbrief

Familie: *Rebecca (43) mit Tochter (12)*
Fahrzeug: *Mietfahrzeug Mercedes Marco Polo mit Aufstelldach*
Immer dabei: *Musik-Playlists, Powerbank, Scopa-Kartenspiel, kleine Lampionkette, scharfes Küchenmesser und ein paar Gewürze*
Mehr über uns: *sightstories.de*

Sparsamkeit und Lust aufs Abenteuer haben Rebecca mit ihrer Tochter auf ihren ersten Campervan-Roadtrip gebracht. Ihre Erfahrungen mit der Wohnmobilanmietung waren nicht nur positiv.

Rebecca, ich kenne dich als Städtereisende. Wie bist du auf die Idee gekommen, mit deiner Tochter im Campingbus zu verreisen?
Einmal ins Disneyland Paris! Das war ein Herzenswunsch meiner jüngeren Tochter. Hotels dort sind uns aber zu teuer, und so verbanden wir die Übernachtung direkt mit der Anreise – in einem Campervan. Ich war neugierig auf diese Art zu reisen, und einmal nicht zu

Vorhergehende Doppelseite: Vanlife von der schönsten Seite – Sonnenuntergang am Meer
Oben: Gern unterwegs – Rebecca mit ihren beiden Töchtern
Unten: Aufregend – die erste Nacht im Campingbus

planen, wo wir am nächsten Tag sein würden, fand ich spannend.

Als der Entschluss gefasst war, begann die Suche nach dem Camper. Für dich war klar, dass du einen mieten würdest. Wie bist du an die Suche herangegangen?
Da ich keine Vorkenntnisse hatte, habe ich mir verschiedene Anbieter im Internet angeschaut und mich dann für einen professionellen Vermieter entschieden. Das erschien mir für unseren ersten Versuch einfach mit einem geringeren Risiko bezüglich möglicher Konflikte und einem höheren Maß an Absicherung, zum Beispiel durch telefonischen Support, verbunden.

Stand von Anfang an fest, dass es ein Campingbus sein soll, oder hättest du auch ein Alkoven-Wohnmobil genommen?
Meine Tochter wollte keines, warum auch immer. Damit war der Campingbus von Anfang an so ziemlich gesetzt.

Wann hast du mit der Suche begonnen und wie viel Zeit hast du dafür investiert?
Den Campervan gebucht habe ich erst im September, gefahren sind wir im Oktober. Dank Nebensaison mussten wir uns nicht beeilen, und günstiger war es auch noch. Die Idee an sich hatte ich aber schon Monate vorher und auch seitdem immer mal wieder recherchiert.

Wie hast du dich insgesamt auf deinen ersten Camperurlaub mit Kind vorbereitet?

Auf der Seite unseres Anbieters gab es Erklärvideos zu den Campern und auch eine Packliste. Unsere Route haben wir – mit Absicht – überhaupt nicht geplant, und lediglich die Adresse des Disneylands sowie ein, zwei Apps zur spontanen Campingplatzsuche rausgesucht.

Du warst ja vorsichtig und hast nur eine Woche gemietet. Hast du das bereut?

Nein, für uns war es prima so. Das war ein überschaubarer Zeitraum und genau richtig, um auszuprobieren, ob diese Art des Reisens auch etwas für uns ist.

Du reist auch sonst allein mit deinen Kindern. War der Camperurlaub im Vergleich zu anderen Reisen allein mit Kind entspannter oder anstrengender?

Als einziger Erwachsener an Bord muss ich natürlich fahren. Das macht mir prinzipiell nichts aus, aber man ist halt beschäftigt. Andererseits haben wir kaum Zeit aktiv verplant wie sonst auf unseren Reisen und hatten dadurch insgesamt viel mehr Ruhe.

Was hat dir denn an dieser Art zu reisen besonders gefallen?

Ich fand es super, dass man beim Campen alles mitnehmen kann. Sonst reisen wir eher mit leichtem Gepäck, aber hier haben wir sogar unser eigenes Bettzeug mitgenommen. Das war so gemütlich!

Wie warst du mit eurem Mietcamper zufrieden?

Sehr praktisch für uns Anfänger fanden wir, dass die Standardausrüstung direkt an Bord war: Geschirr und Tassen, Kochutensilien, Campingtisch und -stühle. Um nichts musste man sich extra kümmern. Auch an Dinge, von denen man als Newbie gar nicht weiß, dass man sie benötigen könnte, ist gedacht, wie zum Beispiel ein faltbarer Wassertank zum Auffüllen von Frischwasser.

Campermieten laufen nicht immer problemlos. Wie war das bei euch?

An dem Tag der Abholung vor Ort hatten wir wohl etwas Pech: Unsere letzten Fragen konnte niemand so richtig beantworten, und auch das Fahrzeug war nicht komplett so vorbereitet wie beschrieben, was wir aber erst unterwegs feststellten. Dank des hilfreichen telefonischen Supports haben wir dennoch alles hinbekommen und konnten dann unsere Fahrt genießen. Die Mietstation war allerdings – entgegen der Beschreibung – nicht besonders gut mit den Öffentlichen zu erreichen. Das eigene Auto durften wir auch nicht dort auf dem Gelände parken, sondern mussten es für die Dauer der Reise einfach im Gewerbegebiet abstellen. Außerdem fand ich die Abhol- und Rückgabezeiten ungünstig.

Spannend: Rebeccas Tochter auf Erkundungstour im rollenden Zuhause auf Zeit

Abholen erst nachmittags. Da schafft man nicht mehr wirklich viel Strecke, wenn man endlich loskommt. Rückgabe wiederum nur morgens, aber nicht am Abend vorher innerhalb der normalen Öffnungszeiten. So ist man gezwungen, die letzte Nacht nahe der Verleihstation zu verbringen, um sicherzugehen, dass man es rechtzeitig schafft.

Das klingt wirklich etwas ungünstig. Wie fand denn deine Tochter den Camperurlaub?

Sie sagt: »Es hat mir gut gefallen! Es war cool, dass wir uns einfach irgendwo hinstellen und dort schlafen konnten, und dass wir ganz alleine auf uns gestellt waren. Beim nächsten Mal hätte ich gerne ein größeres Mobil mit mehr Platz.«

Planst du denn schon den nächsten Camper-Roadtrip?

Als Nächstes wollen wir den Süden Deutschlands erkunden, vom Allgäu einmal quer hinüber bis zum Berchtesgadener Land. Das schreit geradezu nach einem weiteren Roadtrip ... Auf jeden Fall ist eine Tour mit einem Campervan eine großartige Erfahrung, die wir nicht missen wollen!

Na, dann viel Spaß bei der nächsten Tour!

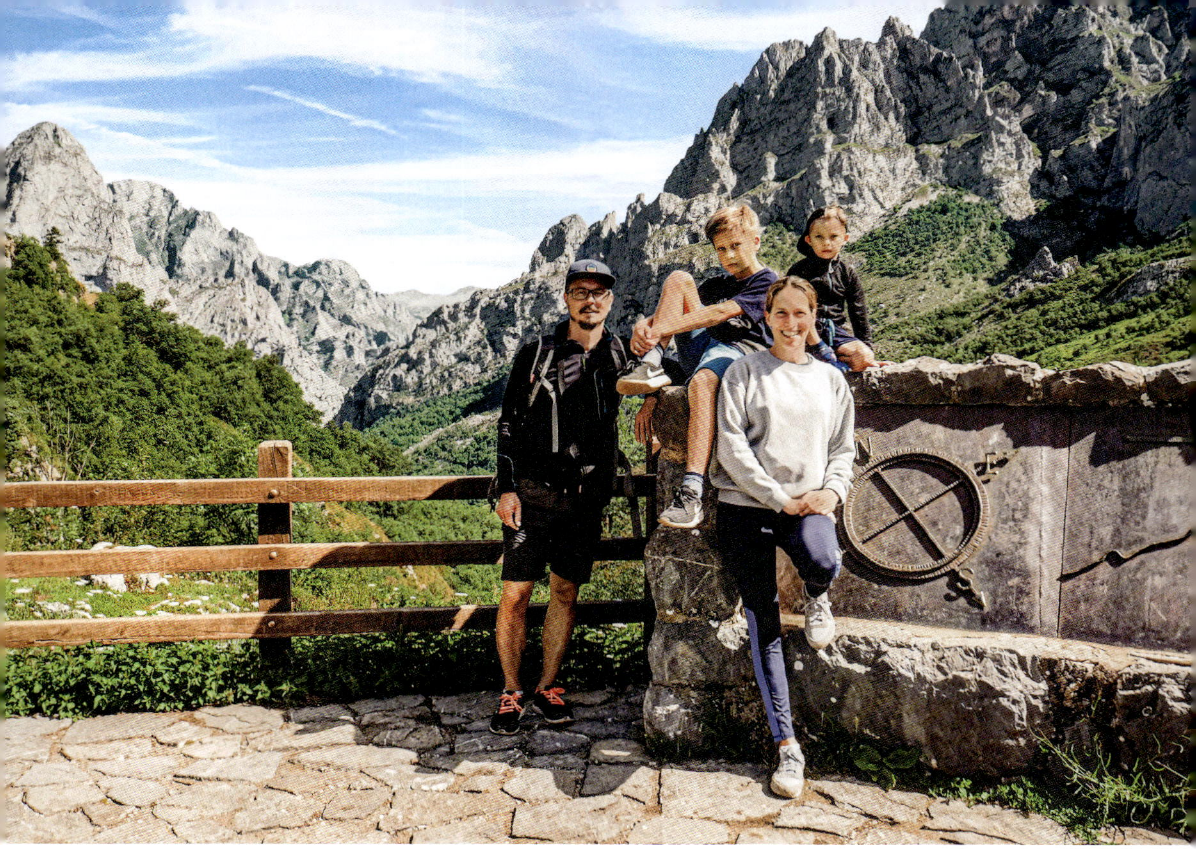

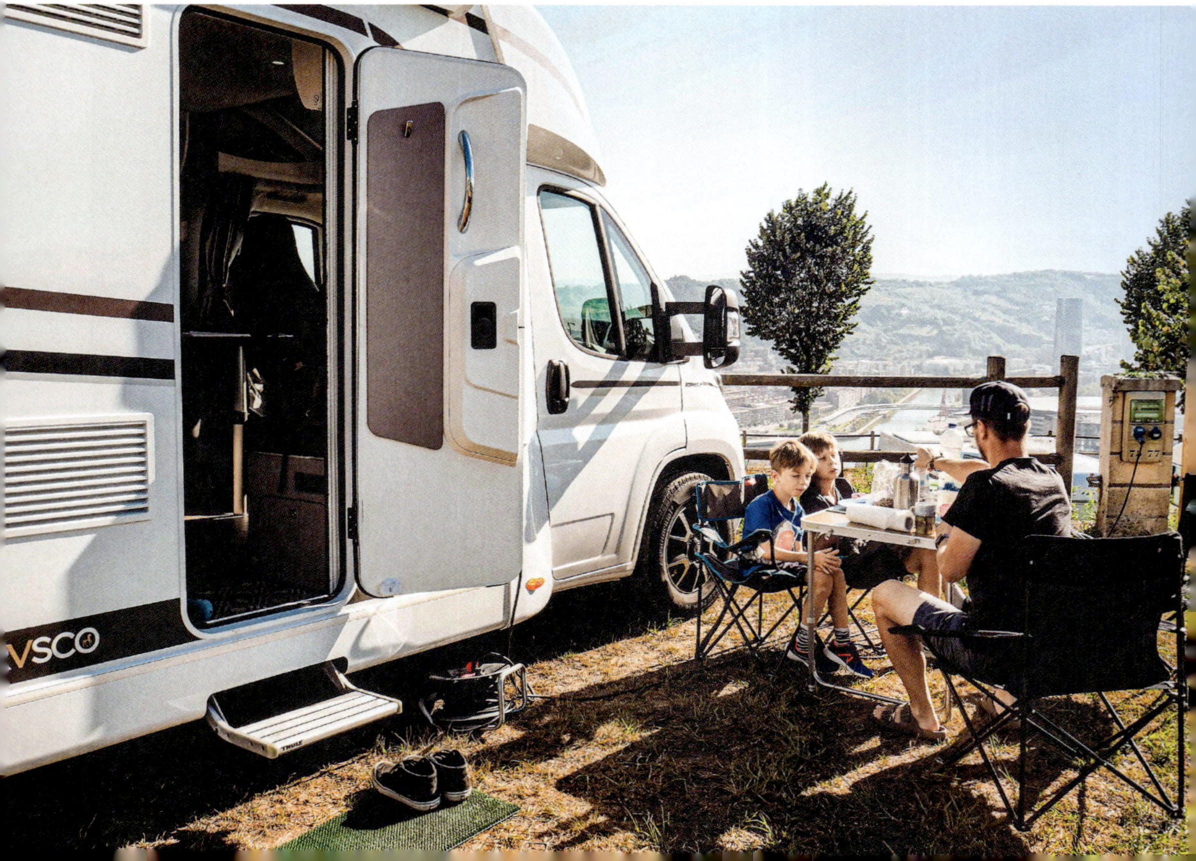

Rüstzeug und *Rückzugsplätze* bei Regenwetter

Steckbrief

Familie: *Andi (44), Jenny (44) mit den Söhnen Milan (11) und Mato (7)*
Fahrzeug: *Miet-Wohnmobil Etrusco T6900 DB und verschiedene andere*
Immer dabei: *Kamera, Handy (mit Google Maps, Park4Night-App und dem passenden Soundtrack), Malutensilien für die Kinder, Hörbücher, Sportsachen, Microfaser-Hand-tücher*
Lieblingstour: *Japan*
Mehr über uns: *travelisto.net*

Andi und Jenny sind mit ihren beiden Jungs immer wieder in Campingfahrzeugen unterwegs – mal im Dachzelt durch Namibia, mal im Bulli durch Japan. Auf einer vierwöchigen Tour entlang der europäischen Atlantikküste haben sie die Vorzüge eines großen Alkoven-Wohnmobils schätzen gelernt.

Ihr wart letzten Sommer im Wohnmobil an der französischen und spanischen Atlantikküste unterwegs. Was hat euch

Oben: Die Travelisto-Familie in den spanischen Picos de Europa
Unten: Stellplatz mit Ausblick – Frühstück über Bilbao

daran gereizt, diesen Roadtrip mit dem Wohnmobil zu machen?
Wir lieben Roadtrips und haben bereits einige Reisen im Campervan unternommen. Das Gefühl, »on the road« zu sein und die absolute Freiheit zu genießen, ist einmalig. Dort zu halten, wo es uns gefällt, jeden Tag neue Eindrücke zu sammeln und dabei aufregende und interessante Orte kennenzulernen ... Für unser Projekt Ruta Atlántica hatten wir uns bewusst für ein Wohnmobil entschieden, da wir möglichst unabhängig, flexibel und kom-fortabel reisen wollten. Gespannt waren wir darauf, zu sehen, wie wir in der Hauptsaison zurechtkommen, und ob wir überhaupt freie Stellplätze finden werden – was wir getan haben.

Roadtrips habt ihr auch schon ohne Womo mit den Kids gern gemacht. Was war der Unterschied, als ihr nun mit dem großen Mobil losgefahren seid?
Das Argument für ein Wohnmobil und gegen einen Campervan bei der vierwöchigen Tour war die Größe. Im Womo gab es genug Platz für uns alle und wir mussten nicht ständig alles hin- und herräumen. Wir konnten genug Vorräte, aber auch vier Roller, Bodyboards und Fußbälle einpacken. Dank Dusche und WC waren wir autark und konnten auch an entlegeneren Orten übernachten.

Ihr habt ziemlich viele Kilometer gemacht. Wie haben die Kids sich während der Fahrten beschäftigt?

In den vier Wochen haben wir 5201 Kilometer zurückgelegt. Dabei haben wir die meisten Etappen so angelegt, dass wir drei bis vier Stunden gefahren sind. Unsere Jungs sind längere Autofahrten und Roadtrips gewöhnt. Sie hören Hörspiele oder Musik, malen, lesen oder machen mit uns Spiele, wie beispielsweise Personenraten. Und in Maßen darf auch am Handy gedaddelt werden.

Eure Kinder sind nicht mehr die kleinsten. Hattet ihr denn genug Platz im Wohnmobil?

Grundsätzlich sollte man sich gut verstehen, ganz egal, ob man im Campervan oder im etwas größeren Wohnmobil verreist, denn man lebt auf engstem Raum zusammen. Wir finden das aber gerade toll. Unser Wohnmobil hatte den Vorteil, dass man sich auch mal zurückziehen konnte. Auf dem Beifahrersitz konnte man bequem ein Buch lesen, in der Sitzecke spielen und malen oder im hinteren Bereich mit Doppelbett einfach mal entspannen.

Ihr hattet auch nicht immer das beste Wetter. Wie habt ihr die Regentage ohne Lagerkoller herumgekriegt?

Leider bietet die Atlantikküste keine Schönwettergarantie und es gab einige Tage, an denen es nicht aufhören wollte zu regnen. Wir haben uns aber die Stimmung nicht vermiesen lassen und trotzdem zum Beispiel San Sebastián bei schlechtem Wetter angeschaut.

Da hilft dann gute Regenkleidung, ein Besuch im Aquarium und die Hoffnung auf kurze Regenpausen. Und im Wohnmobil selbst hatten wir genug Spiele, Musik und Bücher, um uns die Zeit zu vertreiben.

Ihr wart mit einem Leih-Womo unterwegs. Hattet ihr alles, was ihr brauchtet?

Das Wohnmobil war ein Vorführwagen, den wir direkt beim Hersteller ausgeliehen haben. Dementsprechend war es bis auf die installierten Geräte gar nicht ausgestattet. Da wir aber erfahrene Camper sind, besitzen wir alle notwendigen Camping-Utensilien wie Geschirr und Töpfe, Tisch und Stühle und was man sonst alles so braucht.

Was stand denn zusätzlich auf eurer Packliste?

Roller, um vor Ort flexibel zu sein, Wäscheleine, viele Spiele, Hängematte.

Wenn ihr mal vergleicht, was ihr mitnehmt, wenn ihr Urlaub in Ferienwohnungen oder im Hotel macht: Hattet ihr dann deutlich mehr dabei oder weniger oder einfach nur andere Sachen?

Da wir im Wohnmobil viel Platz hatten, mussten wir nicht so sehr auf die Gepäckmenge achten und konnten mehr Bücher, Lebens-

Oben: Spektakulär – die Steilküste am Seebad Étretat in der Normandie
Unten: Geschichtsträchtig – Stellplatz am Omaha-Beach in der Normandie
Folgende Doppelseite: Am Ende der Welt – mit Kids und Wohnmobil zum Kap Finisterre in Nordspanien

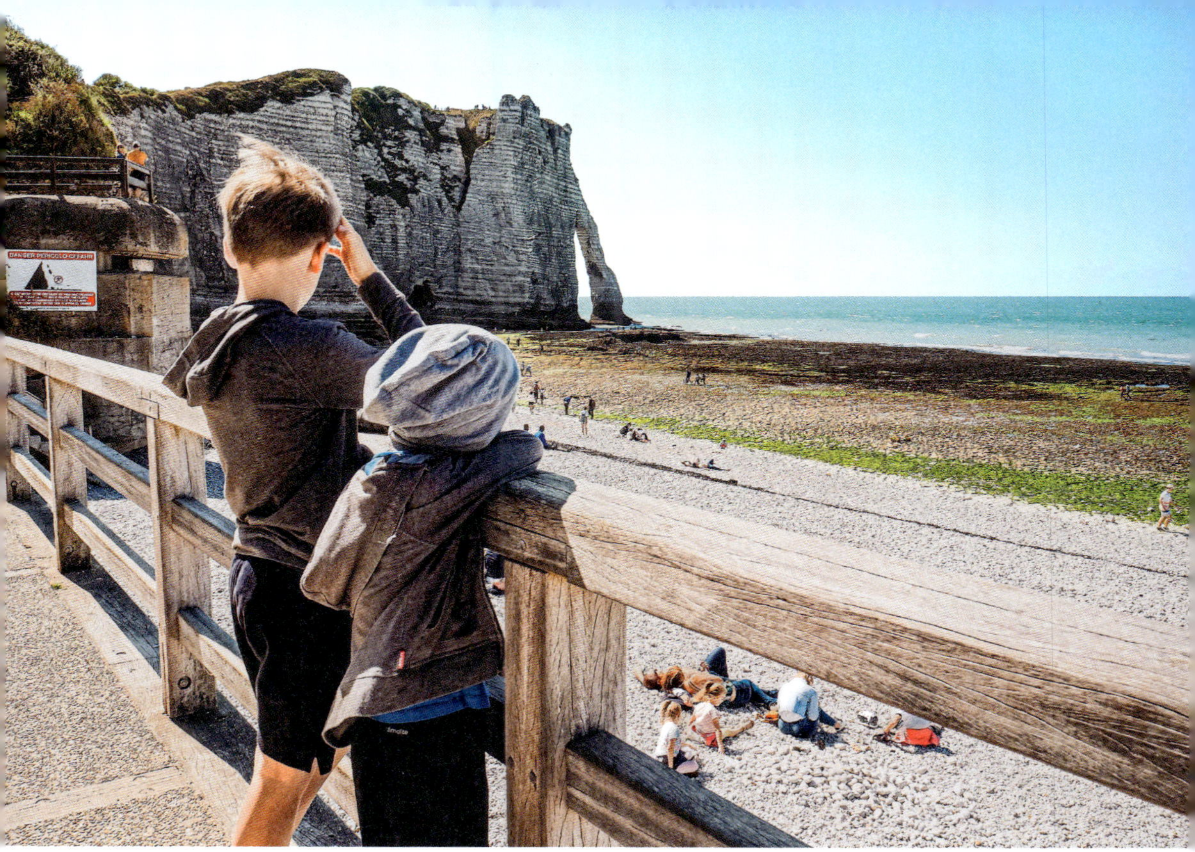

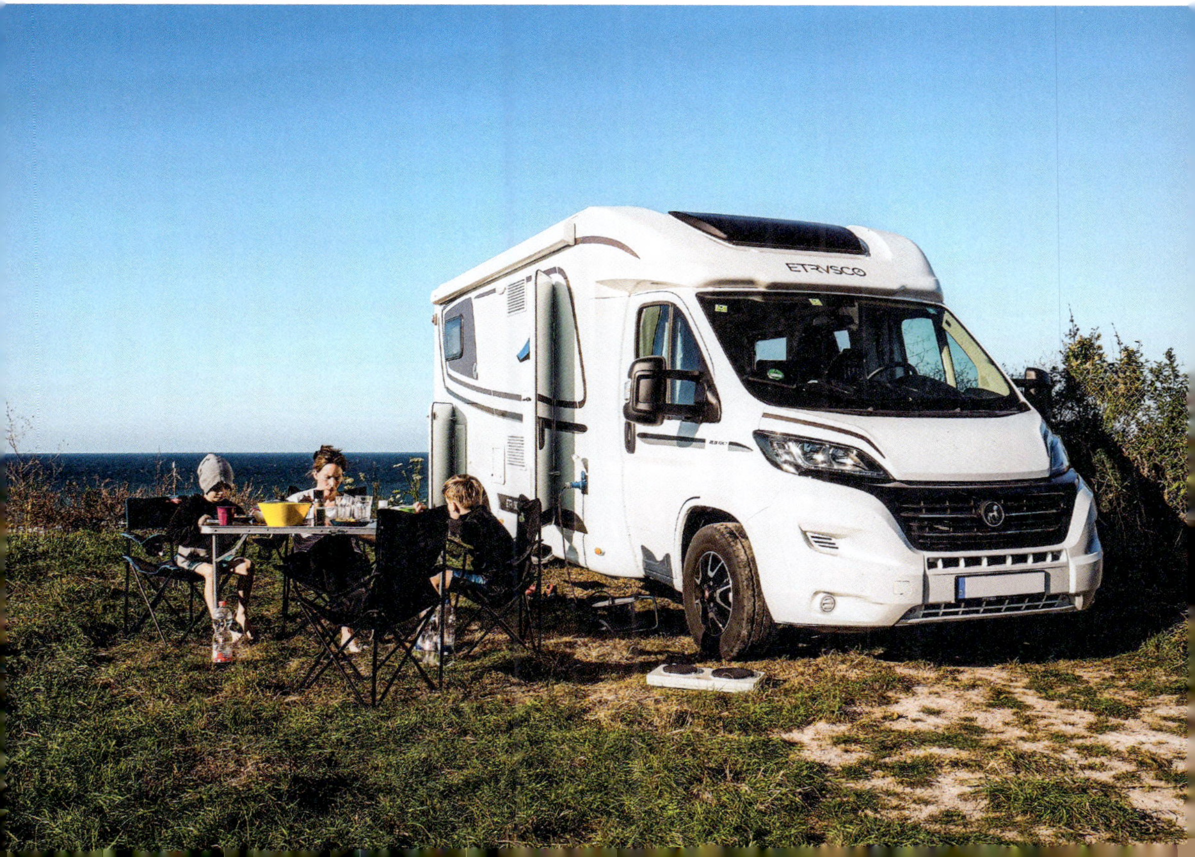
ETRVSCO

mittel und Sportausrüstung einpacken als bei einer anderen Reiseart.

Gab es auch etwas, was ihr unterwegs noch nachgekauft habt?
Ja, wir haben Bodyboards und für die Jungs Neoprenanzüge gekauft, die wir im teils frischen Atlantik oft genutzt haben. Und ein Federballspiel.

Was gefällt euch an dieser Art zu reisen am besten?
Die Möglichkeit, Urlaub und Reisen zu kombinieren. Flexibel und spontan sein zu können, und so ganz unterschiedliche Facetten der jeweiligen Länder kennenzulernen.

Gab es auch etwas, was euch genervt hat?
Tatsächlich nichts.

Wie fanden die Kids den Camperurlaub?
Super. Allerdings haben sie sich nach vier Wochen auch sehr auf zu Hause gefreut.

Plant ihr schon den nächsten Wohnmobilurlaub?
Unser nächster längerer Roadtrip wird eine Balkantour sein. Diese werden wir allerdings in einem Campervan angehen. Eine Wohnmobilreise werden wir sicherlich auch noch mal unternehmen, sehr wahrscheinlich geht es dann nach Norwegen.

Was würdet ihr bei eurer nächsten Tour anders machen?
Noch längere Zeit unterwegs sein.

Dann wünsche ich euch schon jetzt eine tolle lange Tour!

Sommer für Sommer: *Zu sechst* im Miet-Wohnmobil

Steckbrief

Familie: *Dagmar (42), Mark (43) und ihr Doppelpack Zwillinge Ole & Michel (12) sowie Mia & Felix (3)*
Fahrzeug: *Mietmobile (meistens Carado A461 oder ähnlich)*
Immer dabei: *Adapter für den Wasserschlauch, Tupperdosen, Monopoly Deal, Korkenzieher, Schwimmflügel, Mehrfachsteckdose, Flipflops*
Lieblingstour: *Australiens Ostküste*
Lieblingsrezept: *One-Pot-Pasta*
Mehr über uns: *flipflopblog.de*

Wie kann man mit vier Kindern in den Sommerferien günstig verreisen? Dagmar hat da einige Tricks parat. Im Interview verrät sie, warum sie Miet-Wohnmobilen den Vorzug gibt, wie sie günstige Mietmobile findet und wie sich die Kosten unterwegs zu sechst in Grenzen halten.

Dagmar, mit deiner »Großfamilie« machst du nun schon zum wiederholten Mal Urlaub im Wohnmobil. Erinnerst du dich noch an eure erste Reise?
Beim allerersten Mal waren wir noch zu zweit im Campervan bis ans Nordkap unterwegs: Das hat uns damals schon total gut gefallen. Als Familie haben wir dann Wohnmobilreisen so richtig mit unseren beiden »Großen« an der australischen Ostküste entdeckt. Dort waren wir mehr als sieben Wochen.

Was hat euch denn am mobilen Reisen so gut gefallen, dass ihr es immer wieder macht?
Es klingt fast schon wie ein Klischee: die Freiheit! Wir lieben es, unterwegs zu sein, uns treiben zu lassen und auf Reisen viele verschiedene Orte zu entdecken. Aber Roadtrips mit vielen Kindern sind gerade in den Schulferien echt mühsam: (Groß-)familientaugliche Unterkünfte sind kaum spontan zu finden – und dazu die Mengen an Gepäck! Mit dem Wohnmobil packen wir dagegen einmal alles ein und haben dann unser »Häuschen« dabei. Wir entscheiden spontan, welche Route wir nehmen und welche Stopps wir machen. Wo es uns gefällt, bleiben wir einfach ein bisschen länger. Deswegen stehen wir mit dem Wohnmobil auch sehr gerne frei oder nutzen Wohnmobilstellplätze. Denn Campingplätze

Oben: Zu sechst auf Tour – Dagmar mit ihren fünf Männern
Unten: Schattenplatz – alle Zwillinge unter einem Markisen-Dach

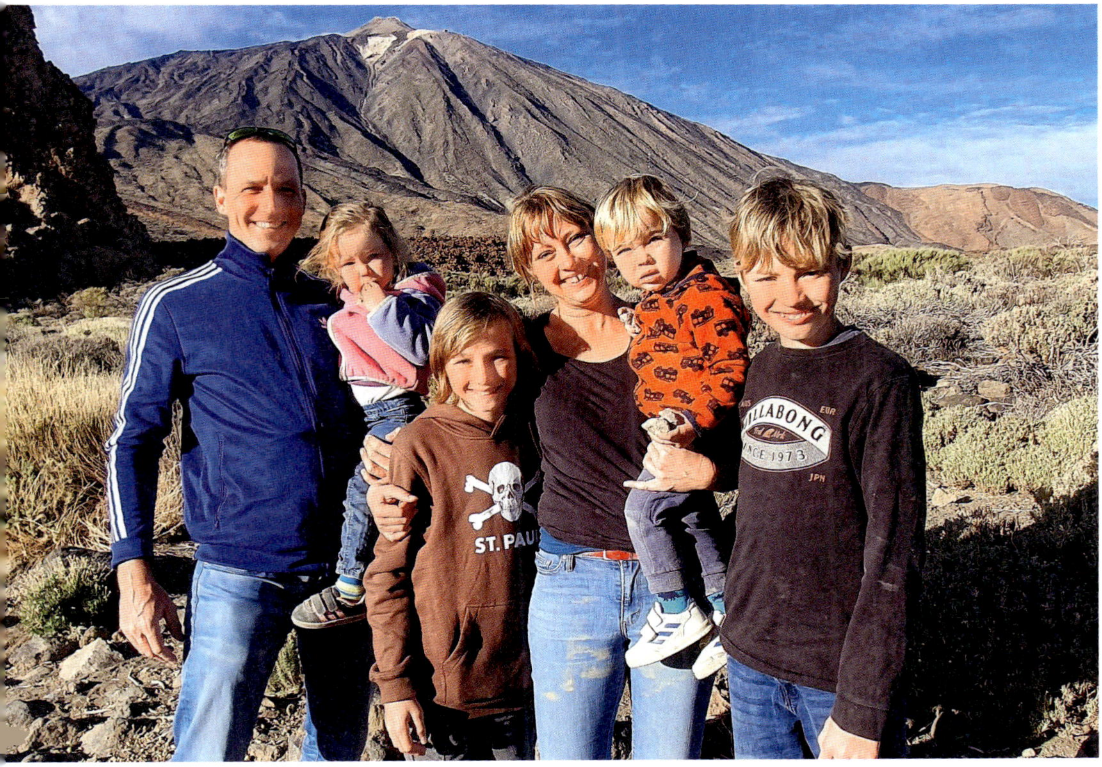
ST. PAU
ILLABONG
INCE 1973
EUR
JPN

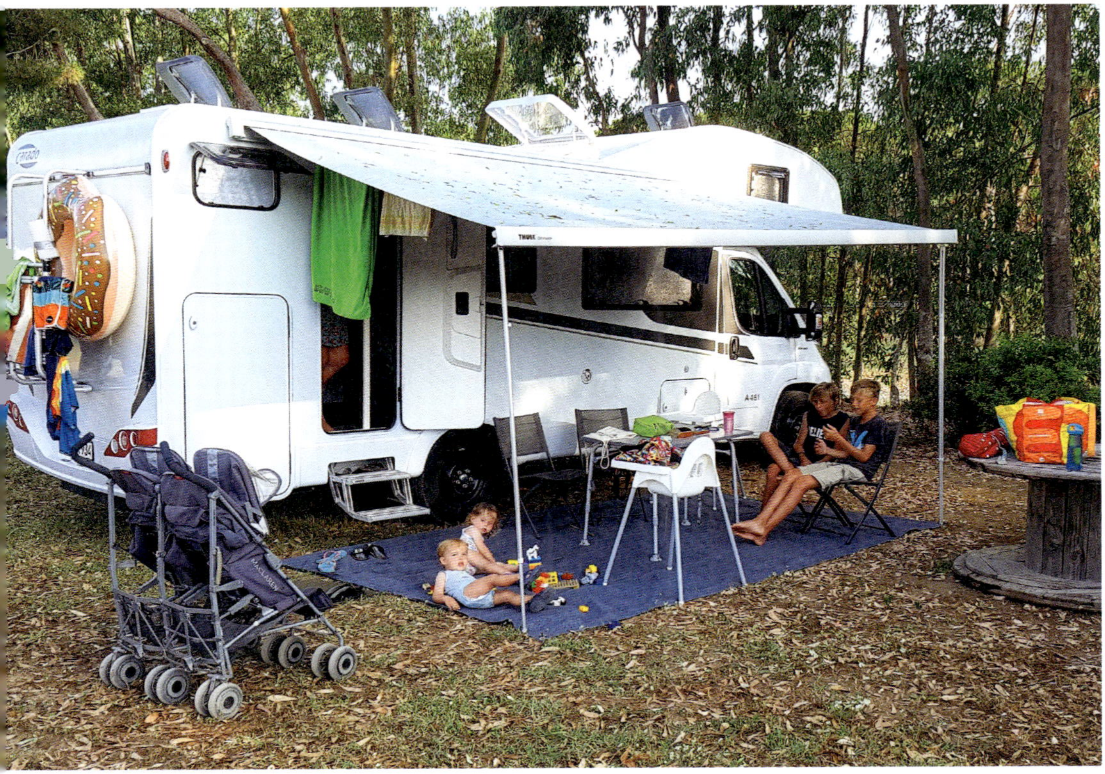
THULE
A 461

sind in der Hochsaison oft langfristig ausgebucht und teuer.

Wie oft wart ihr inzwischen schon im Wohnmobil unterwegs?

Wir waren mittlerweile viermal in den Sommerferien in Europa unterwegs: unsere »Tour
de France« für vier Wochen durch Frankreich,
unsere »Euro-Tour« sechs Wochen durch
Frankreich und Spanien bis nach Portugal und
dann noch drei Wochen »Dolce Vita« durch
die Toskana und nach Venedig. Auch die Gar-
den Route in Südafrika haben wir mit unseren
vier Kids schon im Wohnmobil bereist.

Obwohl ihr begeisterte Womo-Reisen-de seid, habt ihr euch selbst bisher kein Wohnmobil angeschafft. Warum nicht?

Wir fahren einmal im Jahr in den Sommerferien und zahlen trotz Hochsaison eine faire
Miete. Wir haben das durchgerechnet: Bei
einer Miete von drei bis sechs Wochen im Jahr
lohnt sich ein eigenes Womo schlicht nicht.
Wir bräuchten ganzjährig einen kostenpflichtigen Stellplatz, was in Hamburg nicht günstig
ist. Dazu dann noch Versicherungen, Wartung,
Reparaturen und der jährliche Wertverlust.

Wer bei der Wohnmobil-Miete Preise vergleicht
und flexibel ist, kann günstig wegkommen – in
Deutschland wie in Neuseeland.

Das Mieten hat für euch also nur Vorteile?

Nur Vorteile sicherlich nicht, aber für uns zu
95 Prozent. Da wir nur einmal im Jahr fahren,
sind die geringeren Kosten für uns der ent-
scheidende Vorteil. Dazu müssen wir uns um
nichts kümmern, ob Wartung, Reparaturen,
das läuft alles über den Vermieter.

Aber wie ist das mit der Ausstattung? Die ist in Mietmobilen ja oft eher dürftig …

Mittlerweile haben wir »unseren« festen
Vermieter, bei dem wir jedes Jahr wieder
mieten. Dieser vermietet leider ohne Küchenausstattung, die bringen wir dann halt selbst
mit und haben dafür unsere eigenen Sachen
dabei. Generell finden wir die Ausstattung der
Mietmobile in Deutschland aber sehr gut: Wir
bekommen jedes Jahr gute Campingstühle
und Tisch gestellt, es gibt eine Markise, es sind
reichlich Gasvorräte und auch Equipment wie
Schläuche, Kabelrolle etc. an Bord. Und das
Beste: Die Mobile sind immer fast neu, da die
gesamte Flotte jedes Jahr durchgetauscht wird.
Das ist in Deutschland schon recht luxuriös. In
Südafrika dagegen hatte das Womo deutlich
mehr Jahre auf dem Buckel, war etwas abge-
rockt und die Ausstattung sehr einfach.

Ihr habt also richtig gute Erfahrungen mit eurem Vermieter gemacht. Woran erkennt man denn einen guten Wohnmobil-vermieter?

Gerade bei einer Miete in den Sommerferien
ist für uns zunächst der Preis entscheidend.
Wir leben in Hamburg, mieten aber 200 bis
300 Kilometer entfernt, weil es in und um

Hamburg 50 bis 70 Prozent teurer ist. So sparen wir bei mehreren Wochen Miete vierstellige Summen. Wir mieten nur bei gewerblichen Wohnmobilvermietungen, nicht über privat. Dort sind die Preise nämlich nicht günstiger als bei gewerblichen Anbietern, und wir hätten eher Angst, die »Katze im Sack« zu mieten. Mit gewerblichen Vermietern haben wir bisher nur gute Erfahrungen gemacht.

Nun seid ihr mit zwei Schulkindern und zwei Kindergartenkindern unterwegs. Wie habt ihr ein geeignetes Wohnmobil mit vier Sitzplätzen für Kindersitze gefunden?

Wohnmobile für sechs Personen gibt es nicht so viele, aber es gibt sie schon bei einigen Vermietern. Die Kids sitzen zu viert an der Sitzgruppe. Allerdings sind hinten in der Regel nur zwei Dreipunktgurte und zwei Zweipunktgurte. Die Anschnallsituation ist also nicht wie in einem Pkw. Aber zwei richtige Kindersitze bekommt man unter.

Ihr fahrt durchaus auch weitere Strecken. Wie klappt das mit vier Kindern. Herrscht da nicht permanent Pulleralarm oder irgendwas anderes?

Gerade mit kleinen Kindern versuchen wir, nicht so viel Strecke pro Tag zu fahren. Wirklich lange Strecken machen wir nur am Anfang und Ende der Reise. An diesen »langen Tagen« fahren wir vormittags, machen dann mittags eine längere Stadtbesichtigung mit Essen und Spielplatz und fahren erst spät am Nachmittag weiter. Gerne fahren wir auch nach dem Abendessen, wenn die Kleinen schon

in ihrem Sitz schlafen. Und je größer die Kids werden, desto einfacher wird es ja, wenn sie dann stundenlang Hörspiele hören oder Filme schauen.

Wie kriegt ihr Klamotten und Krempel für sechs Leute unter? Beschränkt ihr euch stark?

Die wichtigste Beschränkung ist nicht das Womo, sondern unser Auto, da wir nicht in der Nähe unseres Wohnorts mieten. Wir fahren also vollgepackt zum Vermieter und packen dann dort um. Und jedes Mal denke ich, wir bekommen das Zeug niemals verstaut. Und doch passt es immer irgendwie. Inklusive Hochstühlchen, Grill, zweitem Esstisch ... Und inklusive Sachen, die wir am Ende doch nicht gebraucht hätten, vor allem Klamotten. Da nehmen wir immer zu viel mit.

Verrätst du uns ein paar Tricks, mit denen ihr eure Reiseausrüstung optimiert?

Eigentlich gibt es im Wesentlichen nur einen Trick: Wir schwören auf unsere Packliste! Eine Excel-Tabelle, die wir jedes Jahr wieder nutzen, aktualisieren und ergänzen. Sonst

Oliven und Wein: Die Hügellandschaft der Toskana bietet viele schöne Ausblicke und Stellplätze auch jenseits des italienischen Campingplatz-Trubels.

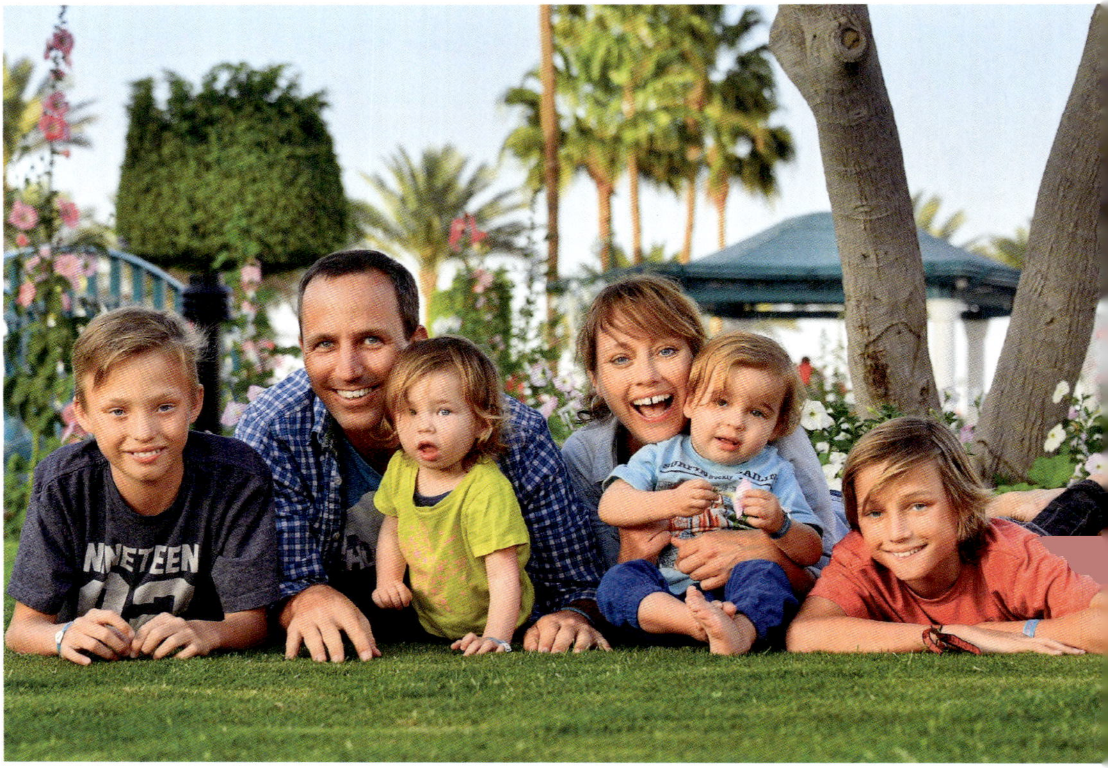

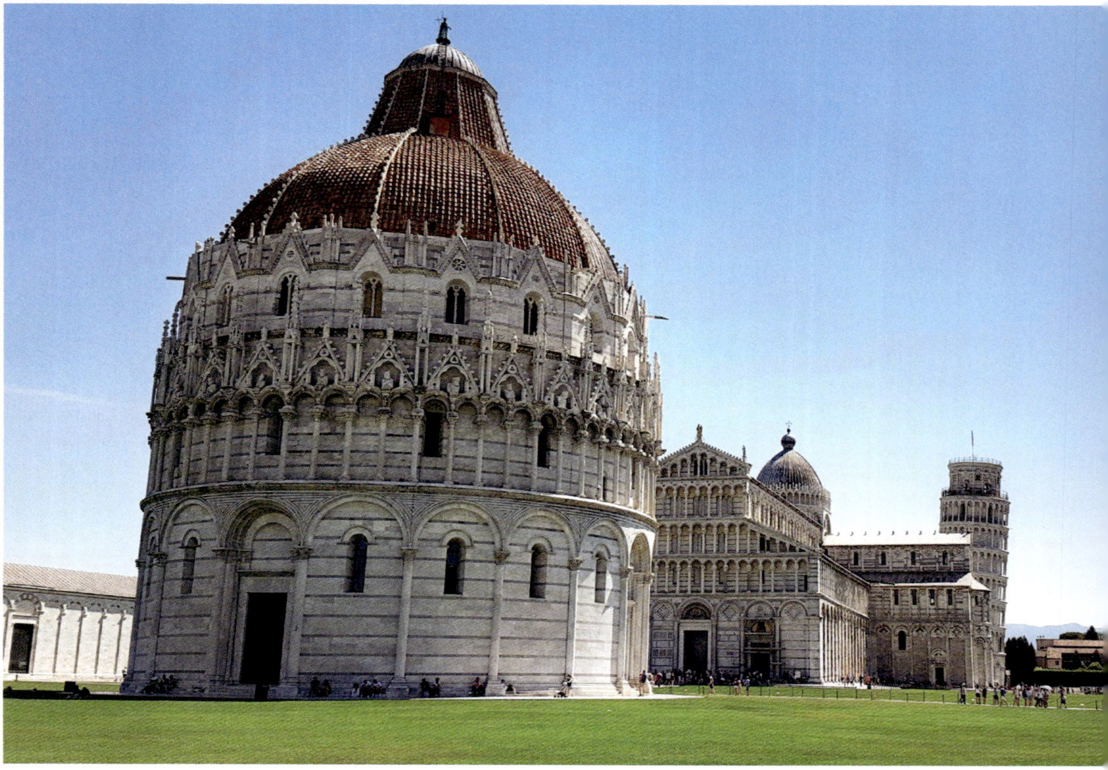

würden wir jedes Jahr wieder bei null anfangen und garantiert die Hälfte vergessen.

Wie funktioniert das auf dem Campingplatz mit vier Kids: Gehen die Kleinen da auch manchmal schon ihre eigenen Wege?
Die beiden Großen sind schon sehr selbstständig und können gut alleine unterwegs sein. Die Kleinen sind allerdings für eigene Wege noch zu klein, aber die Großen gehen auch mal gemeinsam mit den Kleinen auf den Spielplatz. Da wir aber fast nur auf Stellplätzen oder frei stehen, gibt es so ein typisches »Campingplatz-Leben« bei uns eher selten.

Wie organisiert ihr euch zum Duschen und/oder Waschen?
Beim Freistehen oder auf Stellplätzen ist eine tägliche Dusche nicht immer drin. Wir sind aber oft an der Küste unterwegs, wo es zum Glück oft Duschen an den Stränden gibt, die zumindest für eine Katzendusche reichen. Unser Wohnmobil hat im Übrigen sogar eine Dusche im kleinen Badezimmer. Die nutzen wir aber eigentlich nie. Wir suchen

uns regelmäßig per App einen Stellplatz mit Duschmöglichkeit. Und wenn wir mal Wäsche waschen wollen, steuern wir Stellplätze mit Münz-Waschmaschinen an.

Und was macht ihr bei Regen? Wie beschäftigt ihr die Kids dann, damit kein Lagerkoller ausbricht?
Ein Grund, weshalb wir nur in den Sommerferien mit dem Wohnmobil reisen: Wir sind absolute Schönwetter-Camper! Klar, auch im Sommer kann es mal regnen. Aber wir waren bisher nur im Süden Europas unterwegs, und da hat uns das schlechte Wetter weitgehend verschont. Und falls die Wettervorhersage wirklich mal für die nächsten Tage schlecht ist, fahren wir halt weiter, der Sonne hinterher. Das ist auch ein Vorteil am spontanen Reisen ohne feste Reservierungen.

Insgesamt könnt ihr Wohnmobilreisen auch mit vielen Kindern also wirklich empfehlen?
Gerade mit vielen Kindern sind Wohnmobilreisen toll, die Kids lieben den gewissen Abenteuercharakter. Aber man muss sich vorher bewusst sein, dass ein Wohnmobil mit sechs Personen wirklich eng ist. Da muss man dann eine Menge Toleranz und auch mal ein dickes Fell haben, denn harmonisch geht es nicht immer zu. Aber die tollen gemeinsamen Erlebnisse und die intensive Zeit schweißen die Familie unglaublich zusammen!

Oben: Familienurlaub mit vier Kindern will organisiert sein. Im Wohnmobil geht's leichter.
Unten: Pisa darf bei einem Wohnmobil-Trip durch die Toskana nicht fehlen.

Das glaube ich aufs Wort! Vielen Dank für das Interview, Dagmar.

Kuscheln im Cali: Große Busliebe

mit kleinem Kind

Steckbrief

Familie: *Stephan (37) und Birgitta (34) mit Fynn (7)*
Fahrzeug: *VW T5 California »Cali«, Baujahr 2013*
Immer dabei: *Genug Wasser, Kamera, Badehose, Taschenlampe, Multitool, Hörbücher fürs Kind und die Eltern, Brotkonserven (bzw. Körnerbrot eingeschweißt)*
Lieblingstour: *Baltikum-Rundreise*
Mehr über uns: *kruemelsgrossereise.de*

Ein eigener Campingbus – das ist für Birgitta und ihre Familie die ideale Lösung für Urlaub und Alltag. Was sie daran schätzt und was manchmal stört, verrät sie hier.

Birgitta, wann ging es bei euch los mit Campingreisen?

Wir haben tatsächlich erst als Eltern mit dem Camping mit Wohnmobil angefangen, und zwar in der Elternzeit. Wir waren fünf Wochen mit einem Leih-Womo in und um Kalifornien unterwegs und haben Feuer gefangen.

Was hat euch daran gefallen?

Zum einen, dass wir der Natur so viel näher sind als sonst, sie viel mehr erleben und genießen können als im Alltag oder auch im Hotelzimmer. Aber auch, dass wir viel herumkommen, viel sehen und nicht jedes Mal das Zelt wieder auf- und abbauen müssen, sondern unsere Unterkunft immer dabeihaben. Das war auch ein ausschlaggebender Punkt in Bezug auf den damals noch recht kleinen Krümel. So haben ihn die täglichen Ortswechsel nicht so sehr beeinträchtigt, weil unsere »Wohnung auf Rädern« immer die Gleiche war.

Wann habt ihr euch entschieden, euch selbst einen Camper anzuschaffen?

Als der Krümel zwei Jahre alt war, also 2015.

Was schätzt ihr denn besonders daran, im eigenen Camper unterwegs zu sein?

Wir haben die totale Freiheit und sind nicht örtlich gebunden, können mehr oder weniger selber entscheiden, wo wir nächtigen und wo

Stille Plätze am Wasser: Das hat Birgitta und ihrer Familie im Baltikum am besten gefallen.

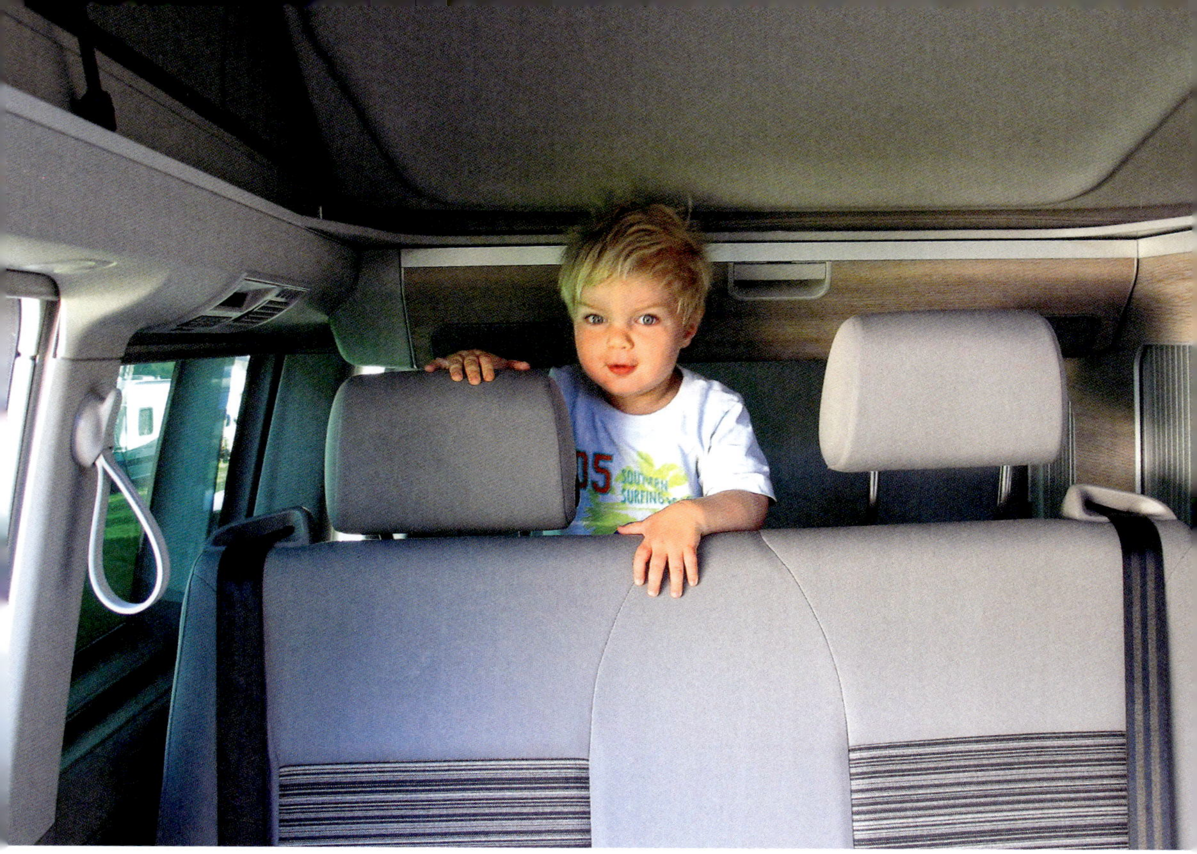

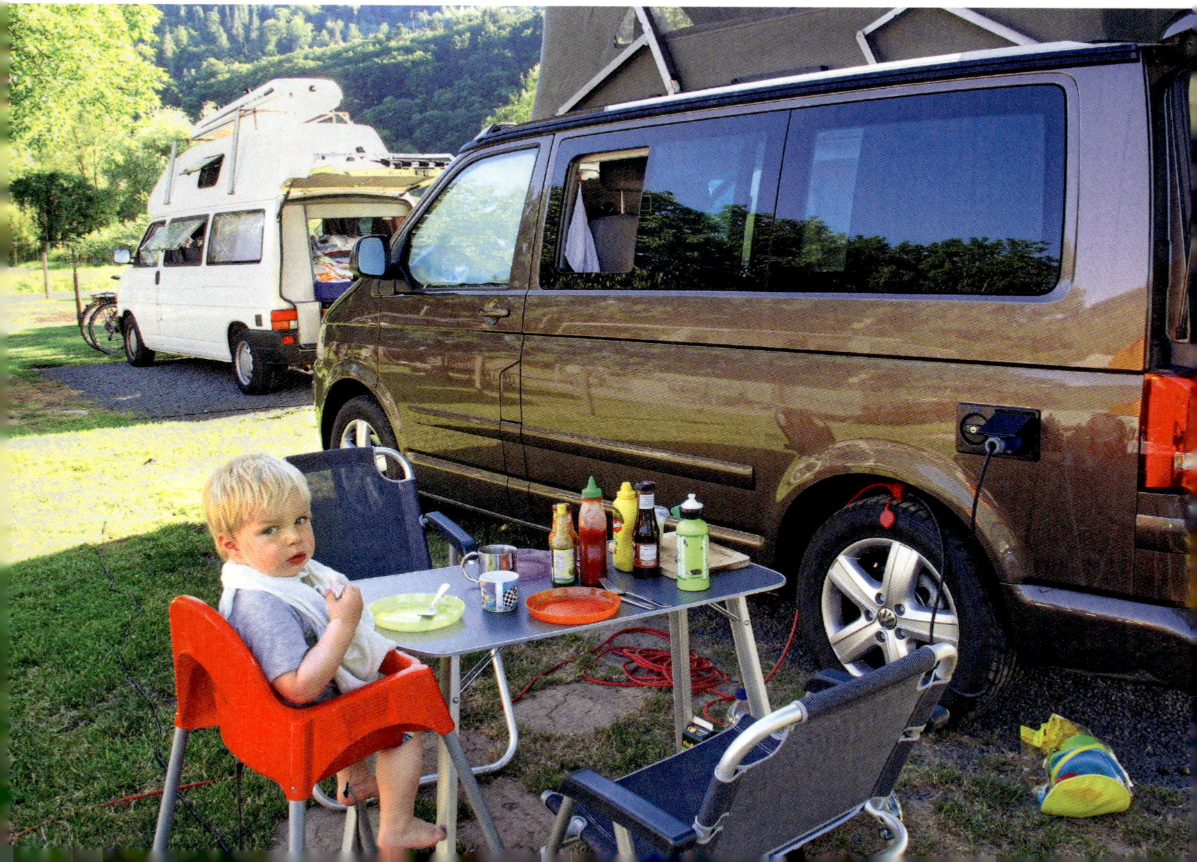

wir wie lange bleiben. Wenn man mal im Stau steht oder länger auf die Fähre warten muss, kann man sich einfach einen Kaffee kochen oder sogar ein schnelles Essen machen. Das gilt nicht nur im Urlaub, denn eine Grund-ausstattung an Kaffee, Tee etc. haben wir eigentlich immer an Bord. Wir nutzen den Camper auch im Alltag. Wenn wir zum Beispiel bei Freunden eingeladen sind, die weiter weg wohnen, und nachts nicht mehr zurückfahren wollen, schlafen wir einfach im Bus. Genauso dient er auf unserer Auffahrt schon einmal als Gästezimmer, gelegentlich sogar als Arbeits-zimmer für Homeoffice-Einsätze.

Nun habt ihr mit eurem VW-Bus für euch als Familie einen eher kleinen Camper gewählt. Warum?

Damit wir ihn auch noch im normalen Alltag benutzen können. So braucht man keinen Ext-ra-Stellplatz anzumieten. Auf Campingplätzen und auch auf Parkplätzen findet man so auch leichter einen Platz. Außerdem finden wir,

Oben: Fynn liebt den Campingbus über alles. Er ist damit groß geworden.
Unten: Im Hochstuhl sitzen Kleinkinder zum Essen auch beim Camping am besten.

dass der Grundgedanke des Campings – sich einschränken, mit wenig auskommen, sich sozusagen auf das Wesentliche reduzieren – so nicht verloren geht.

Wie kommt ihr auf längeren Reisen mit dem Platz als Familie klar?

Gut, wir haben uns mittlerweile eingespielt. Allerdings wird es schon eng, wenn es mal mehrere Tage hintereinander regnet. Der Cali ist und bleibt ein Schönwetter-Mobil.

Wie organisiert ihr euch in eurem Bus?

Jedes Teil hat seinen festen Platz. Wenn etwas benutzt wurde, muss es direkt an seinen Platz zurück. Disziplin ist das A und O.

Und der Umbau? Nervt der nicht manchmal?

Der Aufwand hält sich in Grenzen. Wenn wir uns für einen Nachtplatz entschieden haben, gibt es einige sitzende Handgriffe wie Verdunklung anbringen oder zuziehen, Sitz umdrehen, Dach hochfahren, Kindersitz nach vorne stellen, Tisch und Stühle raus, und dann sind wir auch schon fertig.

Was sind denn aus eurer Sicht die wichtigsten Fragen, die man klären sollte, bevor man einen Camper kauft?

An erster Stelle steht: Ist das wirklich etwas für uns? Kommen wir auch mehrere Wochen als Familie mit so wenig Raum aus? Am besten, man testet das. Wir haben für eine Woche ei-nen VW California geliehen. Danach wussten wir: So einen wollen wir auch. Auch gebrauch-

te Modelle, T3 und jünger, standen kurz zur Diskussion, und dann vielleicht als Kastenwagen und ohne Camper-Ausbau. Den Innenausbau selber und nach eigenem Geschmack machen? Das wäre natürlich etwas gewesen. Allerdings fehlt uns da das nötige Geschick und die Bastler-Garage.

Wo wart ihr denn inzwischen schon mit eurem eigenen Camper?

An der Mosel, auf Rügen, mehrfach in Holland, in Österreich, Italien, Kroatien, dem Baltikum und Schweden. Geplant sind Rumänien, Albanien, Korsika und Sardinien.

Und wie hat das eurem Krümel gefallen?

Der Krümel ist sozusagen mit dem Cali aufgewachsen und liebt ihn über alles. Ganz besonders mag er es, mit mir oben im Dachzelt zu schlafen. Das ist fast wie draußen oder im Zelt schlafen und man ist dem Sternenhimmel noch viel näher. Wir stellen aber fest, dass es ihm mit zunehmendem Alter immer wichtiger wird, auf kommerzielle Campingplätze zu gehen, statt wild zu campen, einfach weil dort die Wahrscheinlichkeit viel größer ist, dass er andere Kinder trifft. Wenn es ihm an einem Ort besonders gut gefällt, bleiben wir natürlich auch mal ein paar Tage länger.

Siehst du auch Nachteile am Campervan-Reisen?

Nein – oder doch! Ein Nachteil fällt mir ein: Wir als Eltern können nicht mal die Tür zumachen und in einem Raum einfach mal zu

zweit sein. Der Raum für Intimitäten ist schon wirklich eng.

Hast du noch einen Spezialtipp für Familien, die mit kleinen Kindern im Campingbus reisen wollen?

Lasst euer Kind, solange es noch im Kindergartenalter ist, einfach hinter der Rückbank auf der Matratze schlafen. Dort ist es optimal vor dem Rausfallen geschützt, ihr könnt als Eltern oben schlafen, müsst also unten gar nichts umbauen und könnt abends sogar noch unten sitzen, einen Wein trinken oder ein Spiel spielen, während der Nachwuchs schon friedlich schläft.

Sehr praktischer Tipp! Vielen Dank!

Oben: Ausflug in den Wald – Familie Kuhn nutzt den Bus auch im Alltag.
Unten: Wäsche trocknet auch während der Fahrt auf der Leine über der freien Rückbank.

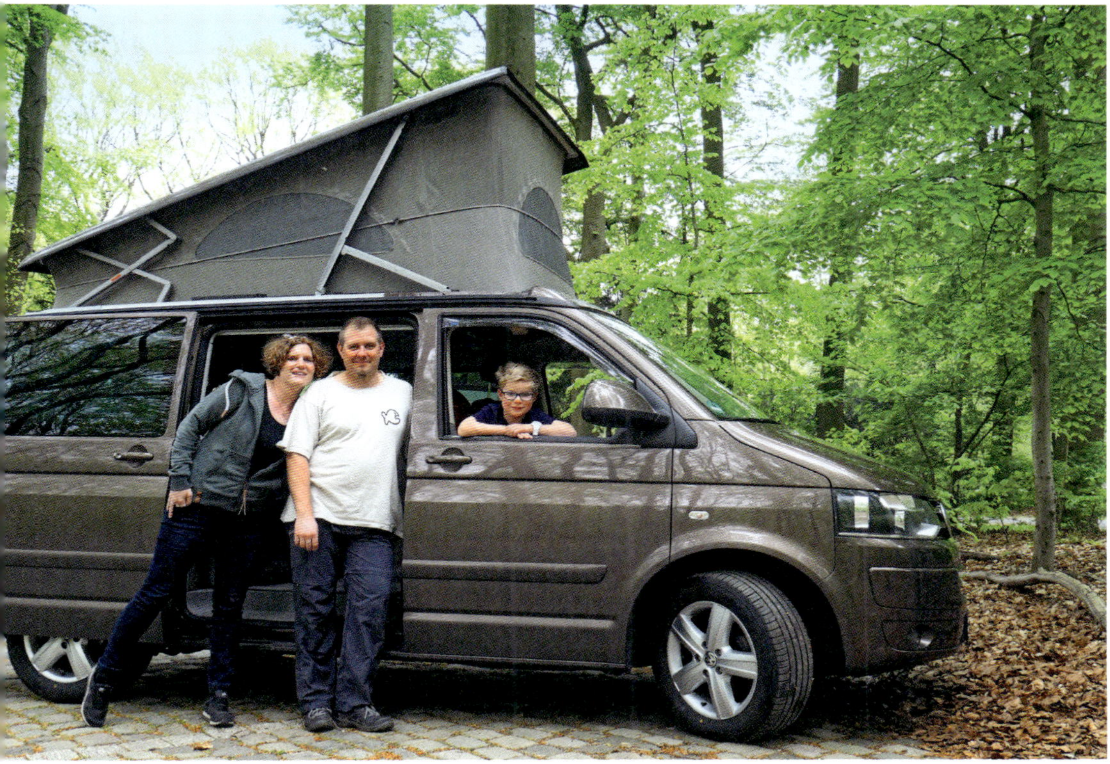

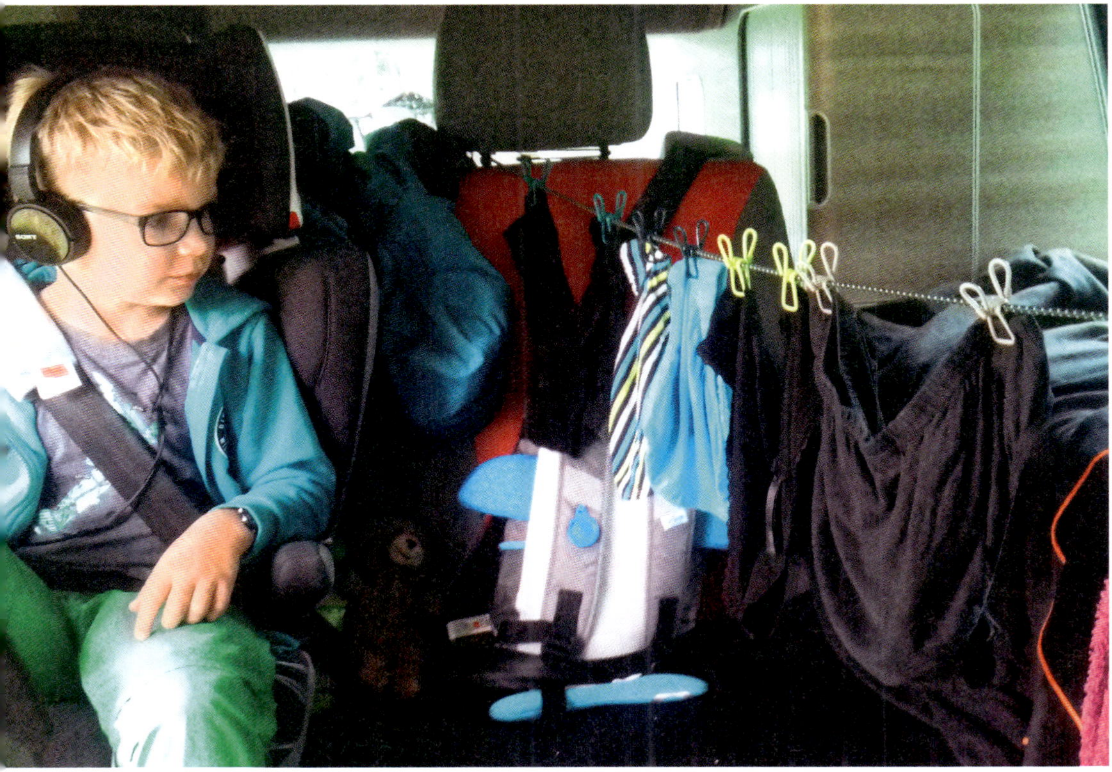

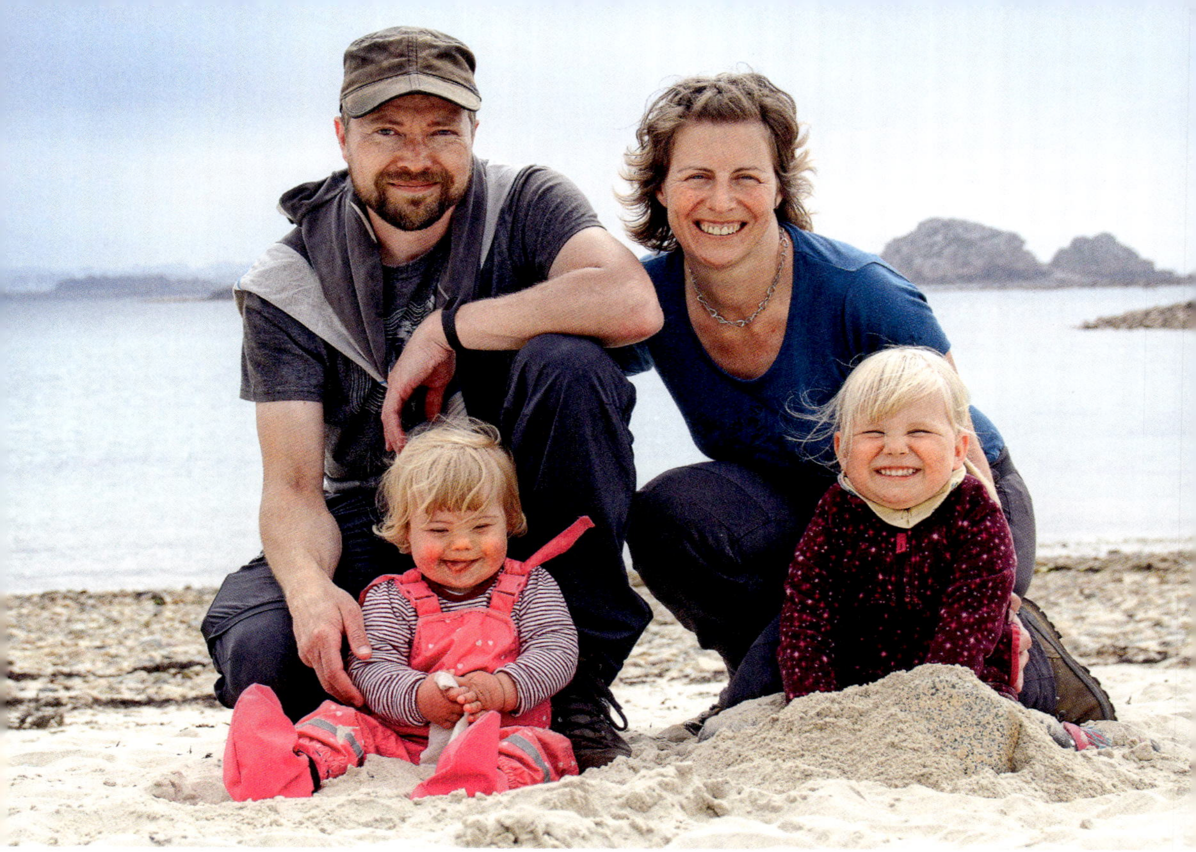

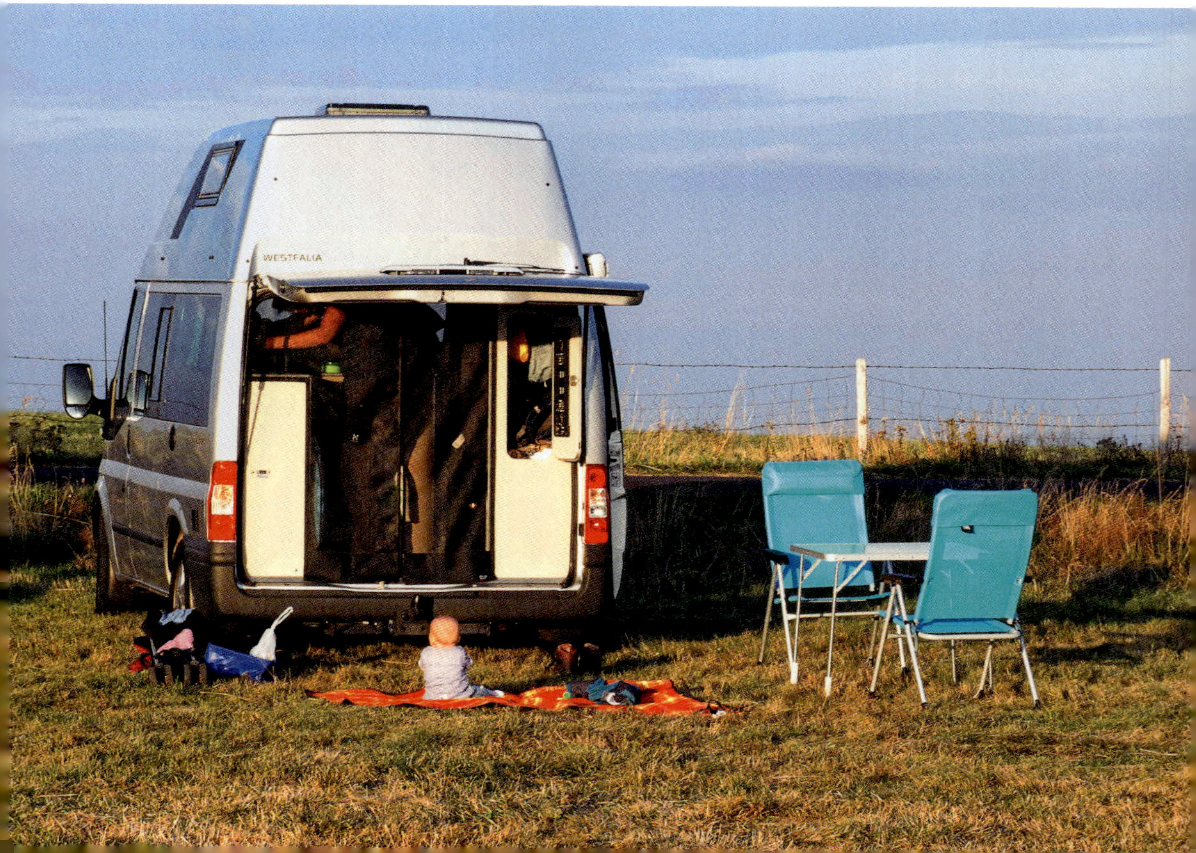
WESTFALIA

Outdoor-Leben *schwanger* und mit *Kleinkind*

Steckbrief

Familie: *Nicole (41), Jan (37), Lotta (5) und Leni (3)*
Fahrzeug: *Eigener Ford Nugget mit Aufstelldach, Baujahr 2013*
Immer dabei: *Reise-/Wanderführer, Wanderstiefel, Kraxe, Regenkleidung, Lieblingskuscheltiere der Mädels, Toniebox, Sandspielzeug*
Camper-Motto: *Weniger ist mehr*
Lieblingsrezept: *»Spagabollo« (Spaghetti Bolognese)*
Mehr über uns: *ausreisserin.de*

Wie vertragen sich Outdoor-Abenteuer und Familienleben? Für Nicole ist der perfekte Kompromiss ein Campingbus. Aber wie reist es sich darin schwanger und mit Kleinkind?

Nicole, du bist schon länger campingbegeistert. Euren Bus habt ihr euch aber erst angeschafft, als das erste Kind unterwegs war. Wie kam es?
Die Campingliebe ist das Nebenprodukt meiner Liebe zu (Fern-)Wanderungen. Wir

sind mit Zelt durch Island, Norwegen und die Pyrenäen gewandert. Diese Flexibilität und Naturnähe wollten wir auch beim Reisen mit Kindern nicht missen. Roadtrips mit Tageswanderungen schienen die Lösung, also haben wir ein Upgrade vom Zelt zum Camper gemacht.

Seit wann seid ihr mit eurem Ford Nugget unterwegs und warum habt ihr euch für dieses Fahrzeug entschieden?
Unseren Ford Nugget haben wir im Frühjahr 2015 erstanden, gebraucht von einem Ford-Händler, der alle zwei Jahre seine Mietflotte verkauft. Das »Zweiraumkonzept« macht den Nugget familientauglich: Mutti kocht in der Küche im Heck, während der Papa mit den Kindern im »Wohnbereich« spielt. Unser Heim auf Rädern trägt natürlich das Kennzeichen »DO-RM«.

Haha! Unserer heißt B-US. Wie alt war eure Tochter, als ihr zum ersten Mal im Camper los seid?
Bei unserem Testwochenende war Lotta ein halbes Jahr alt, beim Start unserer zweimonatigen Elternzeitreise acht Monate. Statt akribischer Planung waren wir nur mit einem groben Ziel und den passenden Reiseführern gestartet. Unterwegs haben wir durch Versuch und Irrtum herausgefunden, was mit Lotta gut möglich war – überraschenderweise zum Beispiel Stadtbesichtigungen – und was wir

Oben: Sonnige Momente am dänischen Sandstrand –
Nicole und Jan mit ihren Töchtern
Unten: Aussichtsplatz auf der Picknickdecke –
Hier hat Lotta den Papa im Blick – und umgekehrt.

besser lassen sollten: leider längere Wanderungen. Alles in allem waren wir mit Baby langsamer unterwegs.

Wie funktioniert das, schwanger und mit Babybauch im Campervan?

Das war schon eine witzige Erfahrung. Beim schmalen Durchgang zur Küche musste ich meine Murmel immer über die Arbeitsplatte hieven. Und auch das Hochwuchten ins Hochbett war ein sportlicher Akt.

Jetzt seid ihr mit zwei kleinen Kindern unterwegs. Ist das noch mal ein Unterschied?

Zu viert im Nugget ist es echt kuschelig. Pro weitere Person kommen Gepäck und Bedürfnisse hinzu. Eigentlich bringt aber eh jede Reise Veränderungen mit sich, denn die Mädels werden älter und ihre Bedürfnisse wandeln sich. Haben wir anfangs die Mittagsschlafzeiten für Weiterfahrten genutzt, kommt jetzt Board-Entertainment in Form von Malbüchern, Hörspielen oder TV zum Einsatz. Auch unser Gepäck unterliegt einem stetigen, wachstumsbedingten Wandel.

Und wie habt ihr den Bus babytauglich gekriegt?

Gar nicht wirklich. Einer von uns war immer beim Kind. Brauchtes wir alle vier Erwachsenenhände, haben wir das Baby zur Sicherheit kurzzeitig in der Babyschale oder im Kinder-Campingstuhl »eingeknastet«.

Wie finden die Mädels eure Camperreisen?

Die Mädels sind voll in ihrem Element. Wir sind viel draußen unterwegs, wandern, sind am Strand. Auf dem Campingplatz spielen sie mit anderen Kindern, Lotta hat dabei sogar ein paar Brocken Französisch aufgeschnappt. Einzig und allein die Fahrerei ist etwas anstrengend, wird aber doch zunehmend angenehmer.

Während Babys oft noch recht genügsam sind, können Kleinkinder ganz schön anstrengende Reisepartner sein. Wie kommt ihr trotzdem zu eurer Erholung?

Das Reisen mit zwei Kleinkindern ist anstrengend. Der Alltag auch. Auf Reisen schöpfe ich durch schöne Landschaften und die körperliche Betätigung beim Wandern (mit Kraxe) neue Energie. Das Zusammensein als Familie, ohne Termindruck und Alltagsstress, gibt mir Kraft. Aber echte Erholung gibt es nur bei einem Paar-Wochenende ohne Kinder.

Nun seid ihr zu viert in einem Campingbus unterwegs. Habt ihr da nicht mal überlegt, auf einen größeren Camper umzusteigen?

Eigentlich nicht. Wenn wir uns bei Schlechtwetter im Camper gegenseitig auf den Füßen stehen, sehnen wir uns schon mehr Platz und Komfort herbei. Andererseits möchten wir kein großes Schlachtschiff fahren. Unsere Taktik ist daher immer, möglichst viel draußen zu sein und an Schlechtwettertagen dann eine der schönen Indoor-Aktivitäten zu unternehmen.

Zwei Kindersitze müssen irgendwo hin, wenn ihr im Bus schlaft. Bestimmt habt ihr auch einen Buggy dabei. Wo verstaut ihr das alles?

Ich bin einsame Spitze im Camper-Tetris! Die Kindersitze werden nachts auf dem Fahrersitz gestapelt, einer kopfüber hochkant, der andere quer darüber. Der Buggy lag früher tagsüber im Durchgang zur Küche, nachts unter dem Bett. Mittlerweile wurde er von der Kraxe

abgelöst, die im Kleiderschrank parkt. Kraxe Nummer zwei stand in der Küche und wurde per Spanngurt fixiert.

Kannst du uns ein paar deiner Tricks zum Platzsparen verraten?

Jans und meine Kleidung lagert in den beiden Fächern über dem Kleiderschrank. Outdoorkleidung hat zum Glück ein geringes Packmaß und ist schnell trocknend. Die Kleidung der Kinder verstaue ich in je einer Sporttasche unter der Küche. Dort lagert auch der faltbare Campingtisch samt Stühlen. Die Sitzbank ist unser Vorratsschrank. Ganz wichtig: Vor jeder Weiterfahrt alles auspacken, was am Tag gebraucht wird. Sind erst die Kindersitze wieder eingebaut, wird es aufwendig.

Und wie geht's weiter, wenn die Mädels größer werden?

Vielleicht nehmen wir ein Wurfzelt für die Mädels dazu. Jan und ich können dann im Hochbett schlafen und brauchen den Essbereich nicht mehr umbauen.

Wo wart ihr inzwischen schon alles mit euren Mädels?

Frankreich haben wir in den letzten fünf Jahren von oben bis unten bereist, außerdem Nord- und Ostspanien, Dänemark, Österreich und die Schweiz, und zweimal sind wir auf die Azoren geflogen.

Vorhergehende Doppelseite: Wohnmobil-Traum – endlose Weite am dänischen Sandstrand
Pfützenhüpfen: Wasser-Spielplatz mal anders

Wie plant ihr eure Reisen eigentlich?

Im Vorfeld durchstöbere ich den Reiseführer und das Internet, checke Entfernungen und ordne Wanderungen sowie Sehenswürdigkeiten auf der Karte ein. Campingplätze reservieren wir fast nie. Vor Ort entscheiden wir nach Lust und Laune, welches Ziel aus meinem Fundus wir ansteuern wollen. Nicht selten landen wir auch spontan an wunderschönen Orten, die ich im Vorfeld gar nicht auf dem Schirm hatte.

Ihr steht gern zwei bis drei Tage an einem Platz und zieht von dort aus zu Fuß oder mit den öffentlichen Verkehrsmitteln los. Das ist natürlich ideal, wenn man nicht dauernd umbauen will. Wie findest du solche Plätze?

Ich benutze tatsächlich keine Camping-App, sondern suche einfach über Google Maps nach Campingplätzen in der Region. Am wichtigsten ist die Lage. Danach schaue ich mir die Infos zum Platz, die Bewertungen und Fotos an. Den Rest macht mein Bauchgefühl, das mich nur selten im Stich lässt.

Habt ihr die nächste Tour denn schon geplant?

Das nächste Reiseziel steht fest: Wales. Nachdem uns die Küstenwanderungen in der Bretagne so gut gefallen haben, uns aber die Berge auch fehlen, bekommen wir in Wales beides.

Das klingt toll! Da wünsche ich euch schon jetzt viel Spaß!

Kastenwagen statt Camper:
Mobiles Reisen mit Teenies

Steckbief

Familie: *Hartmut (49) und Barbara (46) mit Lowe (15) und Thyra (12)*
Fahrzeug: *6-Meter-Citroen-Kastenwagen*
Immer dabei: *Käsehobel, Faltschüssel, Kleiderbeutel in verschiedenen Farben, Klopapier, Müllbeutel, Fleece-Schlafsäcke, Wasserkanister fürs Trinkwasser*
Lieblingstour: *2,5 Monate Neuseeland*
Camper-Motto: *Der Weg ist das Ziel*
Mehr über uns: *58gradnord.com*

Hartmut und Barbara waren mit ihren Kids schon auf fast allen Kontinenten im Camper unterwegs. Für Touren in Europa haben sie gerade ihren VW-Bus gegen einen Kastenwagen getauscht. Warum, verrät Hartmut hier.

Hartmut, ihr unternehmt schon sehr lange immer wieder Camperreisen. Wohin führte eure erste Campertour mit Kids?
Unsere erste Campertour als Familie führte uns 2011 nach Neuseeland. Das war zugleich unsere längste Camperreise. Ganze 75 Tage verbrachten wir mit unseren damals fünfeinhalb und drei Jahre alten Kindern in einem relativ großen Wohnmobil. Wir schätzten es, unsere eigenen vier Wände immer dabeizu-

haben, nicht ständig ein- und auspacken zu müssen und vor allem die Unabhängigkeit. Wir planten selten länger als ein, zwei Tage im Voraus und fühlten uns nach ein paar Wochen der Eingewöhnung frei wie Vögel. Nach zwei Monaten waren wir dann so richtig im Vagabundenleben angekommen und hätten noch ewig so weiterreisen können. Die Kinder fühlten sich auf Anhieb im Camper wohl. Ich denke, dass es ein dankbares Alter war. Heimweh hatten sie nie.

Wo wart ihr inzwischen noch als Familie im Camper unterwegs?
Im Camper haben wir bisher zweimal Neuseeland bereist, waren in Australien, den USA und Japan unterwegs. Hier in Europa haben wir es bisher mit dem eigenen Camper nach Dänemark und Norwegen geschafft sowie nach Deutschland, Österreich, Italien und in die Schweiz. Und natürlich waren wir auch viel hier zu Hause bei uns in Schweden unterwegs. Um die Wartezeit auf unseren jetzigen

Oben: Camper-Fans – Hartmut und Barbara mit ihren beiden Teenies
Unten: Fulminanter Auftakt – 75 Tage im Wohnmobil mit Kleinkindern in Neuseeland

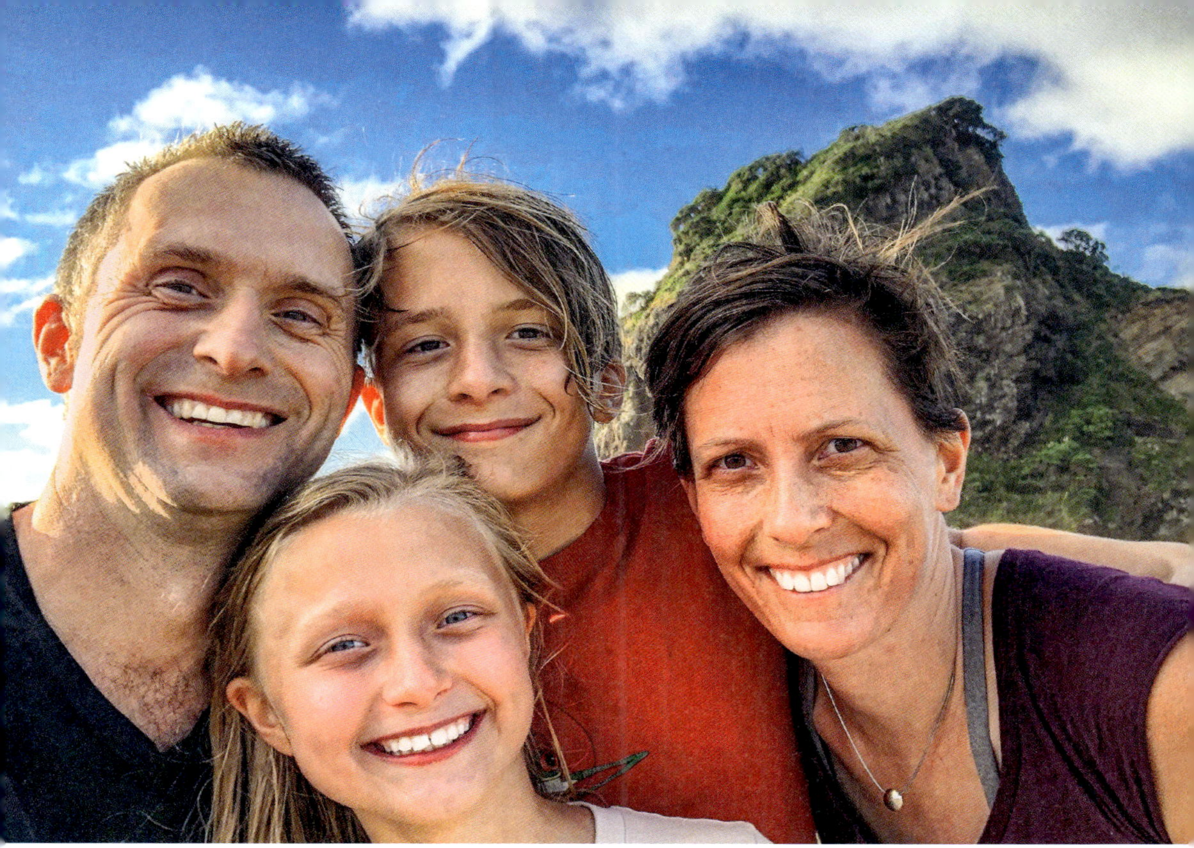

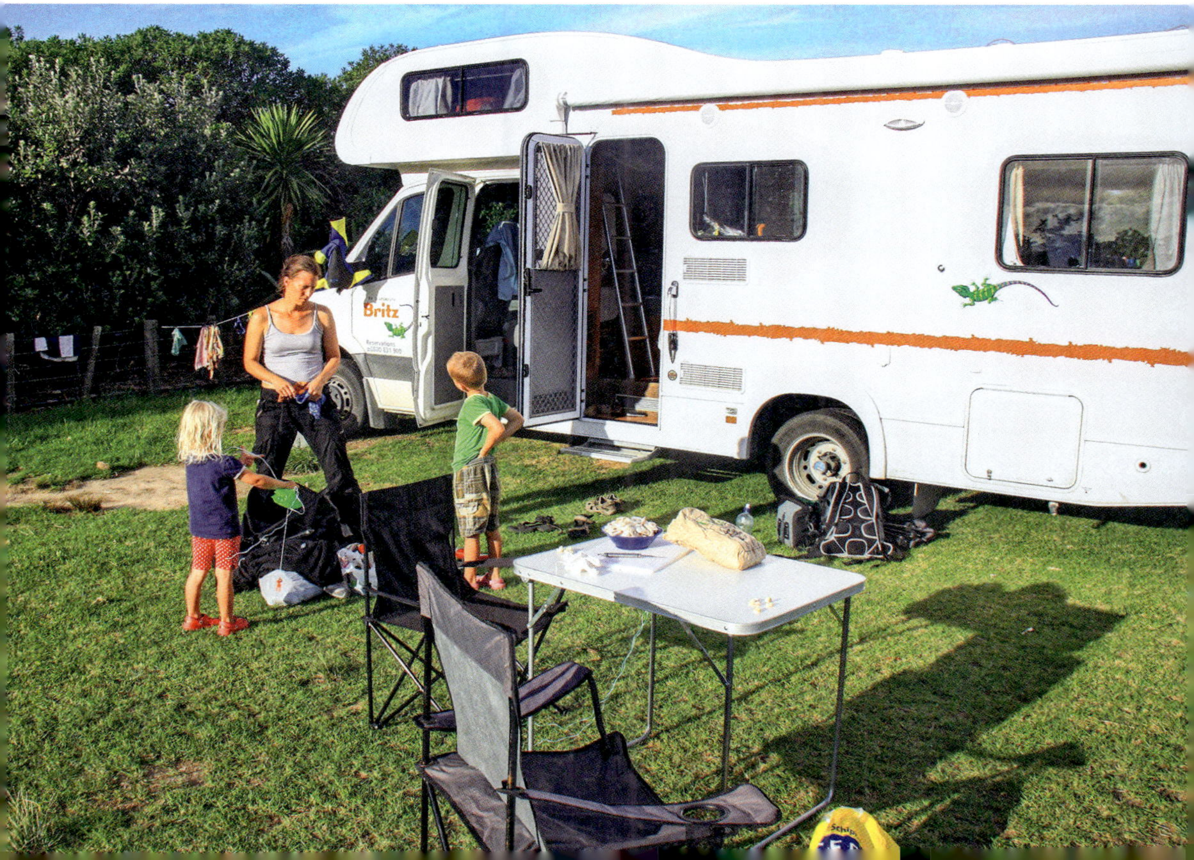
Britz

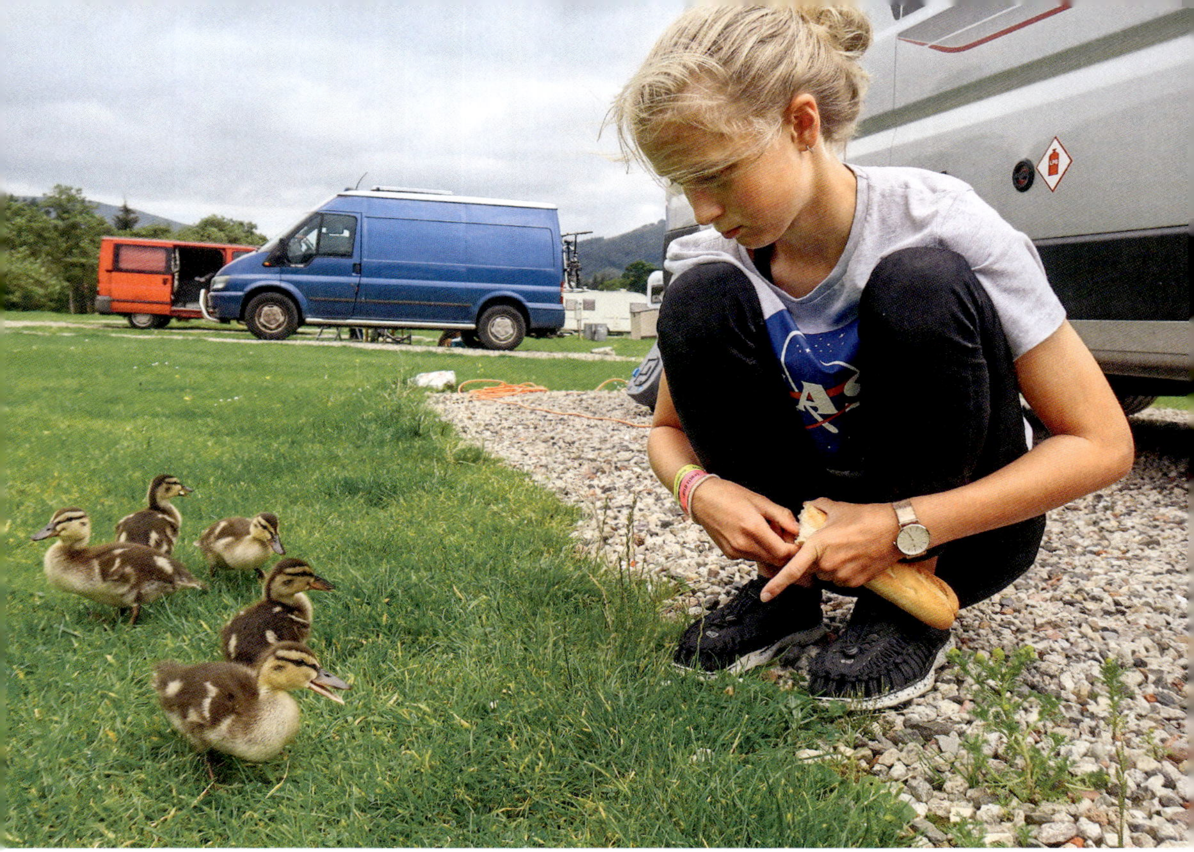

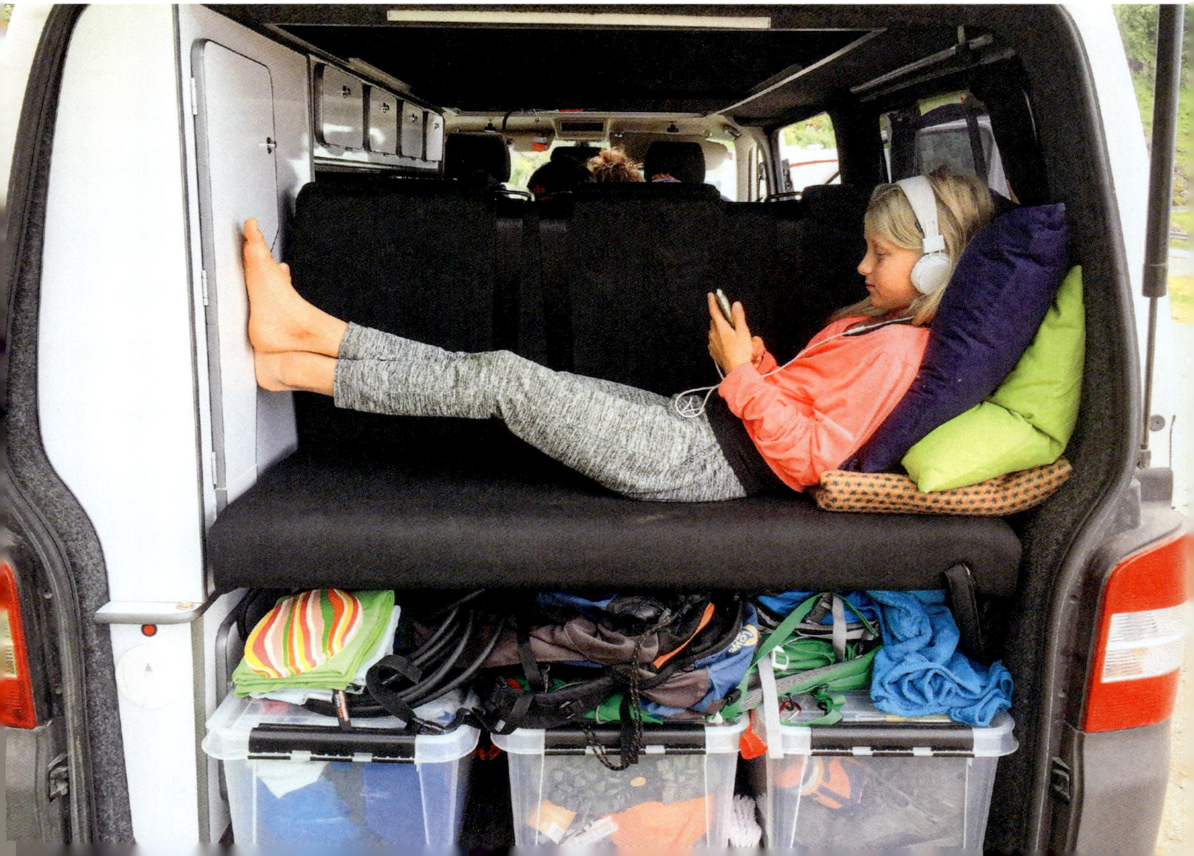

Camper zu überbrücken, haben wir letzten Sommer unter anderem im Mietcamper Schottland erkundet.

Das sind ja praktisch alle Kontinente! Wo fandet ihr das Camperreisen besonders gut?

Australien und Neuseeland haben eine extrem gute Infrastruktur für Camper mit einem recht dichten Netz an Versorgungs- und vor allem auch Entsorgungsmöglichkeiten. Allerdings werden die Freiheiten für Camper vor allem in Neuseeland zunehmend eingeschränkt. Am besten finde ich es immer noch in Nordeuropa. Bei uns hier oben ist es sehr einfach, mit dem Camper unterwegs zu sein. Es gibt wenige Einschränkungen, und oft wird das Freistehen geduldet, auch wenn es nicht ausdrücklich erlaubt ist. Das setzt natürlich voraus, dass man sich entsprechend verhält. Da Camperurlaub voll im Trend liegt, lassen auch negative Auswirkungen leider nicht auf sich warten.

Gab es auch ein Land, von dem ihr sagen würdet: nächstes Mal nicht wieder im Wohnmobil?

Unsere vierwöchige Campertour im heißen japanischen Sommer war teilweise schon ein wenig grenzwertig. Das würden wir wohl eher nicht noch einmal machen.

Oben: Zeitvertreib – Enten füttern am Campingplatz
Unten: Startklar – Platz zum Chillen ist auch im kleinsten Camper.

Hat mit euren Mietmobilen immer alles gut geklappt oder habt ihr auch schon mal schlechte Erfahrungen gemacht?

Wir hatten auf all unseren Reisen nur mit dem alten Mietfahrzeug in Neuseeland ein paar Probleme. Leider war die Firma bei der Beseitigung der Mängel nicht gerade besonders »service-minded«. Wir mussten schon etwas deutlicher auftreten, um unsere Reise einigermaßen zügig und sicher fortsetzen zu können. Aber am Ende klärte sich alles und wir bekamen bei der Rückgabe auch noch einen kleinen Rabatt.

Worauf achtet ihr beim Mieten besonders?

Es ist uns wichtig, einen ehrlichen Dialog mit dem Vermieter zu haben. Ich möchte ganz klar vorher wissen, was mich erwartet. Ist es ein älteres Fahrzeug, aber dafür billiger als ein vergleichbares neueres Fahrzeug? Dann kann ich selber entscheiden, ob ich das Risiko eingehen oder lieber ein bisschen mehr bezahlen will und dafür ein hoffentlich besseres Fahrzeug bekomme.

Für eure Reisen in (Nord-)Europa habt ihr ja auch einen eigenen Camper. Nun habt ihr gerade euren VW-Bus gegen einen Kastenwagen ausgetauscht. Warum?

Unser VW-Bus war uns lieb und teuer, ein richtig cooles Fahrzeug mit Allrad, verstärktem Rahmen, Differentialsperren und so weiter. Aber letztendlich haben wir das alles nicht wirklich gebraucht. Auch die Lösung mit dem Aufstelldach war für das skandinavische Klima nicht optimal. Dazu kam noch, dass ein

T5 mit Teenagern einfach zu eng wurde. Die Kinder mussten sich oben eine Liegefläche von einem Meter Breite teilen – nicht immer ganz einfach. Und der tägliche Umbau der Betten sowie die fehlende Stehhöhe bei nicht ausgeklapptem Dach nervten am Ende dann doch immer mehr.

Und weshalb ist es nun ein Kastenwagen geworden?

Wir haben uns viele verschiedene Lösungen angeschaut und liebäugelten eine Zeitlang mit einem Allradsprinter, der uns dann aber mit seinen Abmessungen für vier Leute noch mehr in den Möglichkeiten für den Innenausbau einschränkte. Auch ein Pickup-Camper mit Wohnkabine stand eine Weile zur Debatte. Aber da stimmte das Preis-Leistungs-Verhältnis letztendlich für uns zu viert nicht. Aus diesem Grund fiel unsere Wahl am Ende auf einen 6-Meter-Kastenwagen, der wendig genug ist, um fast überall fahren zu können und trotzdem vier feste Schlafplätze, Bad, Küche und bequeme Sitzmöglichkeiten für uns vier bietet. Wir entschieden uns aus Zeitgründen gegen einen Selbstausbau – auch wenn wir das bei einer Lieferzeit von letztendlich fast 15 Monaten schon fast ein wenig bereuen. Auch dieser Camper ist natürlich ein Kompromiss, aber für uns im Moment der beste.

Und warum habt ihr nicht gleich ein »richtiges« großes Wohnmobil genommen?

Das sind irgendwie nicht wir. Wir wollen nicht mit einem riesigen »Haus« durch die Gegend fahren. Zugegeben, die großen Wohnmobile, die wir in den USA, Neuseeland und Australien gemietet hatten, waren schon sehr bequem. Aber wir möchten vor allem mobil sein. Wir wechseln in der Regel fast täglich unseren Standort und benutzen unseren Camper vor allem für Roadtrips und nicht, um mehrere Tage oder gar Wochen an einer Stelle zu stehen. Für uns ist die Mobilität wichtiger als der Wohnkomfort. Und gerade für Europa finde ich einen kleinen Camper praktischer.*

Welche Kriterien haben euch bei der Entscheidung für euer Modell geleitet?

In erster Linie war es uns wichtig, vier feste Schlafplätze zu haben, damit man nicht zweimal täglich alles umbauen muss. Ein Bad wäre eigentlich nicht unbedingt notwendig gewesen, aber mit der Toilette und zum Aufhängen von nassen Klamotten ist es schon sehr praktisch. Geduscht wird bei uns nie im Camper. Wir wollten außerdem einen Camper mit wenig Schnickschnack und einfachem, funktionellem Design. Mehr Wert haben wir auf Dinge wie eine zweite Wohnraumbatterie, Insektenschutztür, große Dachhauben, Dieselheizung und Ähnliches gelegt. Auch haben

Kinder am Kochtopf: Campingküche à la famille

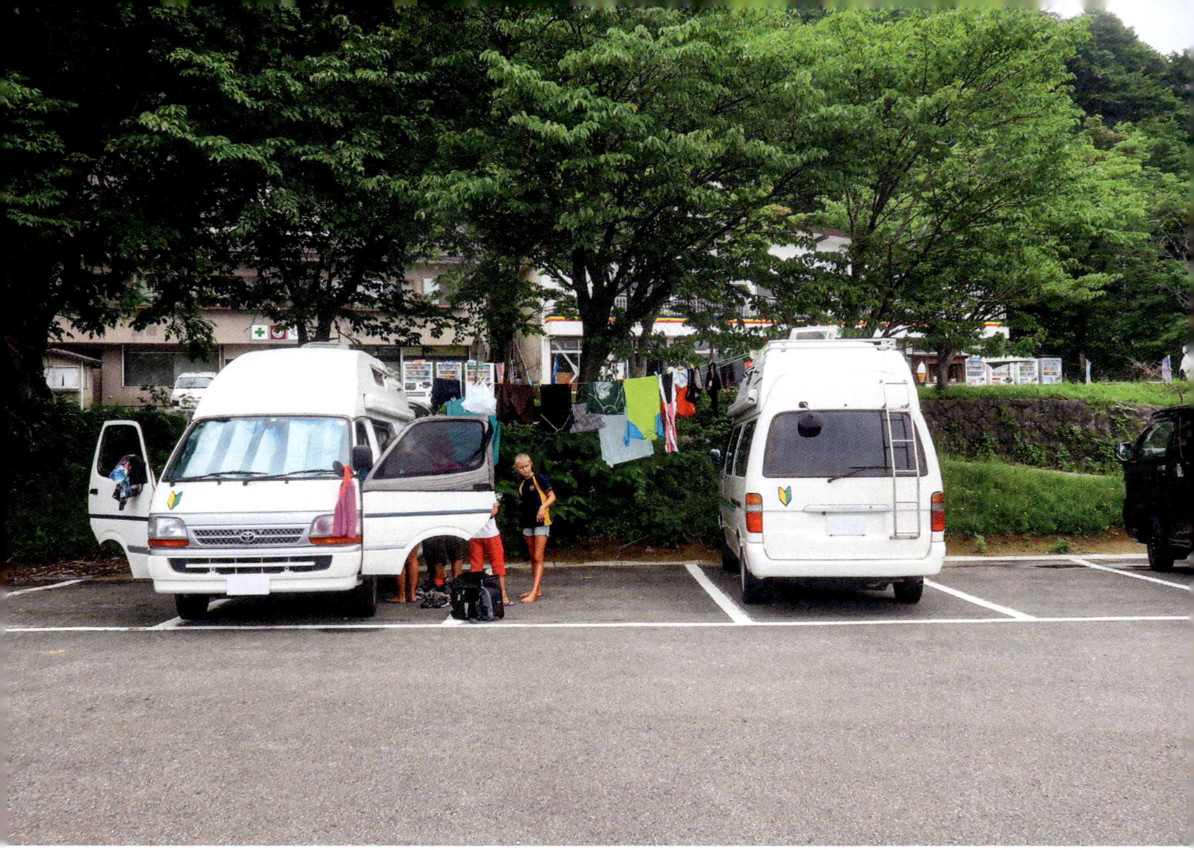

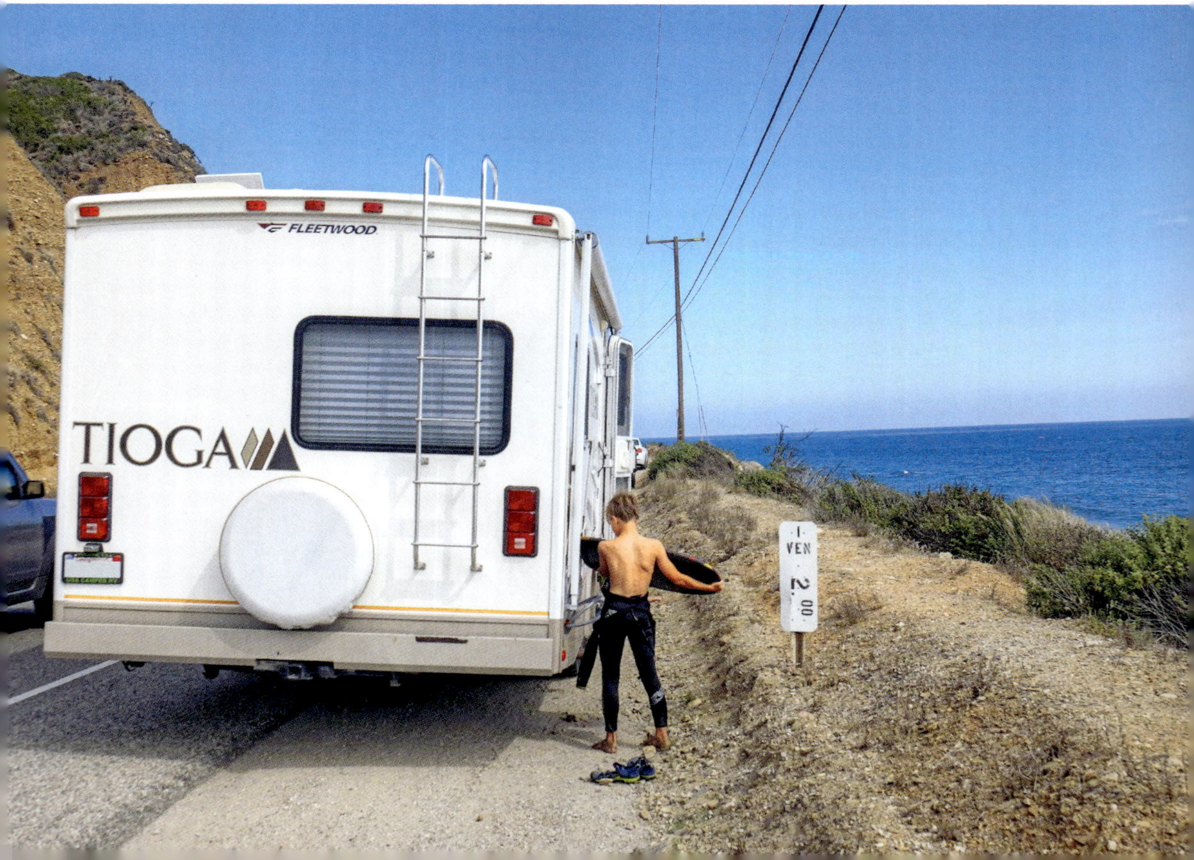
FLEETWOOD
TIOGA

wir zum Beispiel ein Solarpanel nachrüsten lassen. Letztendlich fanden wir das Preis-Leistungs-Verhältnis bei unserem Modell stimmig.

Wie reist es sich denn mit zwei Teenagern im Wohnmobil oder Camperbus? Vermissen die nicht ihre Rückzugsgebiete?

Wir haben keine Berührungsängste. Aber klar, vor allem wenn man dann mal ein paar Wochen am Stück unterwegs ist, muss man sich arrangieren. Notfalls können wir uns ja jetzt im Bus »verteilen«. Einer zieht sich ins hintere obere Bett und der andere ins untere Bett zurück. Wir Erwachsenen können uns derweil vorne in der Sitzgruppe aufhalten. Und sollte es zu eng werden, muss man einfach raus.

Wie arrangiert ihr euch zu viert im Wohnmobil, wenn ihr nicht rauskönnt?

Na ja, man kann ja meistens irgendwie raus. Oder man kann dem schönen Wetter hinterherfahren. Und wenn es ganz schlimm kommt, kann man den Camper auch vor einem Hotel parken. Auf unserer Nordskandinavientour wurden wir knapp oberhalb des Polarkreises von einem ziemlichen Unwetter überrascht.

Oben: Keine Idylle – In Japan sind Wohnmobil-Stellplätze gern mal geteert.
Unten: Pacific Coast Surfer – Fahrvergnügen an der Westküste der USA

Nach einer Nacht am Lule Älv waren Kissen und Schlafsack unserer Tochter oben im Schlafdach ziemlich nass. Um uns und unsere Sachen zu trocknen, zogen wir für eine Nacht in ein Motel in Kiruna. Zwei weitere Nächte harrten wir in einer gemieteten Hütte in der Nähe des lappländischen Abisko aus. Da zeigten sich eben deutlich die Nachteile eines Aufstelldaches.

Hast du noch spezielle Tipps für das Reisen im Wohnmobil mit Teenies?

So lange sind unsere Kinder ja noch keine Teenies. Wer weiß, was da noch kommt ... Bisher hatten wir aber keine großen Probleme. Wichtig ist, dass alle bei Routenplanung und Aktivitäten mitbestimmen dürfen. Auch unsere Kinder brauchen zu Hause von Zeit zu Zeit ganz deutlich ihren Freiraum. Bisher hatten sie aber trotzdem keine Probleme, sich an die beengten Platzverhältnisse auf den Reisen im Camper anzupassen, und konnten gut damit umgehen. Wir sehen eher die Tendenz, dass sie in der Zeit, in der wir im Camper leben, meist sehr gut miteinander umgehen – manchmal besser als zu Hause. Ausreichende USB-Anschlüsse im Fahrzeug sind sicher von Vorteil. Ein Konfliktpotenzial weniger! Und mehrere Trips haben wir bereits zusammen mit einer befreundeten Familie gemacht. So haben die Kinder immer andere Kinder zum Spielen, wenn das Geschwister mal nicht ausreicht.

Vielen Dank für diese vielen Tipps, Hartmut!

Ein *Wohnmobil* für *drei Familien*

Steckbrief

Familie: *Tanja (35), Christan (36) und Milana (3)*
Fahrzeug: *Euramobil und Mietfahrzeuge*
Immer dabei: *Regen-Outfits, Kamera, Lanyards, Handy und/oder iPad, Taschenlampe, wiederverwendbare Trinkflasche, Wasserkessel*
Lieblingsrezept: *Wraps mit Salat, Tomaten, Gurken, Mais und Käse oder mit gekochtem Schinken und Käse*
Mehr über uns: *taklyontour.de*

Wie funktioniert es, wenn sich mehrere Familien ein Wohnmobil teilen? Tanja weiß aus Erfahrung, worauf es dabei ankommt.

Liebe Tanja, ihr seid richtige Camperfans und macht fast alle eure Reisen im Wohnmobil. Seit wann?
Wir sind 2012 mit dem Campingfieber infiziert worden, als wir Kanada mit dem Wohnmobil bereist haben. Seit dieser Drei-Wochen-Tour haben wir keine Hotelurlaube mehr unternommen. Inzwischen schauen wir auf viele weltweite Campingreisen zurück und haben immer noch nicht genug.

Was hat euch an dieser Art zu reisen auf Anhieb so gut gefallen?
Einer der größten Vorteile beim Reisen mit dem Wohnmobil ist, dass man alles an Bord hat. Das Bad mit Toilette und Dusche, Kühlschrank und Kochmöglichkeiten. Aber auch die Flexibilität und die Möglichkeit, naturnah zu reisen, haben uns direkt begeistert.

Wie alt war eure Tochter bei ihrer ersten Campertour?
Milana war auf der ersten Wohnmobilreise fünfeinhalb Monate alt. Da haben wir die erste Elternzeitreise durch Skandinavien unternommen.

Hat das Wohnmobilreisen mit Baby auf Anhieb gut geklappt?
Glücklicherweise ja. Milana ist schon immer gerne im Auto gefahren. Mit ihren fast sechs Monaten hat sie noch relativ viel geschlafen, wurde jedoch wach, sobald wir irgendwo angehalten haben. Daher war Norwegen mit den schmalen Straßen, wo man immer mal wieder in einer Haltebucht kurz warten muss, nicht ganz so praktisch zum Schlafen. Dennoch hat sie die gesamte Reise wunderbar mitgemacht.

Ihr wart aber auch schon als Paar im Wohnmobil unterwegs. Was ist anders, seit ihr mit Kind reist?

Oben: Liebt das Reisen im Wohnmobil – Tanja
Unten: Gibt gern den Ton an – die kleine Milana

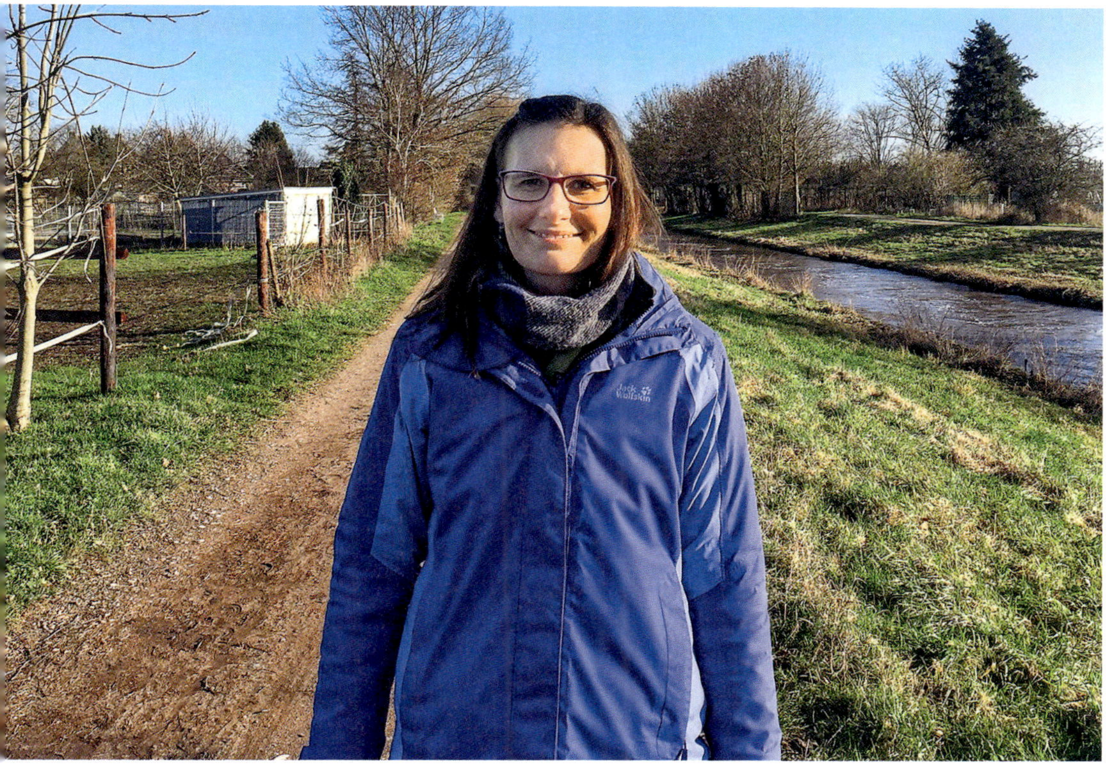

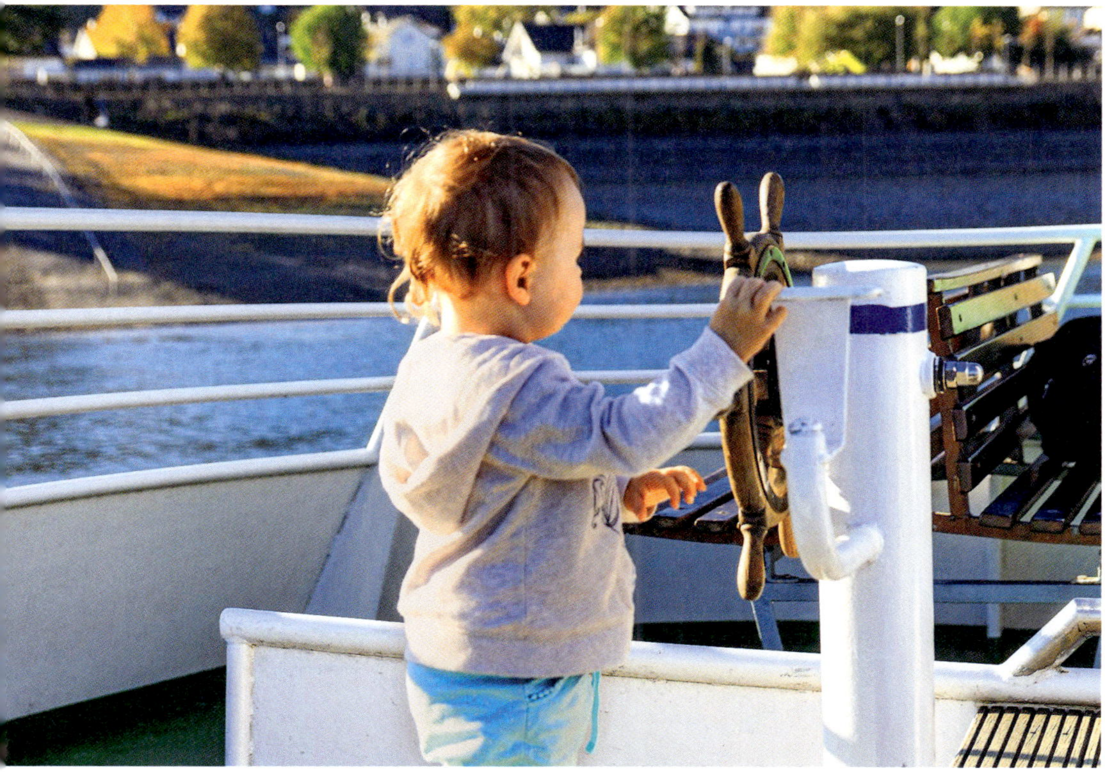

Das Reisen mit Kind verändert einiges. Jedoch sind die Veränderungen beim Camping weniger einschneidend als bei anderen Reisearten. Sie hängen auch vom Alter des Kindes ab. Bei Babys sind die Einschränkungen größer, da das Baby nicht unbeaufsichtigt sein kann. Etwas größere Kinder beschäftigen sich auch durchaus mal selbst. Dennoch sind abendliche Spiele wie Kniffel oder Musik in Normallautstärke im Camper oder unmittelbar davor nicht mehr möglich. Abendspaziergänge oder Ausflüge zum Sonnenuntergang werden nur noch von einem Elternteil unternommen. Auch überlegt man mit Kind doppelt, ob man an gewissen Aussichtspunkten anhält, wenn das Kind gerade schläft und man weiß, dass es sofort wach wird, wenn man anhält.

Das kommt mir bekannt vor. Ist es denn noch mal ein Unterschied, mit Kleinkind und jetzt Kindergartenkind zu reisen? Was macht ihr jetzt anders?
Ja, der Unterschied ist relativ groß. Die Schlafenszeiten während der Fahrt sind jetzt vorbei, dafür kann Milana sich aber auch sehr gut während der Fahrt selbst beschäftigen. Sie plaudert gerne, und so haben wir eine dauerhafte Unterhaltung an Bord. Dennoch muss man natürlich auch mit Kindergartenkind schauen, dass man nicht nur auf der Straße unterwegs ist. Da gibt sie dann schnell den Ton

an, wenn sie keine Lust mehr hat. Was auch gut so ist. Sie kann im Wohnmobil mithelfen, wenn es ans Essenmachen oder Tischdecken geht, und man braucht auch hinten nicht immer ein Auge auf sie zu haben. Im Großen und Ganzen ist es etwas entspannter geworden als im Säuglingsalter.*

Wie gefällt Milana denn das Wohnmobilreisen?
Milana gefallen die Campingurlaube super. In der urlaubsfreien Zeit fragt sie regelmäßig: »Fahren wir bald wieder mit dem Wohnmobil?« Mehr Bestätigung gibt es wohl nicht.

Mag sie auch das Autofahren? Wie beschäftigt ihr sie unterwegs?
Ja, zum Glück hatte Milana nie Probleme mit dem Autofahren. Ich bin relativ viel mit ihr alleine unterwegs. Dann unterhalten wir uns und singen etwas, aber sie kann sich auch wunderbar mal selbst beschäftigen. Lieblingsteddy und Musikwürfel sind am Lanyard immer dabei. Des Weiteren haben wir immer eine ganze Litanei an Spielsachen dabei, die griffbereit auf dem Beifahrersitz liegen. So tauschen wir Dinge wie Puppe, Pixibücher, Magictafel und andere Geduldspiele sowie Snacks wie geschnittenes Obst, Gemüse, Kekse und ein paar Gummibärchen immer mal aus.

Und was macht ihr, wenn es regnet?
Es gibt kein schlechtes Wetter, nur unpassende Kleidung, daher sind wir auch bei regnerischem Wetter viel draußen unterwegs. Dennoch ist es natürlich blöd, wenn der

Oben: Kuschlig – Kinderschlafplatz im Wohnmobil
Unten: Klettersteig für Kleinkind – Wohnmobileingang

Regen mehrere Tage anhält – was auf der Elternzeitreise durch Norwegen 2017 tatsächlich der Fall war. Da sind wir dann sehr froh, dass wir mit einem voll ausgestatteten Wohnmobil unterwegs sind, wo wir alles an Bord haben. Besonders mit Säugling ist das noch sehr relaxt, da die Spielwiese hinten ja riesig ist.

Ihr teilt euch ein Wohnmobil mit zwei weiteren Parteien in eurer Familie. Wie funktioniert das?
Erstaunlich gut. Meine Eltern haben ihren Lieblingsmonat und ansonsten sind sie flexibel, wann sie verreisen. Mit meinem Bruder und meiner Schwägerin bekommen wir uns super abgestimmt. Wir haben einen gemeinsamen Online-Kalender. Bisher kam es tatsächlich nur ein- oder zweimal vor, dass wir gleichzeitig weg wollten.

Wie macht ihr das mit der Ausstattung? Was nutzt ihr gemeinsam und was bringt jede Partei selbst für ihre Reise mit?
Die Kochutensilien nutzen wir gemeinsam und alles, was das Wohnmobil an sich angeht. Auch Handtücher, Stühle und Tisch werden von allen genutzt. Geschirr tauschen wir aus, da meine Eltern Porzellangeschirr bevorzugen. Mein Bruder und ich bevorzugen leichtere Geschirrvarianten und nutzen das Gewicht anders.

Habt ihr eine gemeinsame Kasse für solche Ausstattungsdinge und für eventuelle Reparaturen am Wohnmobil?
Ja, alle drei Parteien zahlen monatlich einen festen Betrag auf ein Konto, und wer das Wohnmobil nutzt, bezahlt einen kleinen Betrag pro Reisetag. Von dem Geld werden dann Reparaturen, TÜV, neue Anschaffungen und laufende Kosten gezahlt.

Ist es schon mal passiert, dass einer von euch drei gemeinsamen Nutzern etwas Teures beschädigt hat? Wie regelt ihr so einen Fall?
Nein, bisher waren lediglich ein paar Reparaturen am Wohnmobil nötig, aber diese wurden den jeweiligen Verursachern nicht angekreidet. Die können jedem passieren.

Wie regelt ihr denn, wer wann mit dem Womo los darf?
Eigentlich ganz einfach – sobald man weiß, wann man mit dem Wohnmobil fahren möchte, schaut man in den Online-Kalender, und wenn die Reisezeit noch frei ist, kann sie eingetragen werden. Ansonsten wird noch mal gesprochen und sich geeinigt.

Könnt ihr das Teilmodell denn trotzdem empfehlen oder träumt ihr vom eigenen Wohnmobil?
Generell kann ich das Modell schon empfehlen.

Vielen lieben Dank, Tanja!

Oben: Kleines Mädchen am Steuer des großen Wohnmobils
Unten: Ein Spielplatz auf dem Campingplatz ist ein Highlight für kleine Kinder.

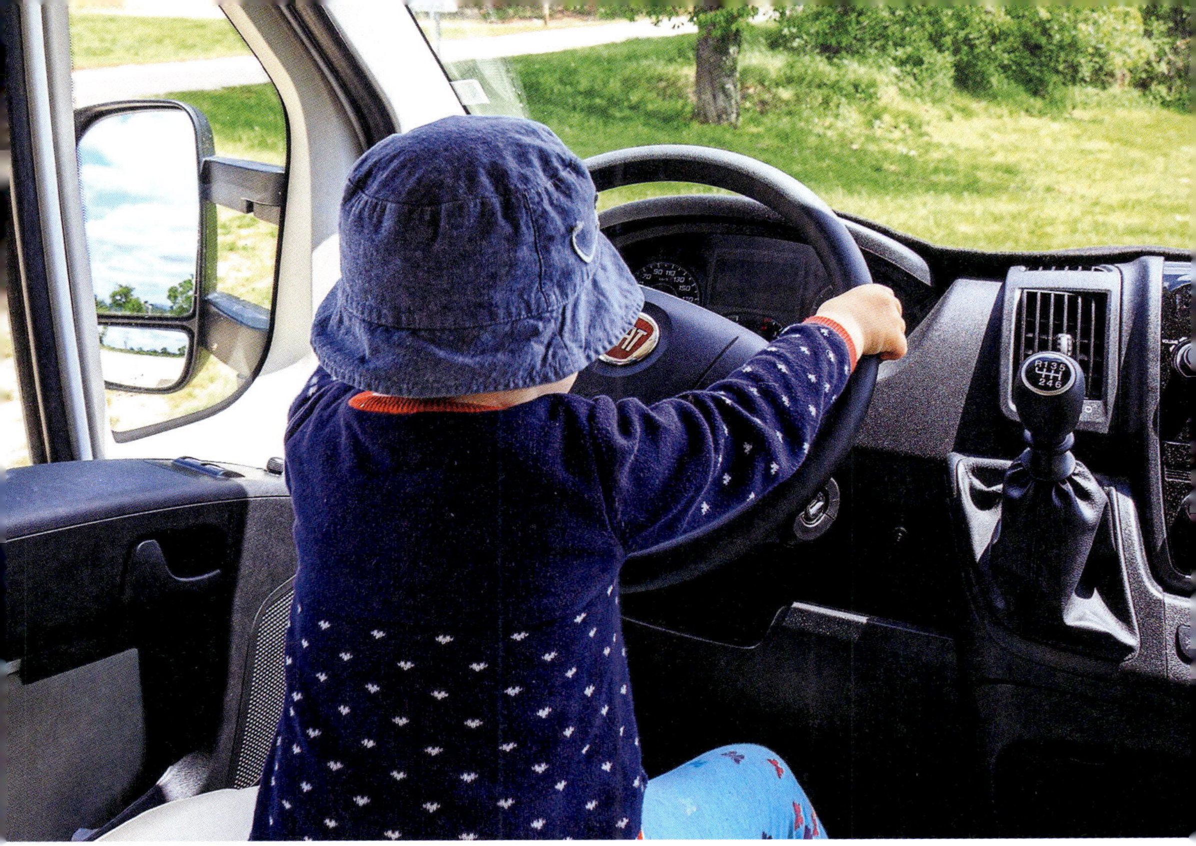

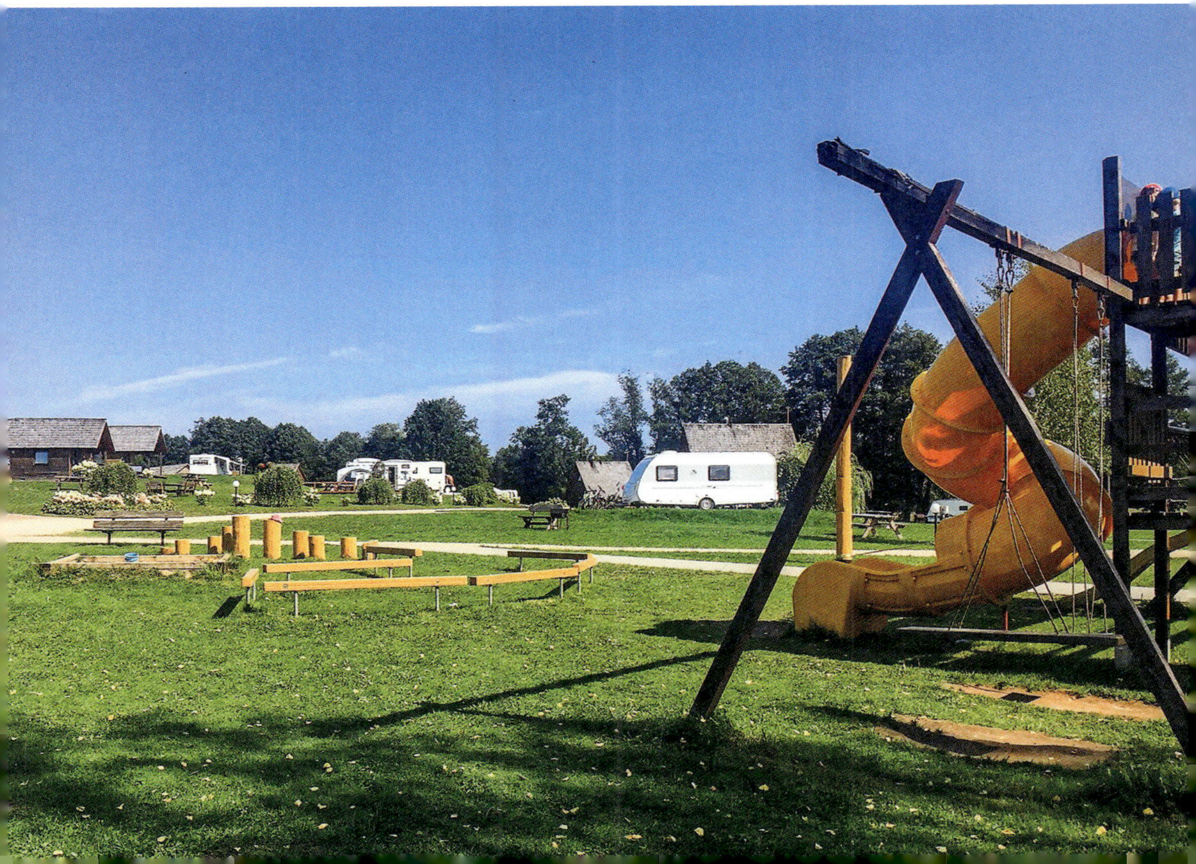

Einfach raus:
Elternzeit *zu fünft* im Campingbus

Steckbrief

Familie: *Nora (26) und Marius (27) mit Mio (7), Lasse (4) und Emil (1)*
Fahrzeug: *12 Jahre alter Ford Nugget »Waldemar« mit Aufstelldach*
Immer dabei: *Ein Herz voll Vertrauen ins Leben und in uns, Landkarte, Kochutensilien, Axt und Säge, Regen-Outfits, Schatzbeutel für die Kinder, Picknickdecke*
Lieblingstour: *Französische Atlantikküste, schwedische Ostseeküste*
Lieblingsrezept: *Ratatouille aus frischem Marktgemüse*
Camper-Motto: *Keep life simple*
Mehr über uns: *dietraumfaenger.eu*

Das Leben einfach halten – das haben Nora und Marius mit ihren drei Kindern auf einer viermonatigen Elternzeitreise schätzen gelernt. Nora erzählt, wie der Platz im Ford Nugget für alle reichte und wie man beim Camping backen kann.

Einfaches Leben, großes Abenteuer – Kochen und Backen am Lagerfeuer

Nora, Marius, ihr seid vor der Einschulung eures ältesten Sohnes und nach der Geburt eures jüngsten für vier Monate auf Elternzeitreise in den Norden gegangen. Wie war's?
Die Reise war für uns als Familie eine auf vielen Ebenen bereichernde Erfahrung. Wir hatten den Traum, für längere Zeit zu reisen, schon seit einigen Jahren. Als der richtige Zeitpunkt gekommen war, haben wir Elternzeit genommen, Jobs und Wohnung gekündigt und sind einfach drauflosgefahren. Wir hatten das Vertrauen, dass sich unser Weg auf der Reise finden wird und wir sind gestärkt und bereichert zurückgekommen.

Was habt ihr von dieser Reise mit zurück in euren Alltag genommen?
Zwei Dinge sind uns bis heute geblieben: Die Erkenntnis, dass es sehr befreiend ist, minimalistisch zu leben, und die Leidenschaft, noch mehr Zeit draußen zu verbringen.

War mit zwei aktiven Kleinkindern und Baby für euch selbst auch noch Erholung drin?
Ja, klar. Für uns bedeutet Erholung nicht unbedingt, dass wir in Ruhe am Strand liegen. Eher, dass wir Zeit in der Natur verbringen, mit den Kindern spielen und unseren Rhythmus leben

können. All diese Dinge hatten wir auf der Reise im Überfluss. Am erholsamsten waren die langen schwedischen Sommerabende. Wir saßen an irgendeinem der vielen Seen am Lagerfeuer mit den Kindern auf dem Schoß und waren stundenlang am Quatschen.

Zu fünft im Campingbus muss man sich ziemlich beschränken. Für eine längere Reise will man aber auch alles Wichtige mitnehmen. Wie habt ihr diesen Spagat gelöst?

Wir haben im Vorfeld sehr genau überlegt, was wir mitnehmen möchten. In jedem Bereich kam nur das Allernötigste mit. Da wir sehr viel Regen und nasses Wetter hatten, hätten wir manchmal gerne ein paar trockene Klamotten mehr gehabt. Auch eine Schüssel und einen Schneebesen würde ich nächstes Mal mitnehmen. Aber es hatte auch Vorteile, nur wenig dabeizuhaben. So konnten wir alles gut im Van verstauen. Das hat uns den Van-Alltag wahrscheinlich mehr erleichtert als ein paar zusätzliche Dinge.

Ich merke immer wieder, dass bei uns das Gepäck vor allem beim Spielzeug auszu-ufern droht. Wie setzt ihr hier die Grenzen?

Wir haben eine Holzkiste mitgenommen. Ein paar Spielsachen haben wir hineingelegt, zum Beispiel Seile als Universalspielzeug oder Schnitzmesser. Alles andere haben die Kinder ausgesucht. Am Ende haben sie sowieso fast nur mit Dingen gespielt, die sie draußen gefunden haben. Zusätzlich habe ich für Mio und Lasse einen Schatzbeutel genäht, den sie mit

Fundstücken füllen können. Das erspart uns viele Diskussionen und Lagerplätze im Van.

Mein persönlicher Horror: drei Tage Regen am Stück. Wie übersteht man die zu fünft im Van?

Tatsächlich waren die Schlechtwetterperioden die größte Herausforderung für uns. Wir hatten häufig Regen, Schnee und sehr kaltes Wetter. Unser Motto war immer: Solange wir noch trockene Füße haben, ist es auszuhalten. Einen Tag lang komplett im Van zu bleiben, war für uns nie eine Option, aber wenn einmal alles nass war, sind wir der Sonne entgegengefahren und haben uns einen Campingplatz zum Waschen, Trocknen und heiß Duschen gesucht.

Wie hat euren beiden größeren Jungs denn eure Reise gefallen?

Die beiden erzählen heute noch begeistert von der Reise. Für unseren Ältesten war es vor der Reise nicht so leicht, sich auf die vielen Veränderungen einzulassen. Sobald wir unterwegs waren, ist die Unsicherheit aber schnell in Begeisterung umgeschlagen. Die vielen Abenteuer in der Wildnis Nordeuropas, die unvergesslichen Naturerlebnisse und nicht zuletzt die leckeren Blaubeerpfannkuchen vom Lagerfeuer beeindrucken die beiden bis heute sehr.

Gibt es wirklich kein schlechtes Wetter mit der richtigen Kleidung?

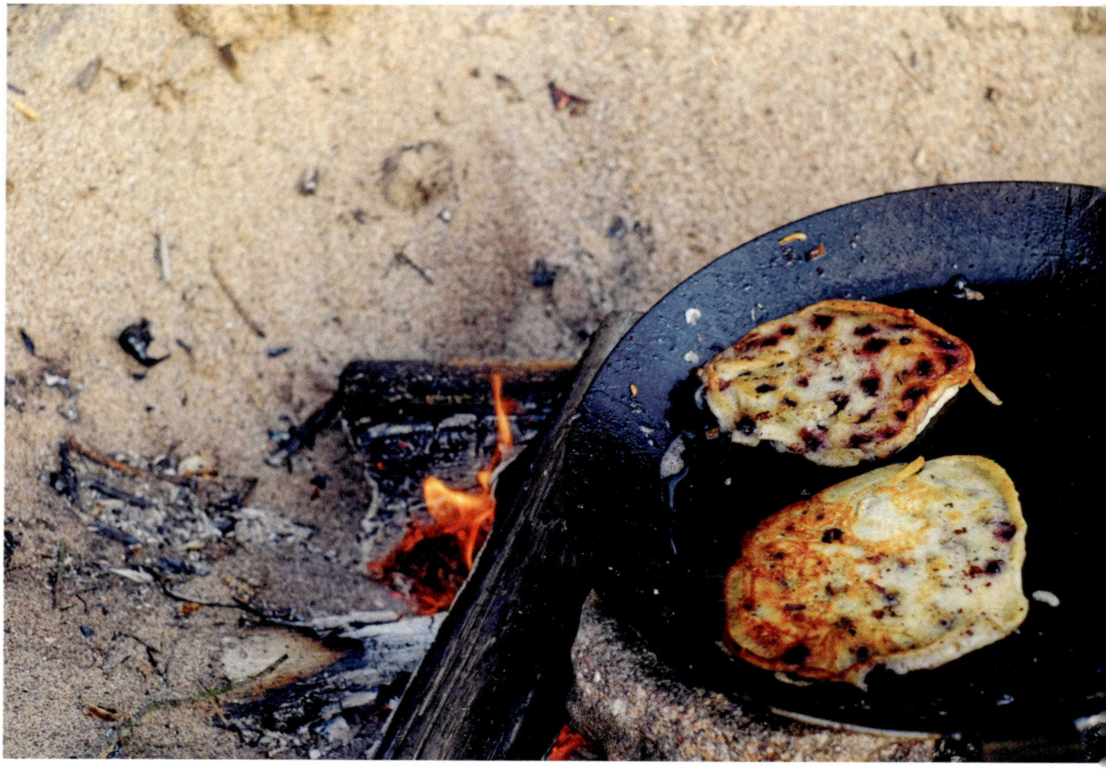

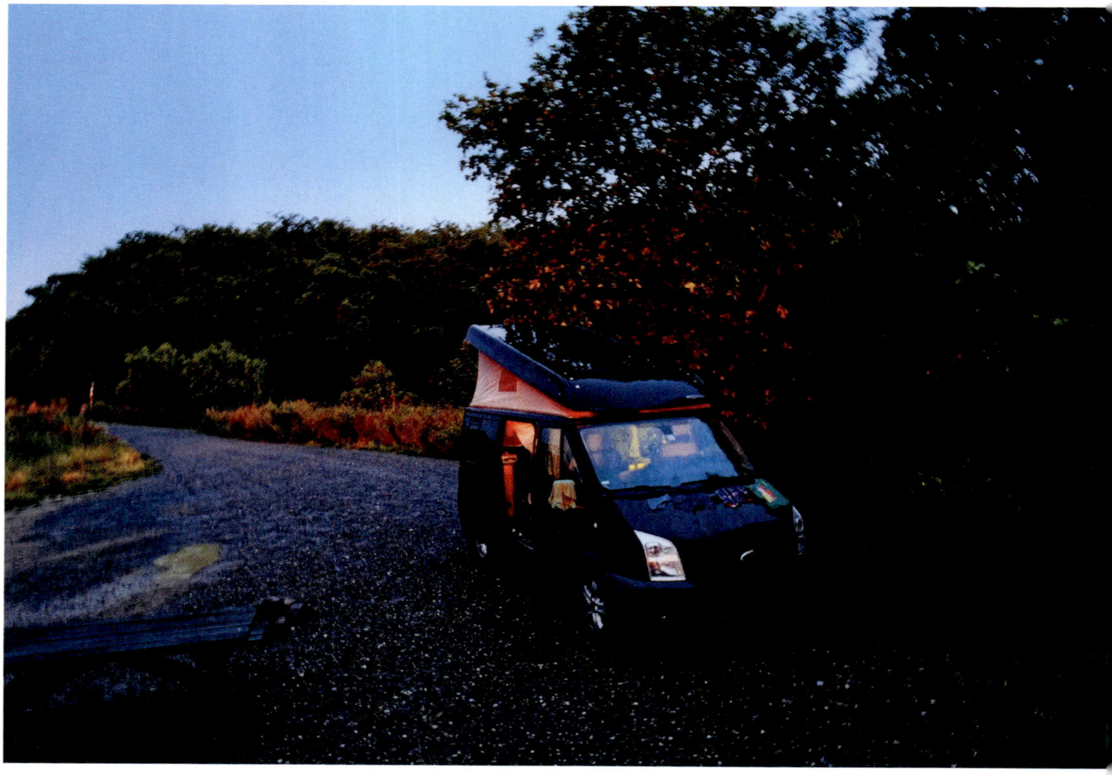

Nora, du backst und kochst leidenschaftlich gern. Wie setzt du das beim Campen um? Hast du ein Spezialequipment?

Unser Küchenequipment auf der Reise waren: ein Zwei-Flammen-Gasherd, zwei Töpfe, eine Pfanne, zwei scharfe Messer, je fünf Schüsseln, Tassen, Messer, Gabeln und Löffel, ein Schöpflöffel, ein großer Salatlöffel und ein Brett. Kochen und vor allem Backen hat also wirklich viel Kreativität erfordert. Herausgekommen sind Hefeteigkuchen in Stockbrotform und Cookies vom Grill. Sogar Marmelade aus den unglaublich leckeren schwedischen Blaubeeren haben wir im Van gekocht.

Viele beschränken sich beim Campen auf ein paar wenige Standardgerichte. Welche Tricks hast du für eine vielfältige Campingküche?

Wir haben uns auf der Reise die Freude am Kochen nicht nehmen lassen. Geschickt fanden wir Gerichte mit zwei Komponenten, da unsere Töpfe nicht sehr groß sind und wir so das Essen gut aufteilen konnten. Dazu benutzten wir oft Kräuter, Gewürze und kalte Beilagen. Sie peppen das Essen auf und jeder kann individuell nehmen, was ihm gut schmeckt.

Nun wart ihr auch oft mitten in der Natur gestanden. Wie habt ihr euch dort verpflegt?

Lebensmittel für mehrere Tage haben wir in einer dichten Metallkiste aufbewahrt. Diese

Oben: Lecker – Blaubeer-Pfannkuchen auf der Feuerstelle
Unten: Wild – Camping in der freien Natur ist in Nordeuropa vielerorts möglich.

und die Trink- und Kochwasserkanister konnten wir draußen lagern. Unser Van hat einen 40-Liter-Wassertank, der uns zum Waschen und Spülen für rund vier Tage reicht. Oft haben wir diese Zeitspanne ohne Campingplätze verbracht. So hatten wir die Möglichkeit, in etwas wildere, abgelegene Gegenden zu fahren. Manchmal haben wir den Tank an klaren Flüssen wieder aufgefüllt und konnten so noch länger autark unterwegs sein.

Ihr legt Wert auf einen nachhaltigen Lebensstil. Wie habt ihr das beim Camping gelöst?

Den Spritverbrauch, der bei einer solchen Reise natürlicherweise anfällt, kompensieren wir am Ende des Jahres. Das ist für uns ein Kompromiss, um überhaupt zu reisen. Das minimalistische Leben im Camper ist bei uns umweltfreundlicher als zu Hause. Wir verbrauchen deutlich weniger Strom, duschen seltener, konsumieren weniger und produzieren dadurch weniger Müll. Zusätzlich versuchen wir, Lebensmittel verpackungsfrei und in Bioqualität zu kaufen.

Was ist für euch das Schönste am Van-Reisen?

Eindeutig die Freiheit, unabhängig von touristischer Infrastruktur neue Orte zu entdecken und so zu reisen, dass man möglichst wenig Spuren hinterlässt.

Wollt ihr noch mal für längere Zeit los?

Momentan haben wir keine Reise geplant.

Das ist wirklich spannend. Vielen Dank für das Interview, Nora!

Vanlife als digitale Nomadin allein mit Kind

Steckbrief

Familie: *Anja (37) und Finn (8)*
Fahrzeug: *»Paul«, VW T6, Baujahr 2015*
Immer dabei: *Bialetti Espressokocher, Multitool, eine Kiste mit Legosteinen, Flipflops, Gaffa Tape, Taschenlampe, Kekse*
Lieblingstouren: *Schottland, Portugal und Slowenien*
Lieblingsrezept: *Pizzabrot (siehe Seite 46)*
Camper-Motto: *Lieber mit dem Bulli zum Strand als mit dem Ferrari ins Büro*
Mehr über uns: *bullitour.com*

Anja hat den Sprung vom Bürojob ins Vanlife gewagt – und das als Alleinerziehende. Wie es zu dem Ausstieg kam und wie er geklappt hat, berichtet sie hier.

Anja, du hast einen sicheren Job als Beamtin an den Nagel gehängt und lebst seit rund zwei Jahren mit deinem Sohn im Van. Wie kam es dazu?
Zwischen dem Aufgeben meines Beamtenstatus und dem Leben im Van liegen noch einige Schritte. Ich war bis 2016 bei der Marine und habe mich danach entschlossen, als Beamtin in die Verwaltung zu gehen. Schon nach kurzer Zeit habe ich gemerkt, dass dieser Job
mich nicht erfüllt. Ich wurde von Tag zu Tag unzufriedener. Während dieser Zeit habe ich zum ersten Mal von sogenannten digitalen Nomaden gehört. Es erschien mir jedoch nicht umsetzbar, selbst eine digitale Nomadin zu werden. Ich habe mich trotzdem weiter mit dem Thema »ortsunabhängiges Arbeiten« beschäftigt, weil ich diese Idee einfach genial fand.

Und wie ist die Idee zur Umsetzung gekommen?
Ich habe mich nebenbei selbstständig gemacht mit Social Media Management und Marketing und Webdesign – Tätigkeiten, an denen ich Freude habe. Hätte es nicht funktioniert, wäre ich einfach geblieben, wo ich bin. Doch meine Selbstständigkeit lief überraschend gut, und ich hatte endlich wieder einen Job, der mir Spaß machte. Also habe ich um Entlassung gebeten. Damals war der Plan einfach, von zu Hause zu arbeiten. Das war eine Mega-Steigerung meiner Lebensqualität. Zum einen machte es Spaß und zum anderen konnte ich als Alleinerziehende durchatmen.

Oben: Vanlife mit Kind – Als digitale Nomadin winkt die große Freiheit.
Unten: Alles in einem – Anjas Bulli ist Schlafzimmer, Wohnzimmer, Kinderzimmer, Küche und Büro.
Nachfolgende Doppelseite: Die ganze Welt als Spiel- und Lernplatz – Finn spielt und lernt frei.

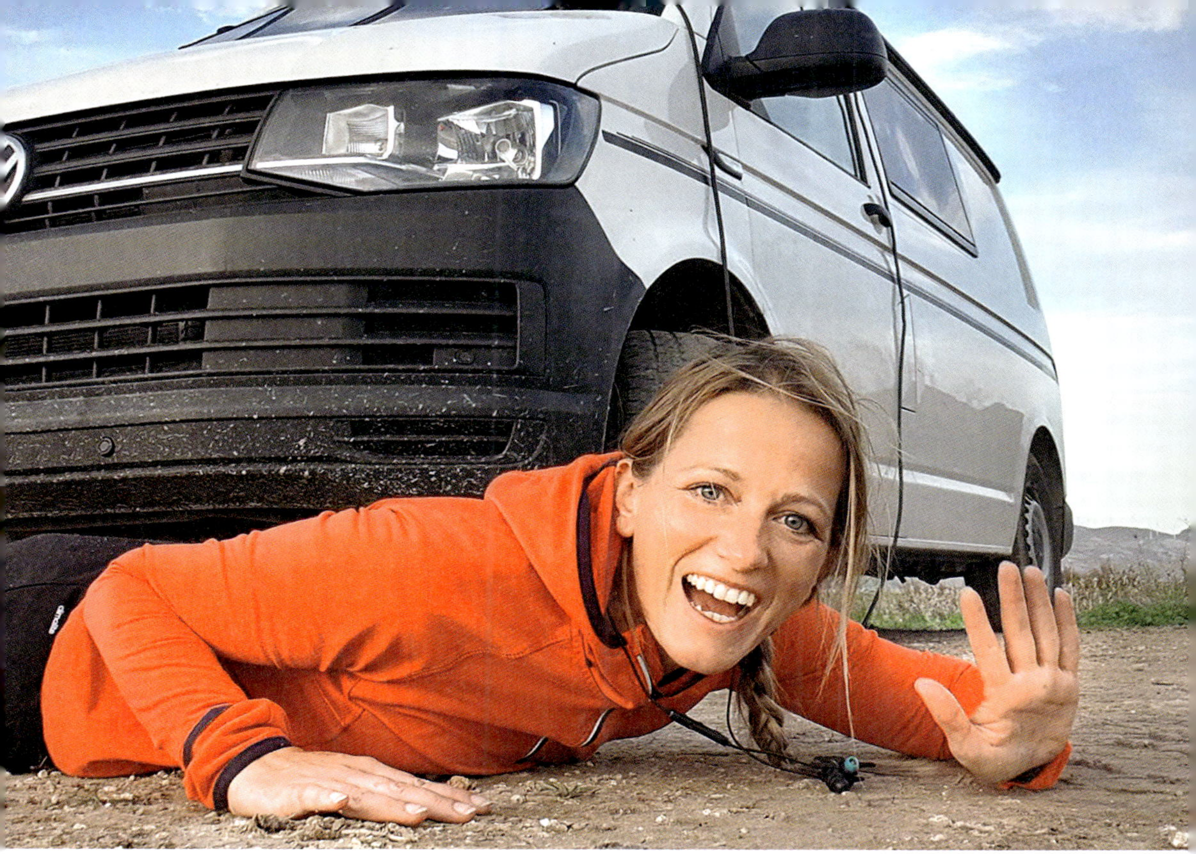

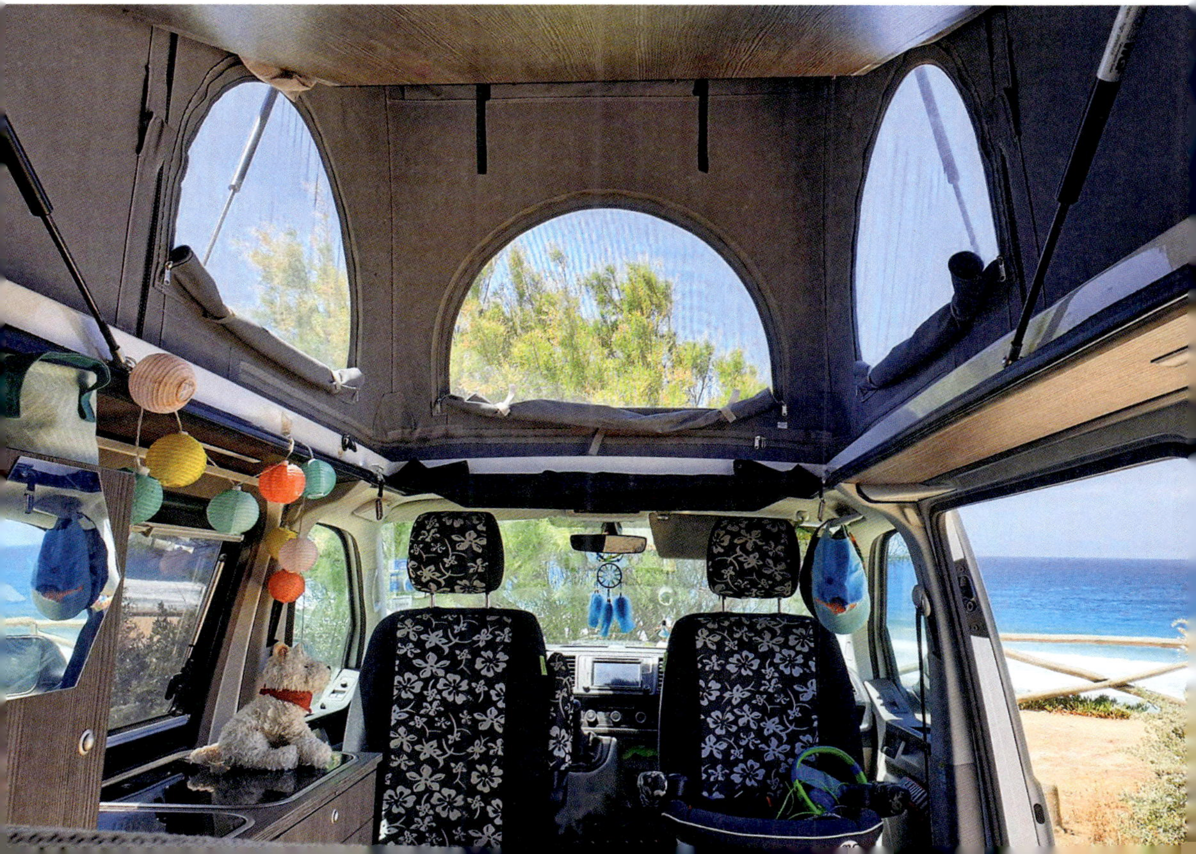

Kein tägliches Gehetze mehr, um Kind und Job irgendwie unter einen Hut zu bekommen – ich konnte mir meine Zeit selbst einteilen. Wenig später war ich doppelt froh über meine Situation, denn mein Sohn hatte zunehmende Probleme mit der Schule. Ich musste ihn fast täglich früher abholen. Da die Situation immer schlimmer wurde, habe ich beschlossen, dass wir eine Auszeit von sechs Monaten machen. Schließlich haben wir einen Camper und ich kann von überall aus arbeiten.

Der Plan war also, sechs Monate Pause zu machen?
Genau! Ich wollte durchatmen, mich sortieren und danach eine andere Schule suchen. Ehrlich gesagt war ich selbst skeptisch, wie es werden würde, einige Monate nur im VW-Bus zu verbringen. Ich hatte Sorge, dass es zu eng ist und wir uns auf die Nerven gehen. Das Reisen und das neue Leben haben uns aber so gut gefallen, dass es nach einigen Monaten plötzlich unvorstellbar war, zurückzukehren. Aus diesem Grund haben wir unsere Reise auf unbestimmte Zeit verlängert.

Wie fühlt es sich an, dauerhaft zu reisen, und was gefällt dir daran?
Das dauerhafte Reisen fühlt sich großartig an. Besonders im Campervan hat man dieses wunderbare Gefühl der Freiheit. Ich wache jeden Morgen auf und bin glücklich. Außerdem ist es schön und erleichternd, sich an keine Zeitpläne von außen halten zu müssen. Wir schlafen, wenn es dunkel ist und wachen auf, wenn es hell wird. Einen Wecker habe ich schon seit Ewigkeiten nicht mehr gestellt. Überhaupt leben wir fast komplett ohne Uhr. Das ist fantastisch und ein wirklich großes Geschenk. Das heißt aber nicht, dass wir einfach in den Tag hineinleben, sondern nur, dass wir viel mehr auf unsere innere Uhr und unsere Bedürfnisse achten.

Duschen, Wäschewaschen etc. – wie organisierst du euren Alltag?
Unser Frischwassertank fasst 45 Liter, wir haben ein Spülbecken und sogar eine Außendusche, die wir aber superselten nutzen. Außerdem haben wir einen Gasherd mit zwei Flammen, einen Kühlschrank, eine Zweitbatterie sowie eine Trockentoilette. Alles in allem ist unser VW-Bus also recht gut ausgestattet. Unsere Wäsche waschen wir alle ein bis zwei Wochen in Waschsalons oder an Waschstationen von Supermärkten. Duschen können wir tatsächlich nicht täglich. Wir nutzen für die tägliche Hygiene unser Waschbecken und Strandduschen, oder wir steuern einen Campingplatz an.

Du bist allein als Frau mit deinem Sohn unterwegs. Gab es da schon mal blöde Situationen?

Interessanterweise war ich noch kein einziges Mal krank, seit wir unterwegs sind. Da ich schon eine ganze Weile alleinerziehend bin und nicht in der Nähe meiner Eltern gewohnt habe, haben wir uns auch sonst immer arrangiert. Blöde Situationen gab es zum Glück auch noch nicht. Ich achte einfach darauf, wo wir stehen. Wenn ich ein komisches Gefühl habe, fahren wir weiter. Aber das passiert sehr, sehr selten.

Fühlt es sich manchmal auch einsam an oder triffst du immer genug andere Van-life-Familien?

Ich bin ehrlich gesagt jemand, der es durchaus zu schätzen weiß, auch mal allein zu sein. Aber wenn man Menschen sehen möchte, klappt das auch. Wir haben inzwischen auch Freunde, mit denen wir uns häufiger treffen. Dann werden Reisepläne abgestimmt und man verbringt einige Zeit gemeinsam. Das ist besonders für die Kinder eine schöne Sache.

Wie ist das, wenn die Kinder Freundschaft schließen, und dann zieht eine Familie weiter: Gibt es da auch mal Tränen?

Mein Sohn hat mittlerweile schon richtige Reisefreunde gefunden. Inzwischen weiß er, dass wir uns zwar immer mal wieder trennen, aber früher oder später auch wieder treffen. Dann ist die Freude natürlich immer riesig.

Kommt es vor, dass er seine Kumpels von zu Hause vermisst, Oma und Opa oder seinen Papa?

Für den Kontakt nach Deutschland nutzen wir Videotelefonie. Er kann, wann immer er möchte, mit seinem Papa telefonieren, aber natürlich vermisst er ihn zwischendurch trotzdem mal. Wenn wir in Deutschland sind, verbringt er dann so viel Zeit wie möglich bei seinem Papa und ich versuche außerdem, es möglich zu machen, dass er alte Schulfreunde treffen kann.

Wie ist es denn, wenn ihr beide so ganz allein seid. Musst du dann richtig ran als Spielkumpanin oder beschäftigt sich dein Sohn auch mal länger selbst?
Mein Sohn kann sich zum Glück auch prima allein beschäftigen. Er kann ewig mit seinen Legosteinen spielen, am Strand Burgen bauen oder im Wald geheime Lager einrichten. Gemeinsame Aktivitäten sind dann eher Ausflüge und Wanderungen.

Wie ist dein »Mobile Office« ausgestattet?
Meine wichtigsten Arbeitsutensilien sind mein Macbook, mein Handy und mein WLAN-Router. Internet stelle ich meist mit lokalen SIM-Karten sicher. Der notwendige Strom kommt aus meiner Zweitbatterie, die durch Solarenergie und während der Fahrt geladen wird.

Das sind ja einige Werte. Wie sicherst du die, wenn du mal nicht am Van bist?
Ich lasse nichts offen liegen, wenn wir weg sind. Ansonsten setze ich auf die Lautstärke unserer Alarmanlage. Zudem habe ich schon beim Kauf darauf geachtet, dass unser Bus möglichst unscheinbar wirkt.

Und wie klappt das so Tag für Tag mit dem Arbeiten allein mit Kind?
Dass das nicht immer einfach ist, haben in letzter Zeit sicher viele Eltern festgestellt, die im Homeoffice waren. Ich arbeite meist mor-

gens. Mein Sohn beschäftigt sich dann allein oder spielt draußen mit Freunden. Er weiß: Je mehr Ruhe ich habe, desto schneller bin ich fertig. Wenn es mal gar nicht klappt, verschiebe ich das Arbeiten einfach auf später, wenn er beschäftigt ist. Außerdem versuche ich, immer einen Puffer einzubauen, sodass ich möglichst nicht unter Zeitdruck gerate.

Bleibt trotz Arbeit unterwegs ein Gefühl von Urlaub?
Wenn ich merke, dass mein Stresslevel steigt – das passiert, wenn es über einen längeren Zeitraum viel zu tun gibt –, schraube ich mein Arbeitspensum herunter und mache bewusst Auszeiten. Ansonsten haben wir schon häufig das Gefühl von Urlaub. Wenn man so lange unterwegs ist, ist es aus meiner Sicht wichtig, darauf zu achten, dass man die schönen Momente nicht als selbstverständlich nimmt, sondern sie stets achtsam genießt.

Wie habt ihr das Thema Schule gelöst?
Mein Sohn ist bei Clonlara eingeschrieben und lernt frei. Clonlara hat ein Off-Campus-Programm, das dem Freilernen einen Rahmen gibt und später ein Highschool-Diplom ermöglicht.

Kannst du mal genauer erklären, wie das abläuft?
Freilernen unterscheidet sich vom Homeschooling insofern, dass es keinen festen Plan gibt, nach dem gelernt wird. Mein Sohn lernt nach Interesse und oft entsprechend der örtlichen Gegebenheiten. Am Meer haben wir uns zum Beispiel mit den Gezeiten beschäftigt,

in Rom mit den alten Römern und auf Curaçao lag das Hauptaugenmerk darauf, Englisch zu lernen. Außerdem liebt mein Sohn zum Glück das Lesen. Nur beim Thema Mathe muss ich immer mal wieder eingreifen, weil er das sonst kaum freiwillig lernen würde.

Falls du dich jetzt entscheiden solltest, nach Deutschland zurückzukehren: Könnte dein Sohn dann einfach in die altersentsprechende Klasse gehen?
Das hängt zum einen vom Bundesland ab und zum anderen von der Schulform. Einige Regelschulen haben für solche Fälle Aufnahmetests. Bei alternativen Schulen muss man im Einzelfall schauen.

Du bist aber immer noch happy mit dem Vanlife – oder hast du schon mal überlegt, dich wieder häuslich niederzulassen?
Ich bin nach wie vor happy. Die Freiheit, die das Vanlife mit sich bringt, möchte ich im Moment nicht mehr missen. Es ist einfach großartig, mitten in der Natur aufzuwachen und den Tag ohne Vorgaben von außen gestalten zu

dürfen. Unsere Art des Reisens hat sich aber bereits verändert. Wir sind viel langsamer unterwegs. Außerdem kann ich mir vorstellen, in Zukunft öfter mal »Pause« in einem Airbnb zu machen. Denn ich muss zugeben: Für das dauerhafte Vanlife ist ein VW-Bus schon recht klein. Hätte ich gewusst, dass wir mal im Camper leben, hätte ich definitiv ein größeres Exemplar gewählt.

Könnte im Prinzip jeder ins Vanlife einsteigen?
Einsteigen kann natürlich jeder. Allerdings glaube ich, dass nicht jeder dafür gemacht ist. Ich denke, dass viele das Vanlife für zwei bis vier Wochen großartig finden, aber für längere Zeiträume doch eine Wohnung mit entsprechendem Komfort bevorzugen. Wenn jemand wirklich dauerhafter Vanlifer werden möchte, empfehle ich, sich vorher ein ortsunabhängiges Business für ein regelmäßiges Einkommen aufzubauen.

Vielen Dank für die Einblicke und Tipps, Anja!

Vanlife mit Kindern: *Nachhaltig mobil* leben als Familie

Steckbrief

Familie: Jasmin (35), Jonas (36), Anton (4),
Keno (2) und Schoßhündchen Betty (4)
Fahrzeug: Euramobil »Peter« auf Fiat-
Ducato-Basis, Baujahr 2002
Immer dabei: Espressokocher, unsere
Lieblingshafermilch, Surfbretter, Wokpfanne,
homöopathische Reiseapotheke, Kamera,
Trinkwasserfilter
Lieblingstour: Nordspaniens Atlantikküste
Lieblingsrezept: Gelbes Gemüsecurry
(siehe Seite 49)
Camper-Motto: Go with the flow
Mehr über uns: trustandbreathe.com

Leben im Wohnmobil – viele träumen davon,
doch mit Kindern wagen es nur wenige.
Jasmin und Jonas sind mit ihren beiden Kids
ins Wohnmobil gezogen. Wie sie ihr mobiles
Leben möglichst umweltfreundlich organisie-
ren, erzählt Jasmin.

Vorhergehende Doppelseite: Finns Zuhause steht auf
vier Rädern – mal hier und mal dort.
Oben: Mobil wohnen – Jasmin und Jonas leben mit ihren
beiden Jungs und Hündchen Betty im Wohnmobil.
Unten: Draußen leben – im Sand spielen statt auf dem
Fußboden

**Jasmin, ihr wart mit euren Jungs und Hund
auf Dauerreise, bevor die Corona-Krise
kam. Euer Zuhause habt ihr aufgegeben.
Wie fühlt sich dieser Lebensstil an?**
Es fühlt sich großartig an. Wir haben unsere
Wohnung schon einige Monate vor Reisebeginn gekündigt und sind in unser Wohnmobil
gezogen. Den Sommer verbrachten wir auf
dem Grundstück meiner Eltern. So konnten
wir uns alle, insbesondere die Kinder, an die
neuen Lebensumstände gewöhnen und gu-
cken, wo vielleicht doch noch etwas verändert
werden muss.

**Bevor ihr starten konntet, hattet ihr
ein Problem mit eurem gebrauchten
Wohnmobil ...**
Tatsächlich haben wir eine Woche vor unserem geplanten Reisestart zufällig einen großen
Wasserschaden im Alkoven entdeckt. Die
Reparatur haben wir nach vergeblichen Versuchen, Gewährleistung einzufordern, schließlich selbst vorgenommen. Deshalb raten wir
eindringlich: Augen auf beim Gebrauchtmo-
bilkauf!

**Manche Familien sind nach ein paar
Wochen im Van schon genervt von der Enge
und vom manchmal umständlichen Alltag.
Das ist bei euch noch nicht vorgekommen?**

Doch, auf jeden Fall. Aber nicht mehr oder weniger als es in einem Haus oder einer größeren Wohnung der Fall wäre. Jeder hat gute und schlechte Tage. Wir sind sehr viel draußen. In der Natur gibt es viele Möglichkeiten, sich auch mal zurückzuziehen. Jonas geht surfen oder joggen und ich meditiere und mache Yoga. Es ist natürlich anders, wenn man rund um die Uhr als Familie zusammen ist und die Kinderbetreuung komplett alleine übernimmt. Aber wir haben uns bewusst für diesen Weg entschieden und sind dankbar für diese intensive Zeit, die wir erfahren können.

Wie finden denn eure beiden Jungs eure lange Reise?

Die Jungs lieben es. Sie haben das Wohnmobil als ihr Zuhause angenommen und genießen die intensive Zeit mit beiden Elternteilen sehr. Da ihr Zuhause mit dem gewohnten Bett, Spielsachen und auch einem Rückzugsort immer dabei ist, haben sie keine Probleme mit den vielen unterschiedlichen Eindrücken. Vor allem unser Sohn Anton, der sehr sensibel ist, hat ganz klar von diesen Vorzügen profitiert.

Hatten sie schon mal Heimweh?

Nein, Heimweh hatten sie bisher nicht. Das liegt aber wahrscheinlich daran, dass beide Kinder noch klein sind.

Wie finanziert ihr eure Dauerreise?

Wir sind im April 2019 unter anderem deshalb schon ins Wohnmobil gezogen, damit wir unsere Miete, die der größte Ausgabenposten war, einsparen konnten. Jonas hat in seinem Job bis August 2019 normal weitergearbeitet. So konnten wir uns einen Puffer für eventuelle Reparaturkosten ansparen. Seit Reisebeginn arbeitet Jonas in seinem alten Beruf remote für 20 Stunden pro Woche, die er sich frei einteilen kann. Davon können wir auf Reisen gut leben.

Wie klappt das mit dem Arbeiten unterwegs, wo ihr die beiden Jungs immer um euch habt?

Wir haben eine feste Routine. Jonas arbeitet werktags von sechs bis zehn Uhr. Er hat sich im Fahrerhaus auf dem Beifahrersitz ein kleines Büro gebastelt. Das funktioniert gut, da er zum Arbeiten nur seinen Laptop benötigt. Den Tag verbringen wir dann gemeinsam. Am Abend, wenn die Jungs schlafen, setzen wir uns meistens an unsere eigenen Projekte.

Fühlt sich das Reisen trotzdem noch nach Urlaub an?

Nein, es ist spätestens nach einem Monat nicht mehr wie Urlaub. In den ersten Wochen waren wir so euphorisch und konnten gar nichts so richtig genießen. Wir wollten immer weiter und weiter. Irgendwann hat es ,klick' gemacht und wir haben innegehalten und realisiert, dass wir nicht im Urlaub sind, sondern dass das unser Leben ist. Erst nach dieser Einsicht kamen wir auf der Reise richtig an.

Brüderlich geteilt: kleine Jungs mit großem Hunger beim Snack zwischendurch am Wohnmobil

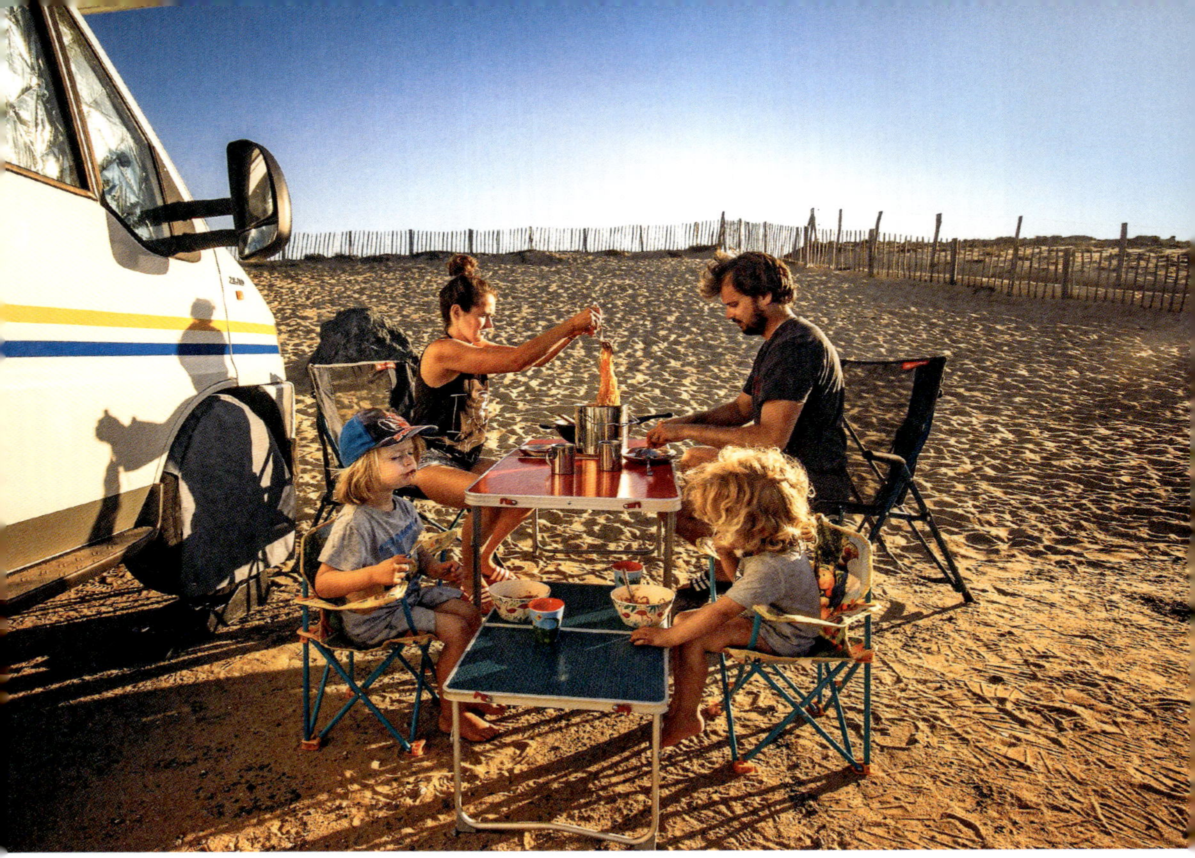

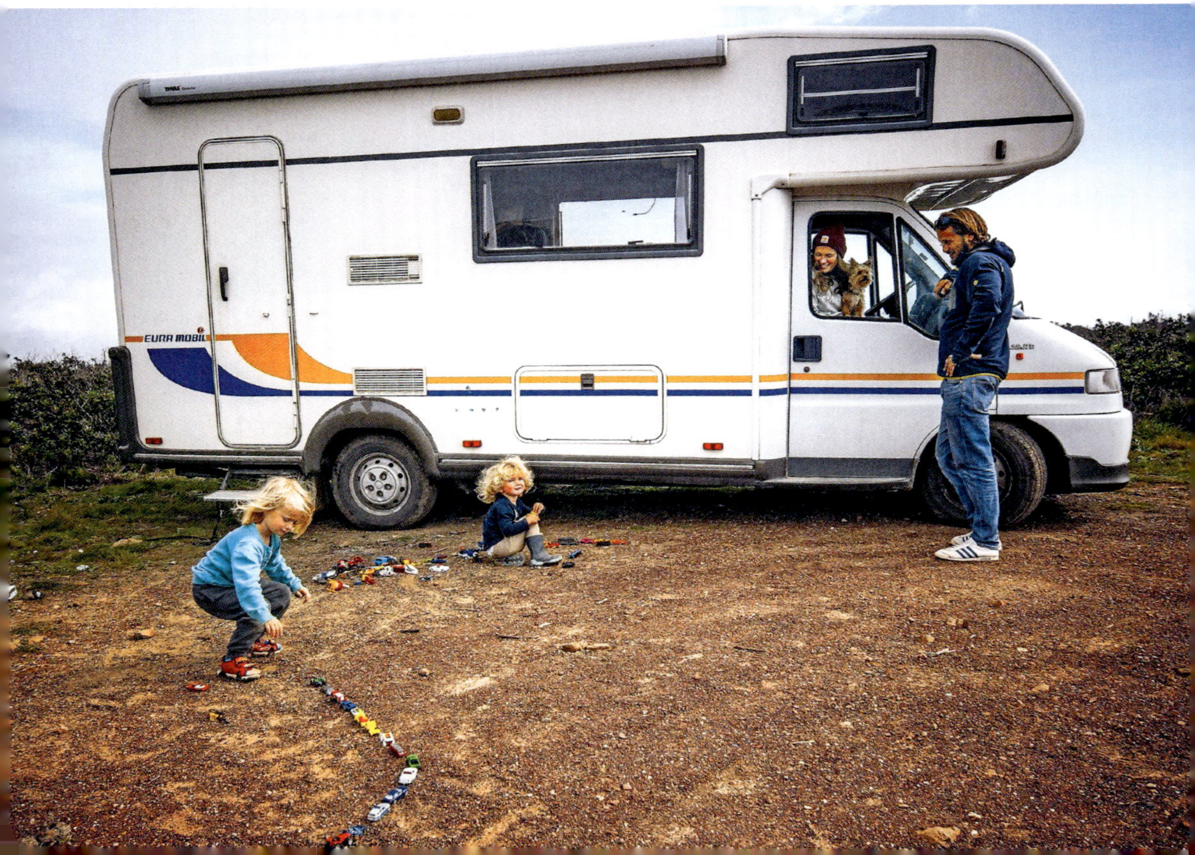
EURA MOBIL

Was sind so eure schönsten Momente als Familie auf eurer Dauerreise?

Die schönsten Momente sind die, wenn wir einen einsamen, tollen Platz gefunden haben und alle gemeinsam bei warmen Temperaturen vor dem Wohnmobil spielen, kochen und einfach nur sein können. Es gibt aber noch so viele andere kleine unvergessliche Momente. Durch die Kinder sehen wir die Welt anders und nehmen alles intensiver wahr.

Trefft ihr oft andere Familien oder steht ihr meistens allein?

Für die Kinder ist es natürlich wichtig und schön, Kontakt zu anderen Kindern zu haben. Dank den Social-Media-Plattformen haben wir schon einige Familien kennengelernt. Es sind richtig gute Freundschaften entstanden. Auch wenn wir auf einem Campingplatz stehen, finden die Jungs meistens Kontakte.

Vanlife ist nicht unbedingt immer die ökologischste Lebensform. Mülltrennung und Chemietoiletten sind da nur zwei Themen ... Ihr wollt aber ausdrücklich nachhaltig leben. Wie setzt ihr das im Wohnmobil um?

Wir versuchen so nachhaltig wie möglich zu reisen. Zum Beispiel haben wir keine Che-

mietoilette. Wir haben eine Sog-Toilette. Der Geruch wird über einen Sog nach draußen geleitet. Von daher braucht man keine Chemie und kann den Inhalt sogar in herkömmlichen Toiletten entsorgen. Eine Trockentoilette wäre eine weitere Möglichkeit. Wir leben dazu noch vegan. Insgesamt versuchen wir wenig Müll zu produzieren und leben plastikfrei – so gut es geht. Damit wir unseren gefahrenen CO_2-Fußabdruck kompensieren können, haben wir unser Projekt »Forest for Miles« ins Leben gerufen. Mit unserem Baumrechner lässt sich berechnen, nach wie vielen gefahrenen Kilometern ein Baum gepflanzt werden sollte.

Was kann denn jeder Wohnmobilreisende tun, um möglichst nachhaltig zu reisen?

Die Plattform »Forest for Miles« steht jedem offen. Außerdem kann jeder Camper dafür sorgen, dass er gerade beim Freistehen den Platz sauberer hinterlässt, als er ihn vorfindet. Wir sammeln Müll an jedem Platz, den wir ausgesucht haben. Einkaufen sollte man möglichst regional und saisonal bei einheimischen Bauern. Das ist meistens günstiger und man lernt so viel besser Land und Leute kennen. Ein Trinkwasserfilter lohnt sich in jedem Fall – für das eigene Portemonnaie und für die Umwelt. Er filtert neben dem Chlorgeschmack alle unerwünschten Stoffe und macht so das Wasser aus den Versorgungsstationen in Südeuropa trinkbar. Auch der Einbau einer Solaranlage unterstützt einen nachhaltigen Reisestil.

Vielen Dank für diese vielen Tipps, Jasmin!

Oben: Vanlife mit Kids von der schönsten Seite – die ganze Familie an einem einsamen Stellplatz
Unten: Kinderzimmer im Freien – viel Platz für eine Spielzeug-Autoschlange

Freistehen im *Dachzelt*: Viel Natur und eine *tolle Community*

Steckbrief

Familie: *Julia und Johannes mit Frieda (7)*
Fahrzeug: *Volvo 740, Baujahr 1990,*
mit Dachzelt Ocean Cross Sahara
Immer dabei: *Taschenmesser und Fernglas*
fürs Kind, Omnia-Backofen, eine große Flasche
selbst gebrauter Cold-Brew-Kaffee, ein
gutes Messer, Grundstock an Gewürzen,
Gummistiefel
Lieblingstour: *sieben Monate Neuseeland*
Lieblingsrezept: *Selbst geräucherter frischer*
Fisch (siehe Seite 46)
Mehr über uns: *jaegerdesverlorenen-*
schmatzes.de

Julia zieht beim Reisen mit ihrer Tochter im
Dachzelt-Camper freie Stellplätze in der
Natur einem Campingplatz vor. Warum, verrät
sie hier.

**Julia, du hast Camperreisen schon sehr
lange für dich entdeckt. Wann genau hat
dich diese Art zu reisen gepackt?**
Als Johannes und ich uns 2003 kennenlernten,
besaß er einen selbst ausgebauten Mercedes-
Kastenwagen. Ich konnte also einfach an Bord
hüpfen. Das Unterwegssein mit dem rollenden

Zuhause hat mir sofort gefallen, vor allem die
Unabhängigkeit, weil alles, was man braucht,
an Bord ist, und die Freiheit, heute entschei-
den zu können, wo ich morgen sein will.

**Was wurde anders, als eure Tochter auf
die Welt kam?**
Die 140er-Matratze musste auf einmal für
zweieinhalb Menschen reichen. Außerdem
wurden die Fahrzeiten deutlich kürzer – und
in der ersten Zeit auf die Nickerchen des
Kindes abgestimmt. Grundsätzlich hat sich
aber nichts geändert: Wir reisen immer noch
gerne spontan und der Nase nach. Wir reisen
gerne gemütlich und waren auch schon länger
unterwegs, zum Beispiel vier Wochen auf dem
Balkan oder sieben Monate in Neuseeland.
Vor zwei Jahren haben wir unseren Bulli ge-
gen einen Volvo mit Dachzelt eingetauscht.

**Du bist lieber mit Dachzelt als im Bulli
unterwegs. Warum?**
Das Experiment, welches Fahrzeug und
welche Campingart uns besser gefällt, oder ob

Oben: Reisen oft zu zweit im Dachzelt – Julia mit ihrer
Tochter als Kleinkind
Unten: Abenteuer in der freien Natur – Wildcampen
im Dachzelt zwischen Wiesen und Wald

wir noch etwas Neues ausprobieren, ist noch nicht abgeschlossen. Ich liebe beides und beides hat Vor- und Nachteile. Vorteile des Dachzeltes sind, dass man sich das Fahrzeug darunter frei auswählen kann, denn es lässt sich auf praktisch alles montieren. Der Volvo fährt sich super, ist robust und geräumig. Bei extremem Wetter schlafen wir auch mal im Kofferraum.

Wie organisierst du euer Gepäck? Ihr habt ja keine Schränke oder Regale ...
Ein wunder Punkt ... Momentan sind die Klamotten in einem Koffer und die Lebensmittel und das Küchenzubehör in zwei großen Kisten

und ringsherum liegt auch noch allerlei Zeug. Wir denken über einen Einbau im Kofferraum nach, um alles platzsparender verstauen zu können und eine bessere Kochsituation zu schaffen.

Im Zelt ist man dem Wetter ja deutlich stärker ausgesetzt als in einem Wohnmobil oder Campingbus. Wie kommt ihr damit klar?
Dauerregen ist beim Campen natürlich nie cool. Aber es gibt auch Dachzelte, die zusätzlich zum Schlafzelt auf dem Dach ein großes Vorzelt neben oder hinter dem Auto bieten. Dort lässt es sich genauso gut aushalten wie in

einem Bulli und man kann auch kochen, ohne nass zu werden. Gewitter sind eine aufregende Sache im Dachzelt. Wir setzen uns dann runter ins Auto, bis es durchgezogen ist.

Was muss man denn bedenken, wenn man ein Dachzelt anschaffen will?

Es gibt sehr viele Modelle, die sich in Größe, Aufbau und Schnitt unterscheiden. Am besten schaut man sie sich in echt an, um eine Vorstellung zu bekommen, welches zu den eigenen Bedürfnissen passt. Eine gute Gelegenheit dafür sind die Dachzeltfestivals. Da trifft sich eine tolle Community! Man fachsimpelt nicht nur über Dachzelte und Equipment, sondern findet richtig viel Austausch über Reiserouten und das Reisen mit Kindern.

Du magst keine Campingplätze, nicht wahr? Warum?

Für uns bedeutet Camping, in der Natur zu sein und möglichst wenige Menschen um uns herum zu haben. Das Kontrastprogramm zu unserem Leben in Berlin-Kreuzberg. Es gibt aber einige sehr schöne Naturcampingplätze, auf denen auch wir gerne stehen.

Wie findest du Plätze zum Freistehen?

Wir informieren uns zunächst einmal grundsätzlich, ob Freistehen in dem Land, in dem wir unterwegs sind, erlaubt ist. Wir haben

Entspannt beim Freistehen am Dachzelt den Sonnenuntergang genießen – Das geht auch mit Kind.

Leute getroffen, die das Risiko einfach eingehen, erwischt und vertrieben zu werden, aber wir haben darauf keine Lust – auch weil wir mit Kind reisen. Eine gute Strategie ist es, mit den Leuten vor Ort zu sprechen. Die haben oft die besten Tipps für Stellplätze, kennen die Gepflogenheiten des Landes am besten – und haben uns auch schon spontan eingeladen, auf ihrem Grundstück zu campen. Ansonsten halten wir unterwegs die Augen offen nach kleinen Seitensträßchen und Feldwegen, auf denen man sowohl schön als auch möglichst ungestört stehen kann. Oft schauen wir schon im Vorfeld auf der Karte nach solchen Wegen. Man sollte auf jeden Fall etwas Zeit fürs Suchen mitbringen, sonst artet das schnell in Stress aus. Und selbstverständlich hinterlässt man den Stellplatz so, wie man ihn vorgefunden hat.

Fühlst du dich allein mit deiner Tochter im Dachzelt eigentlich immer sicher? Oder gab es auch schon mal komische Situationen?

Ich bin schon oft gefragt worden, ob ich denn keine Angst hätte »so alleine in der Dunkelheit«. Und tatsächlich ist es ein ungewohntes Gefühl, wenn man mitten in der Nacht aufs Klo muss und dann wirklich ganz alleine auf weiter Flur ist. Das ist man als Großstädter einfach so gar nicht mehr gewohnt. Dabei ist es da draußen nachts gar nicht stockdunkel! Ansonsten vertraue ich bei der freien Stellplatzsuche auf mein Bauchgefühl.

Vielen Dank für die tollen Tipps, Julia!

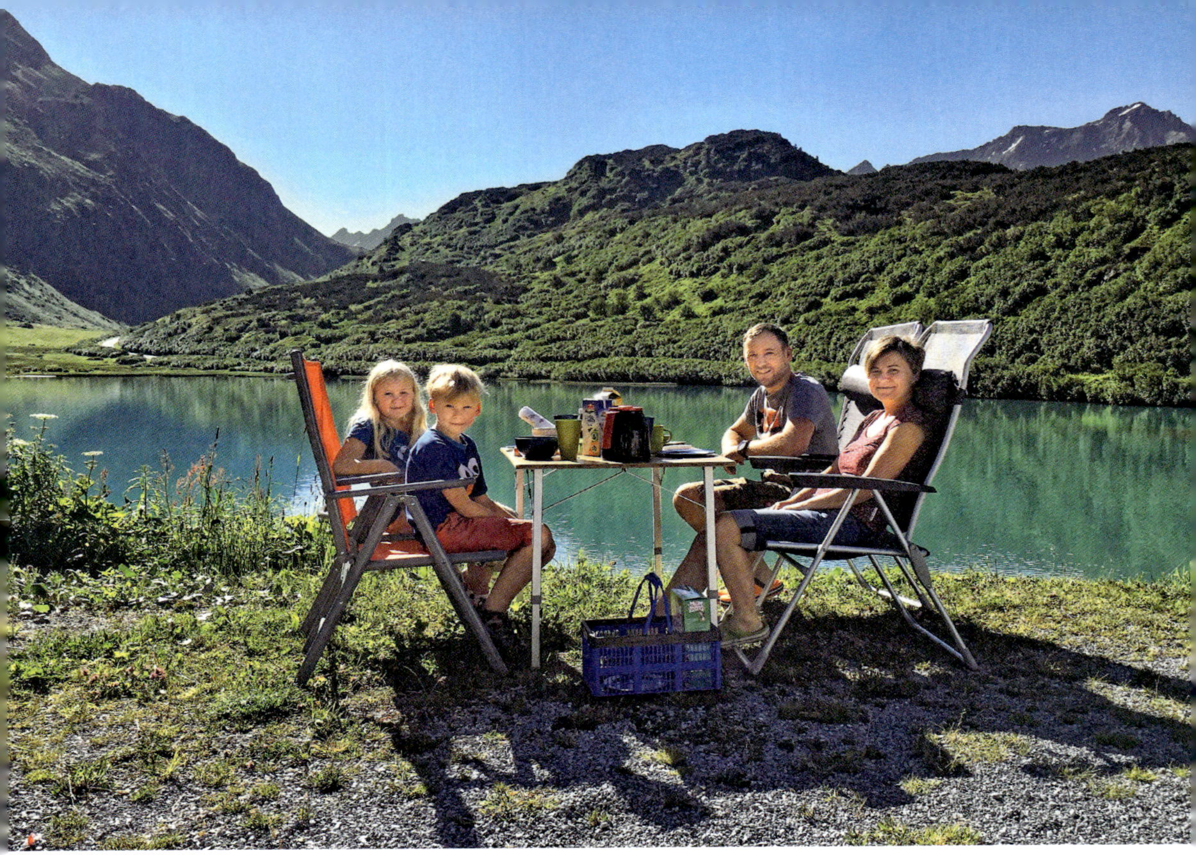

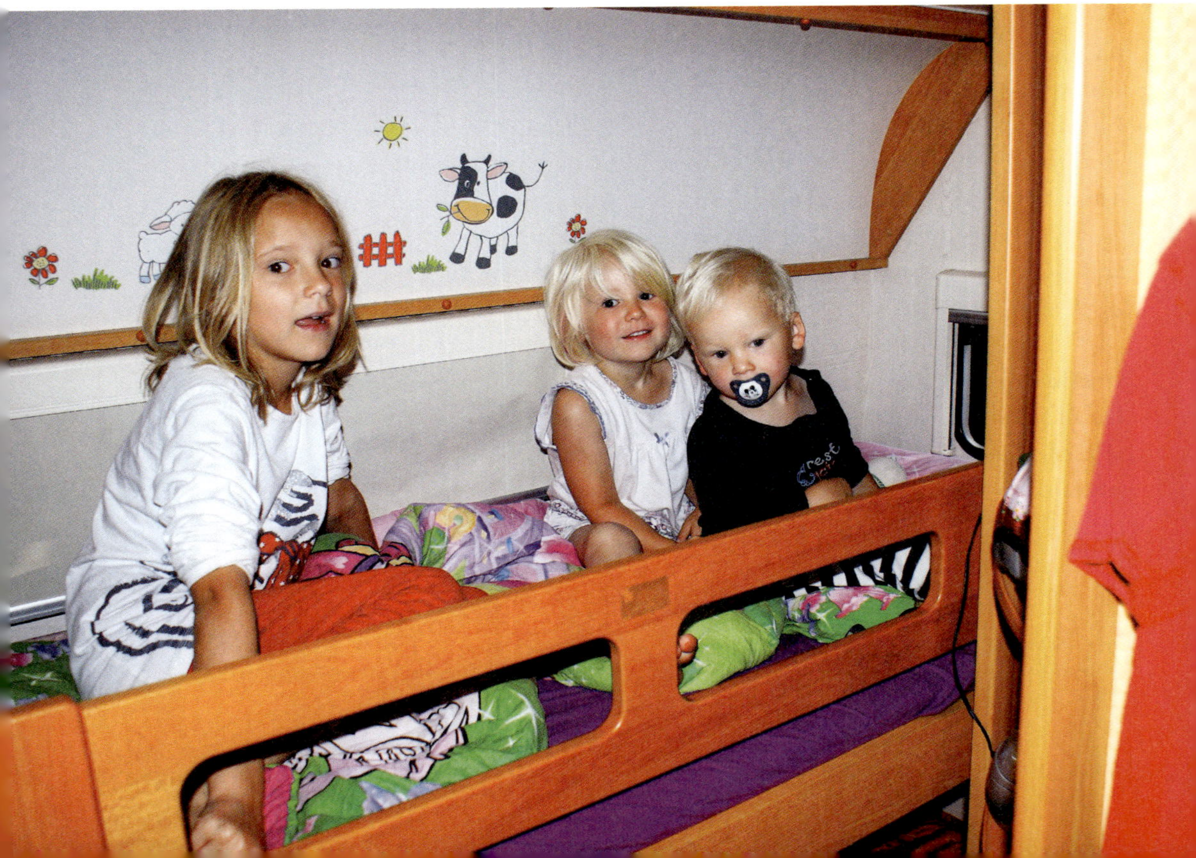

Action, bitte!
Im Wohnwagen zu viert auf Achse

Steckbrief

Familie: Micha (44) und Line (42) mit Finja (12) und Pepe (9)
Fahrzeug: VW Caddy 4Motion mit Wohnwagen LMC 560e Musica
Immer dabei: Kamera, Gasgrill, Lines Reisetagebuch, Bialetti Espressokocher, Hörbücher, Sonnensegel, Crocs
Lieblingstour: Alpen und Skandinavien
Camper-Motto: Einfach mal machen!
Mehr über uns: team-schwarz.de

Actionreiche Roadtrips sind nicht das, was man für gewöhnlich mit Wohnwagenreisen verbindet. Doch Micha und seine Familie tun genau das. Warum sie im Wohnwagen reisen und wie das mobile Familienleben klappt, berichtet Micha hier.

Micha, ihr seid zu viert mit Wohnwagen unterwegs. Seit wann?

Meine Frau Line und ich campen, seit wir uns kennen, also seit 2006. Wir lieben die Freiheit

Oben: Micha, Line und die beiden Kids stellen den Campingtisch am liebsten jeden Tag an einem anderen Ort auf.
Unten: Viel Platz im Wohnwagen schätzen schon kleine Kinder.

beim Campen und schätzen es sehr, alles dabeizuhaben, was wir zum Glücklichsein brauchen. Ab und zu fahren wir auf Städtetrips in Hotels. Dabei merken wir, wie entspannt es ist, im Wohnwagen den eigenen Schrank dabeizuhaben. Zu viert (manchmal auch zu fünft, wenn meine große Tochter mitkommt) sind wir seit knapp 10 Jahren unterwegs.

Wart ihr schon immer im Wohnwagen unterwegs?

Mit Wohnwagen reisen wir erst, seit wir Kinder haben. Vorher waren wir mit einem T4 und Luftbett unterwegs.

Viele Wohnwagenurlauber stellen ihren Wagen im Sommer auf einen Platz und bleiben dort. Ihr dagegen macht ja richtige Roadtrips. Wie kommt das?

Angefangen haben wir auch mit einer Woche auf Rømø und zwei Wochen in den Alpen, so mit großem Vorzelt und allem Drum und Dran. Aber irgendwann waren die Kinder aus dem Kinderwagen herausgewachsen und wir wollten aktiver sein. So hielt es uns keine zwei Wochen mehr auf einem Platz. Mittlerweile bleiben wir selten länger als zwei bis drei Tage an einem Platz, dann wollen wir weiter, beim Aufstehen einen anderen Blick haben, das Abendessen an einem anderen See genießen, etwas anderes ausprobieren ... Einen Urlaub ohne Action können wir uns alle nicht vorstellen. Am liebsten soll täglich was passieren. Rafting, Canyoning, SUP fahren ... Am Anfang jeder Reise stellen wir die Familienwunschliste zusammen, die wir dann versuchen abzuarbeiten.

So eine Familienwunschliste ist eine schöne Idee. Dürfen die Kids auch schon bei der Wahl der Reiseziele mitreden?

Klar! Ja! Wir entscheiden immer zusammen, wobei die Kinder meistens die gewünschte Richtung vorgeben und wir dann die Feinplanung übernehmen. Am Ort selber wird auch schon mal nachjustiert. Man weiß ja nicht immer, welche Möglichkeiten sich ergeben oder welche Wünsche ganz plötzlich auftauchen.

Wie bereitet ihr eure Reisen denn vor? Plant ihr alles durch und bucht voraus?

Planung ist für uns ein Teil der Vorfreude. Allerdings kommt es bei der Intensität immer auf das Reiseziel an. Wenn wir in die Alpen fahren, dann buchen wir die Plätze auch im Voraus. Dazu lesen wir viele Erfahrungsberichte, schauen uns Fotos an und checken letztendlich über Google Earth, ob die Aussicht auch wirklich so toll ist. Im Norden hingegen buchen wir nur die Fähren und planen dann eine grobe Route mit den Punkten, die wir sehen wollen. Die Feinplanung erfolgt dann von Platz zu Platz.

Welche Apps oder Internetseiten nutzt ihr denn zur Reiseplanung und -organisation?

Könnt ihr bestimmte speziell für Wohnwagen empfehlen?

Wir nutzen irgendwie alles, was es digital gibt. Im Norden haben wir gute Erfahrungen mit der App von Norcamp gemacht, für den Rest nutzen wir tatsächlich am ehesten Google. Für Deutschland haben wir noch die App Camping in Deutschland. Zur Planung greifen wir gern auf andere Reiseblogs zurück, da gibt's für uns den besten Eindruck und die besten Tipps.

Und wie funktioniert das Fahren mit den Kids?

Wir haben das Glück, dass unsere Kinder sehr gern Auto fahren. In den letzten Autos hatten wir immer Fernseher in den Kopfstützen. Unsere Regel war: Filme nur auf der Autobahn. Mittlerweile ist das nicht mehr nötig. Wir alle hören leidenschaftlich gern Hörbücher, verschlingen sie geradezu auf unseren Fahrten. Somit sind auch lange Distanzen unproblematisch. Manchmal steigen unsere Kinder nicht mal aus, wenn wir eine Pause brauchen.

Dann habt ihr ja gute Voraussetzungen für eure Roadtrips. Warum habt ihr euch denn für einen Wohnwagen entschieden und nicht für ein Wohnmobil?

Wir legen großen Wert auf Sicherheit und wollen trotzdem große Flexibilität. So entspricht

Ganz die erfahrene Camperin – Finja hält Ausschau aus dem Wohnwagen.

das Zugfahrzeug immer unseren Ansprüchen und wir können den Wohnwagen jederzeit abhängen, um die Gegend zu erkunden. Außerdem haben wir für unsere Aktivitäten jede Menge Ausrüstung dabei, dafür brauchen wir einen großen Kofferraum.

Gab es schon Situationen, in denen du dir gewünscht hättest, ohne Gespann unterwegs zu sein?

Selten. Ich fahre tatsächlich gern mit Gespann. Meiner Frau geht's da schon anders, manchmal wünscht sie sich auf engen Straßen und Kurven sicher den Wohnwagen weg, obwohl ich fahre. Meist sind wir aber beide entspannt damit.

Was sind denn für dich die größten Vorteile am Reisen im Wohnwagen?

Über die üblichen Camping-Vorteile hinaus finden wir gut, dass wir mit einem ganz normalen Auto unterwegs sein können, um das Land zu erkunden, wenn der Wohnwagen am Schlafplatz steht, und dass die Kinder in einem sicheren Wagen sitzen.

Und was war dir bei der Auswahl des Modells wichtig?

Das hat sich in den vielen Campingjahren stark geändert. Früher dachten wir, dass für uns ein klassischer Familienwohnwagen mit Doppelstockbetten und 2,50 Meter Breite richtig ist. Davon hatten wir fünf gebrauchte

Modelle. Letztes Jahr im Osterurlaub haben wir festgestellt, dass unser Wohnwagen nicht mehr zu unserer Art Urlaub zu machen passt. Noch im Urlaub haben wir unseren ersten neuen Wohnwagen bestellt, ohne Doppelstockbetten, nur 2,30 Meter breit und fast zwei Meter kürzer als der vorherige. Die Kinder haben ihr Bett jetzt im Aufstelldach, wir haben trotz kleinerem Grundriss eine ordentliche Rundsitzgruppe und genügend Platz in Schränken. Dafür haben wir beispielsweise absichtlich auf eine Dusche verzichtet. Denn wir sind größtenteils auf Campingplätzen unterwegs. Als Zugfahrzeug nutzen wir seit April einen Caddy Maxi 4Motion. Somit können wir wieder etwas mehr Vanlife leben.

Schlafen die Kids dann künftig im Caddy?
Eines vielleicht, wenn sie sich mal wieder zoffen, haha. Prinzipiell lieben sie aber ihr Dachzelt auf dem Wohnwagen, und sind dort nicht rauszubekommen.

Es ist ja eine der größten Herausforderungen, im Campingurlaub mit Kindern auch mal Paarzeit zu finden. Wie gelingt euch das?
Sind wir mal ehrlich, Paarzeit wie zu Hause im Schlafzimmer gibt es im Wohnwagen kaum. Allerdings haben wir schon immer kleine Auszeiten genutzt, wenn die Kinder mal gespielt haben, früher, während wir die Kinder von einer Bank aus auf dem Spielplatz beobachtet haben. Heute genießen wir schon mal größere Spaziergänge ohne die beiden.

Übernehmen die Kids bestimmte Aufgaben im Campingalltag?
Zumindest haben sie bestimmte Aufgaben, wir sind allerdings im Urlaub nicht allzu konsequent. Müll wegbringen und Tisch decken klappt meistens, abwaschen und das eigene Bett machen gehören auch dazu. Das klappt aber seltener. Mittlerweile kennen sie dafür die Abläufe, wenn wir ankommen oder weiterziehen, und können dort mit anpacken. Wenn alle mitmachen, sind wir in 15 Minuten abfahrbereit. Das ist prima.

Wie sieht so ein richtig glücklicher Familienmoment bei euren Wohnwagenreisen aus?
Da fallen mir zwei Beispiele ein, die unterschiedlicher nicht sein können. Erstens: Wir tragen den Campingtisch gemeinsam dorthin, wo wir ganz für uns allein frühstücken wollen. Zweitens: Wir sitzen bei Mistwetter alle zusammen am Tisch, trinken Tee und spielen gemeinsam.

Das klingt beides nach echter Camperidylle. Danke, Micha!

Der große Wohnwagen war einmal. Micha und Line haben sich verkleinert.

Die schönsten Wohnmobilrouten in Europa

Start-/Endpunkt
Möhnesee im Sauerland

Streckenlänge   284 km

Etappen   5

Reisedauer   1–2 Wochen

Highlights
Baden, Schiffstouren, PanoramaPark,
Burg Altena, Historische Altstadt Arnsberg

Sauerland: Naturerlebnisse im Land der *tausend Berge*

EINE TOUR VON TANJA UND FAMILIE

Ein abwechslungsreiches, familienfreundliches Programm mit jeder Menge Badespaß kennzeichnet diese Tour durchs Sauerland. Unsere Route durch die westfälische Mittelgebirgsregion bietet Natur, viele Seen und schöne Aktivitäten für Kinder.

Die zahlreichen Stauseen sind das Herzstück der Region, die zum Schwimmen, Wandern und Radfahren einlädt. Highlights wie die Burg Altena, die Atta-Höhle oder der PanoramaPark bieten zusätzliche Unterhaltung.

»Das Land der tausend Berge«, wie die Region im Süden von Nordrhein-Westfalen auch gerne bezeichnet wird, bietet eine große Auswahl an familienfreundlichen Campingplätzen. Die hügeligen Landstraßen sind zwar hier und dort relativ schmal, aber meist in gutem Zustand und auch mit dem Wohnmobil gut zu befahren.

Seeblick im Sauerland – Stellplatz am Möhnesee

Unsere Tour beginnt am Möhnesee, einer der größten Talsperren in Deutschland. Ein Schiff bringt uns zur Staumauer – ein Highlight für Geschichtsinteressierte. Denn die Bruchsteinmauer ist über 100 Jahre alt und war bei ihrer Einweihung die größte in ganz Europa. Vom nicht weit entfernten Möhnesee-Turm reicht der Blick über den Stausee und den Arnsberger Wald.

Diesen Wald durchqueren wir auf der Fahrt zum nächsten Ziel, dem Hennesee bei Meschede. Hier locken neben dem See auch das Besucherbergwerk Ramsbeck oder mit älteren Kids der Freizeitpark Fort Fun.

Die nächste Tagesetappe führt uns in das touristische Winterberg. Dort ist besonders der Erlebnisberg Kappe mit Erlebnisbrücke, Kletterpark und Rodelbahn einen Familienausflug wert. Auf dem weiteren Weg zum Biggesee stoppen wir im Familien-, Freizeit- und Wildpark PanoramaPark. Am Biggesee legen wir einen Badetag ein, der sich mit vielen Ausflügen am nächsten Tag verbinden lässt. Hier solltet ihr die anderthalbstündige Schiffstour über den See nicht verpassen. verpassen. Mit dem Touristenbähnchen Biggolino fahren wir zur Atta-Höhle mit ihren beeindruckenden Tropfsteinen. Oder wir steigen auf die 90 Meter hohe Aussichtsplattform über dem Biggesee mit Blick bis zur Burgruine Waldenburg.

Auf der Fahrt zurück zum Möhnesee lohnt schließlich ein Abstecher zur ältesten Jugendherberge der Welt auf der Burg Altena. Nicht nur die Burg, sondern auch der Erlebnisaufzug sind ein absolutes Highlight. Vom Möhnesee aus sind die historische Altstadt Arnsberg oder die wunderschöne Altstadt von Soest gut zu erreichen.

Camping Biggesee – Vier Jahreszeiten
biggesee.freizeit-oasen.de,
Am Sonderner Kopf 3, 57462 Olpe
Familienfreundlicher Campingplatz oberhalb des Biggesees mit Spielplätzen, Animationsprogramm während der Ferien; Schiffsanlegestelle und Strandbad mit Blob Base nebenan

ADAC-Campingplatz Möhnesee
adac-campingplatz-möhnesee.de,
Brückenstraße 20, 59519 Möhnesee
Wohnmobilstellplatz oder Campingplatz in schöner Lage, direkt am Möhnesee; Fahrradweg vor der Tür, großer Seepark mit Schiffsanlegestelle, Abenteuerspielplatz und Adventure-Golfanlage nebenan

KNAUS Campingpark Hennesee
knauscamp.de/hennesee-meschede.html, Mielinghausen 7, 59872 Meschede
Familienfreundlicher Campingplatz mit Spielplätzen, Animationsprogramm während der Ferien, Tieren und Hallenbad oberhalb des Hennesees; Radweg, Schwimmbereich und Schiffsanlegestelle in unmittelbarer Umgebung

Oben: Am Campingplatz Biggesee lockt ein Holz-Spielplatz.
Unten: Eine Schiffstour über den Biggesee macht der ganzen Familie Spaß.

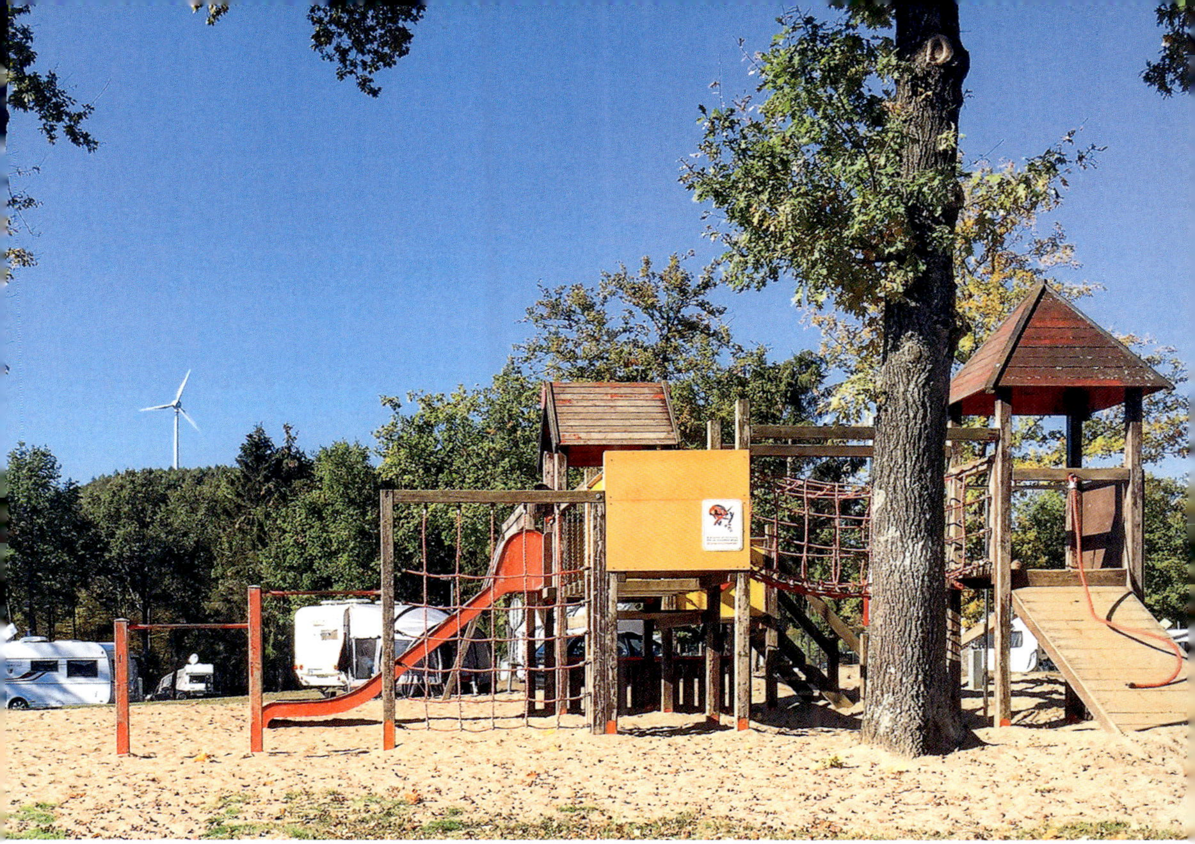

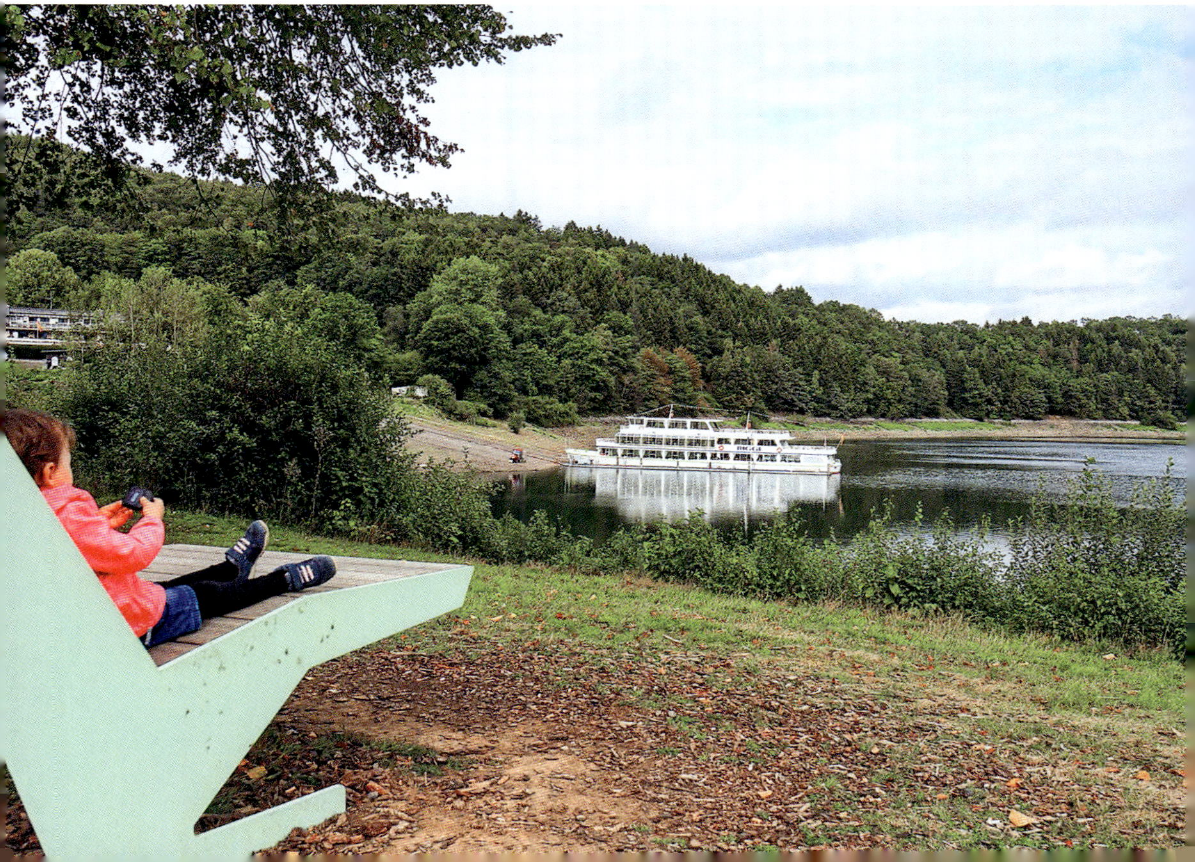

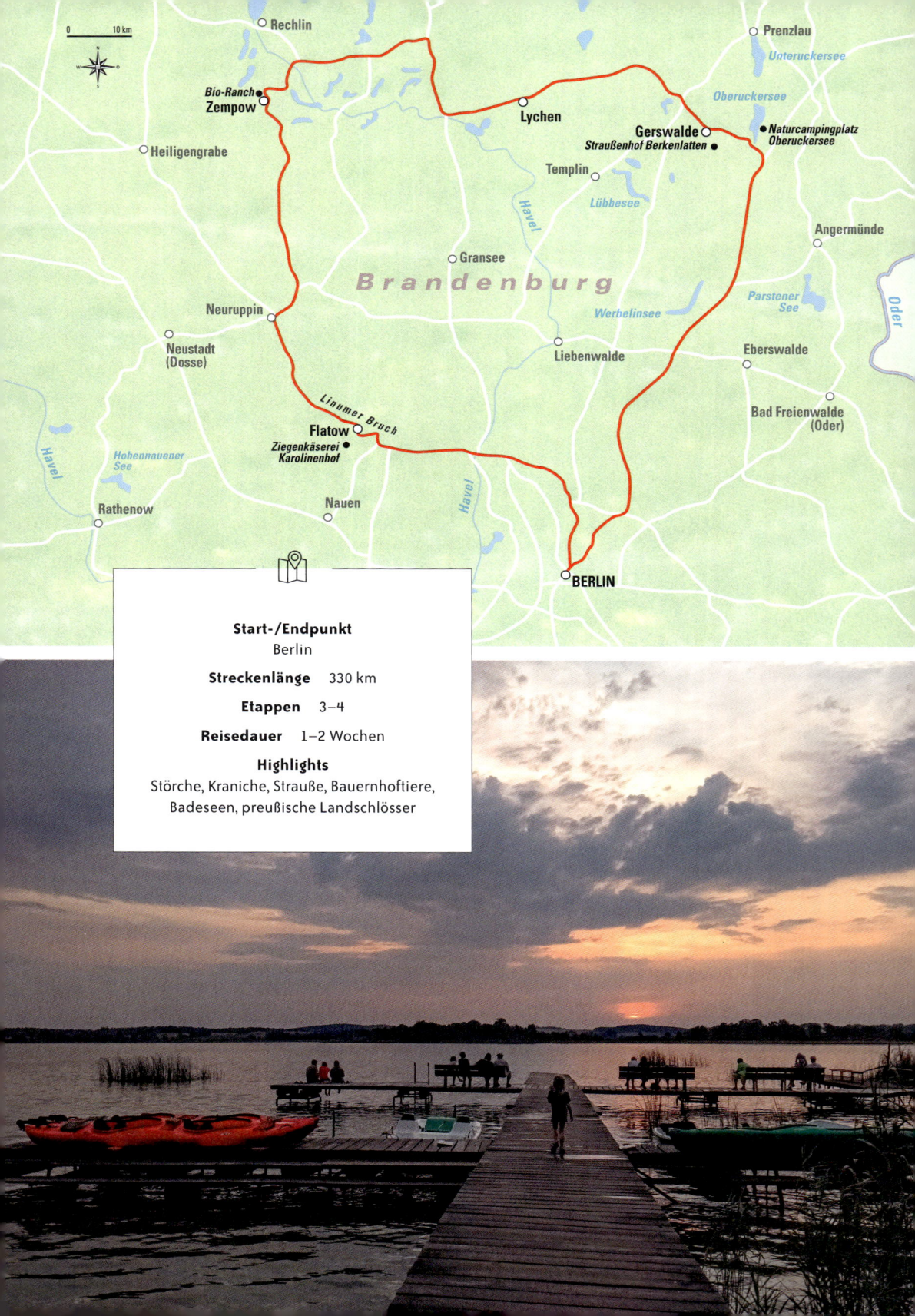

Rechlin

Prenzlau

Unteruckersee

Oberuckersee

Bio-Ranch
Zempow

Lychen

Gerswalde
Straußenhof Berkenlatten

Naturcampingplatz
Oberuckersee

Heiligengrabe

Templin

Lübbesee

Angermünde

Havel

Gransee

B r a n d e n b u r g

Werbelinsee

Parstener
See

Oder

Neuruppin

Neustadt
(Dosse)

Liebenwalde

Eberswalde

Bad Freienwalde
(Oder)

Linumer Bruch

Flatow
Ziegenkäserei
Karolinenhof

Havel

Hohennauener
See

Nauen

Havel

Rathenow

BERLIN

Start-/Endpunkt
Berlin

Streckenlänge   330 km

Etappen   3–4

Reisedauer   1–2 Wochen

Highlights
Störche, Kraniche, Strauße, Bauernhoftiere,
Badeseen, preußische Landschlösser

0   10 km

Brandenburg: Tierische Naturvielfalt im Norden

EINE TOUR MIT STELLPLATZTIPPS VON JULIA

»Nimm dir Essen mit, wir fahren nach Brandenburg!«, sang einst Rainald Grebe in seiner ironischen Ode an das Bundesland, dem hartnäckig der Ruf einer langweiligen »Märkischen Streusandbüchse« anhaftet. Dass sich in Brandenburg, ganz im Gegenteil, Manufakturen, Hofläden und gar kulinarische Campingplätze entdecken lassen, zeigt diese Route. Eines stimmt jedoch: Das unterschätzte Bundesland ist dünn besiedelt und bietet Naturliebhabern viel Platz zum Wandern, Radfahren, Paddeln oder Segeln durch seine abwechslungsreichen Landschaften.

Unsere Tour führt durch den Norden Brandenburgs über Autobahn, Bundesstraßen und zum Teil kleine, einsame Landstraßen. Zur Navigation mit Smartphone empfehlen sich hier Offline-Karten, denn Internet gibt es nicht überall in dieser dünn besiedelten Gegend. Auch Tanken will geplant sein.

Den Sonnenuntergang am Oberuckersee kann man vom Campingplatz aus beobachten.

Den ersten Übernachtungsstopp legen wir wenige Kilometer hinter der Berliner Stadtgrenze an der Ziegenkäserei Karolinenhof in Flatow ein. Der Hof liegt umgeben von Wäldern und Feldern im Linumer Bruch, wo im Herbst hunderttausende Kraniche auf ihrem Weg gen Süden rasten. Im Stall darf man die vorwitzigen Ziegen beobachten und streicheln und manchmal sogar beim Melken dabei sein. Außerdem kann man den sehenswerten Nachbarhof Kuhhorst bei einer Partie »Bauerngolf« erkunden.

Weiter geht es zur Bio Ranch Zempow ganz im Nordwesten Brandenburgs. Auf dem naturnahen, ökologischen Erlebnisbauernhof können Kinder Treckersurfen, Ponyreiten oder zur Kuhsafari auf die Weide mitfahren. Ein Ausflug zur Mecklenburger Seenplatte bietet sich an. Auf der Weiterfahrt bieten sich viele Badepausen an den Havelseen oder ein Tagesausflug nach Fürstenberg an der Havel an. Geschichtsinteressierte besuchen die Mahn- und Gedenkstätte Ravensbrück. Sie bietet Einblick in eines der größten Konzentrationslager aus der Nazi-Zeit. Auch das Städtchen selbst lohnt einen Rundgang. Ein

Highlight ist eine Kanufahrt durch die historische Wasserstadt und ihre drei Seen. Auf der kurzen Rundstrecke passieren wir eine 50 Meter lange Kanu-Rutsche

In der Uckermark lohnen Zwischenstopps im Flößerdorf Lychen oder im Boitzenburger Land und ein (Übernachtungs-)Stopp auf dem Straußenhof Berkenlatten in Gerswalde (straussenhof-berkenlatten.de). An heißen Spätsommertagen, wenn das Gras hoch und ausgeblichen ist, kann man sich dort ein bisschen wie in Afrika fühlen, denn die Laufvögel leben auf weitläufigen Weiden, an denen man als Gast vorbeispazieren darf. Der Hofimbiss serviert Straußensteak, -bratwurst und -ei. Zum Hof gehören außerdem ein kleiner Streichelzoo und ein Barfuß-Erlebnispfad. Einen Ort weiter gibt es einen tollen Badesee, der auch schon für ganz kleine Kinder geeignet ist.

Um auf dem Straußenhof campen zu können, braucht man eine Landvergnügen-Vignette. Eine Alternative wenige Kilometer weiter ist der Naturcampingplatz am Oberuckersee (vorab reservieren!). Der See hat einen Strand mit Liegewiese und langem Badesteg, auf dem man herrliche Sonnenuntergänge beobachten kann. Wechselnde Foodtrucks versorgen die Gäste mit frisch geräuchertem Fisch oder vegetarisch-veganen Biogerichten. Von dort führt die Autobahn A 11 schnell zurück nach Berlin.

Ziegenkäserei Karolinenhof
guter-ziegenkaese.de, Karolinenhof 1, 16766 Flatow/Kremmen, Tel. 033922/601 90
Kleiner Bauernhofcamping mit leckerem Hofcafé (Kaffee und Kuchen, warmes Essen in Bioqualität), Sandkasten, Strohballenburg, Trampolin

Bio Ranch Zempow
bio-ranch-zempow.de, Birkenallee 6–12, 16909 Wittstock/Dosse OT Zempow, Tel. 033923/769 15
Bauernhofcamping mit Lagerfeuer, Grillabenden und Stellplätzen auf dem Hof oder zwischen Waldrand und Pferdekoppel

Naturcampingplatz am Oberuckersee
camping-oberuckersee.de, Lindenallee 2, 17291 Oberuckersee OT Warnitz, Tel. 039863/459
Beliebter Naturcampingplatz mit eigenem Badestrand; Stellplätze oft mit Seeblick unter Kiefern; Spielplatz, Tischtennis, wechselnde Speisen aus Foodtrucks

Oben links: Auf Entdeckungstour beim Camping auf dem Bauernhof
Oben rechts: Neugierige Ziegen
Unten: Ein Hauch von Afrika weht auf der Straußenfarm Berkenlatten in der Uckermark.

Startpunkt	Mannheim
Endpunkt	Speyer
Streckenlänge	210 km
Etappen	4
Reisedauer	1 Woche

Highlights

Technikmuseen in Mannheim und Speyer,
Dahner Felsenpfad, Burgen und Ruinen,
Baumwipfelpfad, Thermalbäder

Rheinland-Pfalz: Kraxeln, Forschen und *Genießen* in der Südpfalz

EINE TOUR VON ANGELA MIT SOHN

Von Mannheim nach Speyer ist es am Rhein entlang nur ein Katzensprung. Wir erweitern aber auf Umwegen durch den Pfälzerwald unsere Ortskenntnis im südlichen Teil von Rheinland-Pfalz – und unsere Geschichts- und Naturkenntnis gleich dazu.

Der Start in Mannheim zögert sich hinaus. Denn die Stadt hat deutlich mehr zu bieten, als wir erwartet haben. Vom Campingplatz am Rheinufer kommt man durch den Waldpark am Fluss entlang mit den Fahrrädern in die City mit ihrer spannenden Mischung aus Barock, Jugendstil und Street-Art. Fast einen ganzen Tag verbringen wir im Technoseum. In dem interaktiven Technikmuseum können Kids und Erwachsene vieles selbst ausprobieren – vom mittelalterlichen Kran bis zur elektronischen Fernsteuerung. Entspannung finden Familien in den großen Grünanlagen

Der Bambuswald im Herzogenriedpark von Mannheim verspricht schon zu Beginn der Tour Spaß in der Natur.

Luisenpark und Herzogenriedpark mit architektonischen Superlativen für die Großen, tollen Spielplätzen für die Kleinen und Bötchen-Tour für alle zusammen.

Wir verlassen Mannheim geradewegs Richtung Westen und nähern uns auf dem kürzesten Weg dem Pfälzerwald. Wo wir die Rheinebene in Richtung des Mittelgebirges verlassen, steht das Hambacher Schloss. Der Schauplatz der Revolution von 1848 bietet in einer Ausstellung nicht nur tiefe geschichtliche Einblicke, sondern auch einen fantastischen Ausblick über die Rheinebene, das Haardtgebirge, den Pfälzerwald und die südliche Weinstraße. Ihr folgen wir zu unserem Übernachtungsstopp bei einem Bio-Winzer im Fachwerkdorf Siebeldingen.

Direkt vom Stellplatz startet am nächsten Morgen unsere Wanderung auf dem Keschdeweg. Nach einer Etappe durch die herbstlichen Weinberge geht es ans Kastaniensammeln im Pfälzerwald. Dabei sehen wir schon die berühmte Reichsburg Trifels. Sie ist unser nächstes Wanderziel. Wir erreichen die gut erhaltene und aussichtsreiche Burg auf dem

Trifels-Erlebnisweg und dem Annweilerer Burgenwanderweg und werden mit den kindgerechten Infotafeln bestens über das Mittelalter informiert. Den anschließenden Bummel durch den bezaubernden Fachwerkort Annweiler krönen wir mit einem Eis. Dann geht es über gut ausgebaute Landstraßen weiter ins Dahner Felsenland.

Unsere Wanderbasis richten wir auf dem Campingplatz Büttelwoog ein. Er liegt direkt am Dahner Felsenpfad, dem wir bei verschiedenen Wanderungen in beide Richtungen folgen. Im Dahner Felsenland vergessen selbst kleine Wandermuffel und bockige Teenager, dass sie Wandern eigentlich doof finden. Denn es gibt praktisch dauernd Gelegenheit zum Klettern, Bouldern und Kraxeln. Dabei verströmen die rotbunten Sandsteinfelsen eine exotische Atmosphäre, die eher an Landschaften in Utah oder Nevada erinnert als an Südwestdeutschland. Wir erklimmen Felsentürme, blicken durch Felsenfenster, zwängen uns durch Felsspalten und erkunden Burgruinen mit der Taschenlampe. In der Dahner Hütte probieren wir die deftige Pfälzer Küche mit Saumagen, Bratwürsten und Sauerkraut.

An der berühmtesten Felsformation im Dahner Felsenland, dem Teufelstisch, ist das Erlebniszentrum mit Riesenrutsche, Seilbahn und Labyrinth bei unserem Stopp leider geschlossen. Zum Erlebnis wird anschließend aber der Ausflug zum Biosphärenhaus Fischbach. Museum und Baumwipfelpfad vermitteln dort ungewohnte Einblicke in die Natur im grenzüberschreitenden Biosphärenreservat Pfälzerwald-Nordvogesen.

Mit einem Zwischenstopp zum Planschen in der Südpfalztherme Bad Bergzabern führt unsere Rundreise weiter nach Speyer. Neben dem Besuch der berühmten Königsgruft im Dom und einem Stadtbummel ist es auch dort das Technikmuseum, das uns mit einer Riesensammlung an Autos und sonstigen Fahrzeugen sowie mit Ausflügen in ein U-Boot, einen Flugzeugrumpf und ein Spaceshuttle am längsten beschäftigt. Und zum Abschluss genießen wir noch einmal die gute Pfälzer Küche im Restaurant zum Goldenen Hirsch in der autofreien Maximilianstraße.

Campingplatz Mannheim Strandbad
campingplatz-mannheim-strandbad.de,
Strandbadweg 1, 68199 Mannheim,
Tel. 0176/55 42 22 68
Gepflegter, direkt am Rheinufer mit Kiesstrand im Grünen gelegener Camping- und Wohnmobilstellplatz mit Familiendusche und Brötchenservice. Bistro mit selbstgemachtem italienischem Eis und italienischer Küche.

Campingplatz Büttelwoog in Dahn

camping-buettelwoog.de, Am Campingplatz 1,
66994 Dahn, Tel. 06391/56 22
Sehr ruhig mitten im Felsenland gelegener
Wiesen-Campingplatz mit einfachen, aber
sauberen Sanitäranlagen, guter Pizzeria und
Minigolfplatz. Internet nur an der Rezeption.

Wohnmobilstellplatz am
Technikmuseum Speyer

hotel-speyer.de/de/caravanpark, Am Technik
Museum 1, 67346 Speyer, Tel. 06232/671 00
Weitgehend schattenloser, aber zentral
gelegener Stellplatz für Wohnmobile direkt
am Technikmuseum mit gepflegten, modernen
Sanitäranlagen. Nachts ruhig. Tagsüber freuen
sich Plane-Spotter über die Hobbyflugzeuge im
Landeanflug auf den benachbarten Flughafen.

Oben: Die imposante Burg Trifels beim hübschen
Fachwerkstädtchen Annweiler
Unten: Der Baumwipfelpfad am Biosphärenhaus in
Fischbach; zwei Highlights in der Südpfalz für kleine
Entdecker

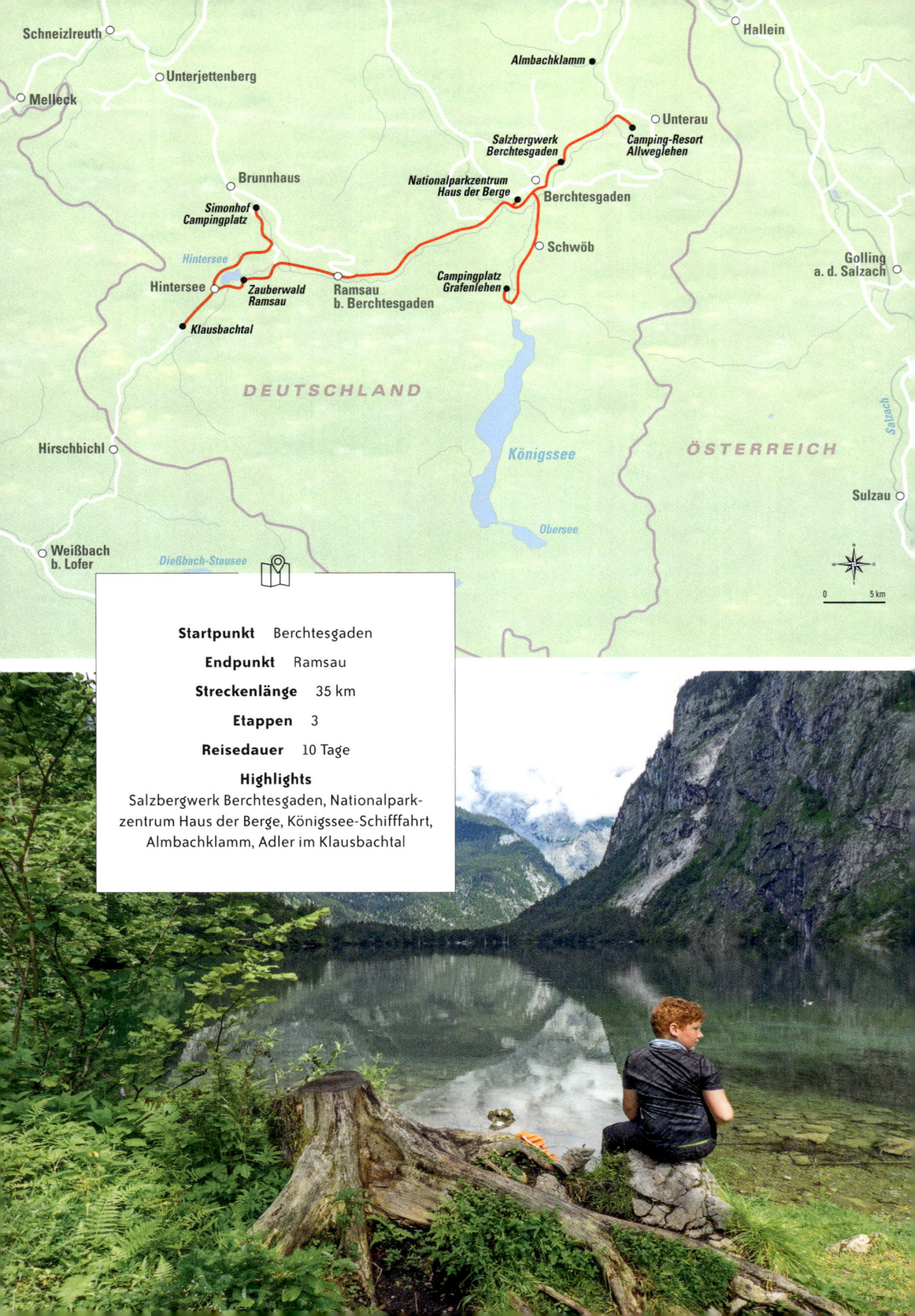

Schneizlreuth
Hallein
Unterjettenberg
Almbachklamm
Melleck
Unterau
Salzbergwerk
Berchtesgaden
Camping-Resort
Allweglehen
Brunnhaus
Nationalparkzentrum
Haus der Berge
Berchtesgaden
Simonhof
Campingplatz
Hintersee
Schwöb
Golling
a. d. Salzach
Hintersee
Zauberwald
Ramsau
Ramsau
b. Berchtesgaden
Campingplatz
Grafenlehen
Klausbachtal

DEUTSCHLAND

Hirschbichl
Königssee
ÖSTERREICH
Sulzau
Obersee

Weißbach
b. Lofer
Dießbach-Stausee
Salzach
0   5 km

Startpunkt	Berchtesgaden
Endpunkt	Ramsau
Streckenlänge	35 km
Etappen	3
Reisedauer	10 Tage

Highlights
Salzbergwerk Berchtesgaden, Nationalpark-
zentrum Haus der Berge, Königssee-Schifffahrt,
Almbachklamm, Adler im Klausbachtal

Berchtesgaden: Outdoorurlaub im *Nationalpark*

EINE TOUR VON ANGELA MIT SOHN UND FREUNDEN

Majestätische Berge und tiefblaue Seen finden sich in den bayerischen Alpen einige. Besonders schön sind sie aber im einzigen deutschen Alpen-Nationalpark Berchtesgaden. Auf Familien warten dort und in der Umgebung genügend spannende Ausflugsziele für ein bis zwei Wochen Sommerurlaub.

Drei Orte bieten sich als Ausgangspunkte für Entdeckertouren in den verschiedenen Regionen des Nationalparks an. Am besten sind Fahrräder und wetterfeste Kleidung im Gepäck. Dann kann der Camper auch ein paar Tage stehen bleiben.

Vom Camping-Resort Allweglehen östlich der Stadt Berchtesgaden fahren wir mit den Fahrrädern an der Berchtesgadener Ache entlang bis zur abenteuerlichen Almbachklamm. Die Wanderung durch das enge Flusstal mit aufregenden Wasserfällen und Schluchten unterbrechen wir bei einem Picknick mit den

Am Hintersee zeigt sich der Nationalpark Berchtesgaden von seiner schönsten Seite.

Füßen im frischen Flusswasser. Zurück am Klammeingang erleben wir am Wochenende die historische Kugelmühle in Aktion. Dort können wir uns eine Kugel aus einem selbst gewählten Flusskiesel schleifen lassen.

Auch zum Salzbergwerk Berchtesgaden kommen wir schnell mit den Rädern oder bei Regen mit dem Bus. Wie die Minenarbeiter fahren wir rasant mit einer Lorenbahn tief in die Berge hinein. Weiter hinunter geht's über eine Rutsche in die historischen Salzstöcke. Neben dem Besucherbergwerk wird im aktiven Salzbergwerk bis heute das Bad Reichenhaller Salz gewonnen. Wie das funktioniert, erfährt man bei der Führung.

Am Bergwerk startet der Soleleitungsweg, der aussichtsreich am oberen Ortsrand von Berchtesgaden bis zum Nationalparkzentrum Haus der Berge führt. Das moderne Museum vermittelt spielerisch viel Wissen über Tiere, Pflanzen und Gesteine im Nationalpark, aber auch über die Erschließung der Alpen. Angegliedert sind ein Alpengarten und ein sehr gutes Restaurant mit Aussichtsterrasse. Das Ortszentrum von Berchtesgaden mit dem

Königsschloss und viel Lüftlmalerei an den Hausfassaden der Fußgängerzone bietet sich zum Bummeln an.

Ein bequemer Ausflug von Berchtesgaden in die Berge beginnt mit den knallroten Kabinen der historischen Obersalzbergbahn. An der Bergstation wartet eine Sommerrodelbahn und nach einem kurzen Spaziergang das Gasthaus Graflhöhe – wegen seiner Spezialität auch »Windbeutelbaron« genannt. Dort genießen wir die Aussicht auf den Watzmann. Motivierte Wanderer können den Weg am Berg entlang bis zur Mittelstation der Jennerbahn fortsetzen.

Schönau am Königssee, wo die Jennerbahn startet, wählen wir als zweiten Ausgangspunkt. So früh wie möglich buchen wir den beliebten Bootsausflug über den Königssee, der auch auf dem Sightseeingprogramm amerikanischer und asiatischer Touristen steht. Wer Glück mit dem Bootskapitän hat, erlebt das Echo von Trompetenklängen auf dem fjordähnlichen Alpensee, bevor das Schiff zur Wallfahrtskapelle Sankt Bartholomä und weiter zur Haltestelle Salet fährt. Von hier kann man auch mit dem Kinderwagen zum malerischen Obersee gelangen und unterwegs einkehren. Kinderwagentauglich sind auch der Weg entlang der Königsseer Ache nach Berchtesgaden und ein guter Teil des Königssee-Panoramawegs in Schönau.

Nachdem wir bisher vor allem die touristischen Hauptziele im Nationalpark Berchtes-

gaden besucht haben, kommen wir mit der Weiterfahrt in Richtung Ramsau nun in etwas ruhigere Gefilde. Am Hintersee bietet sich ein Spaziergang durch den Zauberwald an. Spannend wird es auch im Klausbachtal. Am Taleingang zeigt das Klausbachhaus bäuerliche Tradition und im großen Bauerngarten wartet ein cooler Barfußpfad. Am Adlerinformationszentrum zeigen uns Nationalparkranger die Adler am Himmel. Wanderfreudige Familien laufen weiter flussaufwärts, etwa bis zur großen Hängebrücke.

Gelegenheit für schöne Familienwanderungen gibt es an vielen weiteren Orten im Nationalpark, etwa in der spektakulären Wimbachklamm. Und wenn euch zur Abwechslung der Sinn nach Baden steht, lockt das Aschauer Weiherbad – oder die Weiterfahrt an den nahe gelegenen Chiemsee.

Camping-Resort Allweglehen mit Stellplatz
Allweggasse 4, 83471 Berchtesgaden,
Tel. 08652/23 96
Aussichtsreicher 5-Sterne-Campingplatz mit angegliedertem Stellplatz; Spielplatz, Pool, Sauna, Wellness, Restaurant, Shop, hochwertige Sanitäranlagen; Privatbäder und viele Aktivitäten buchbar

Campingplatz und Stellplatz Grafenlehen

Königsseer Fußweg 71, 83471 Schönau am
Königssee, Tel. 08652/655 44 88
Direkt am Fluss und nah am Parkplatz zum
Königssee liegt dieser solide Campingplatz mit
angegliedertem Stellplatz. Shop, Imbiss, Spielplatz, einfache, aber saubere Sanitäranlagen
sind vorhanden.

Campingplatz Simonhof

Alte Reichenhaller Str. 110, 83486 Ramsau bei
Berchtesgaden, Tel. 08657/284
Gediegener 4-Sterne-Campingplatz mitten in
der Natur an der Kreuzung einiger Wanderwege; Kiosk, Aufenthaltsräume, Spielplatz,
hochwertige Sanitäranlagen

Oben: Viele Campingplätze im Nationalpark Berchtes-
gaden bieten ein beeindruckendes Bergpanorama.
Unten: Für eine Schifffahrt auf dem Königssee reisen
Menschen aus aller Welt in den Nationalpark.

Camping Perun
Lipce

Kajak Kamp "Toni"
Vesna Copi Mlekuz

Vintgar-
klamm

Bleder See

SLOWENIEN

UNGARN

0   50 km

Udine

Zagreb

KROATIEN

Osijek

Triest

Venedig

Rijeka

Opatija

Camping Glavotok

Krk

Senj

Pula

Cres

Camping Rapoca
Lošinj

Pag

BOSNIEN-
HERZEGOWINA

Sarajevo

Ravenna

Vir

Zadar

Dugi Otok

Krka Nationalpark

Camp Krka Stay

ITALIEN

Ancona

Adriatisches Meer

Split

Brač

Makarska

Arezzo

Hvar

Vis

Korčula

Mljet

Camp Pod Maslinom

Orašac

Dubrovnik

MONTE-
NEGRO

Startpunkt   Bleder See

Endpunkt   Dubrovnik

Streckenlänge
700 km zzgl. Abstecher nach Krk und Losinj

Etappen   6

Reisedauer   15 Tage

Highlights
Bleder See (Slowenien), Wanderung in der
Vintgarklamm (Slowenien), Schnorcheln und
Wasserranger-Expedition auf Krk (Kroatien),
SUPen auf Losinj (Kroatien), Krka Nationalpark
(Kroatien), Seilbahn über Dubrovnik (Kroatien)

Slowenien und Kroatien: Naturhighlights und Meeresrauschen

EINE ROUTE VON TATJANA MIT FAMILIE

Die Route vom Bleder See in Slowenien nach Dubrovnik in Kroatien könnte abwechslungsreicher nicht sein. Slowenien bietet jede Menge Naturabenteuer zwischen Alpen und Adria. In Kroatien genießen wir das Vanlife am Meer und erkunden die spannende Hauptstadt.

Die ersten Highlights warten schon am Bleder See. Wir rudern zur Insel und erwandern die geheimnisvolle Vintgarklamm auf gewundenen Pfaden. Danach erklimmen wir mit unserem Campingbus 50 Haarnadelkurven im Triglav-Nationalpark im Schneckentempo. Große Wohnmobile haben hier so ihre Probleme. Das Panorama vom Vršič-Pass auf 1600 Meter Höhe ist spektakulär. Dann geht es hinab ins Soča-Tal, bekannt für Freizeitaktivitäten wie Kajakfahren, Rafting oder Canyoning. Unweit des Flusses Soča liegt unser zweiter Campingplatz mit Lagerfeuer-

Spektakuläre Aussicht auf das historische Zentrum von Dubrovnik bietet eine Seilbahnfahrt.

romantik am Abend. Von dort erkunden wir bei verschiedenen kurzen Wanderungen die spektakulären Schluchten und Wasserfälle im Soča-Tal.

Nach diesen Bergaktivitäten gönnen wir uns in der Inselwelt Kroatiens eine längere Verschnaufpause mit Baden im Meer, Schnorcheln und Stand-up-Paddling, atmen den Duft der Pinien ein und lassen die Seele in der Hängematte baumeln. Auf Krk springen wir direkt vor unserem Camper ins Wasser. Wer mehr Abenteuer braucht, macht bei einer Wasserranger-Tour mit oder wandert an der Küste entlang.

Mit der Fähre geht es weiter nach Cres und via Drehbrücke auf die Insel Losinj. Abends schlendern wir durch das authentische Örtchen Nerezine mit Trampolinanlage, Eis und Spielplatz.

Gen Süden erreichen wir über die sehr gut ausgebaute und fast menschenleere Maut-Autobahn vorbei an den Plitvicer Seen den Krka-Nationalpark. Wir lauschen dem Rauschen der Kaskaden beim Spaziergang über den hübsch angelegten Lehrpfad und baden am großen Wasserfall Skradinski Buk. Auf einer zweistündigen Bootstour durch die grünen Wasseradern finden wir die Idylle im sonst etwas überlaufenen Nationalpark wieder. Der kroatische Bootsführer spricht perfekt Deutsch und lässt unsere Kinder auch mal ans Steuer.

Der letzte Abschnitt unseres Roadtrips führt uns auf einer spektakulären Küstenstraße immer am Meer entlang durch Bosnien bis nach Dubrovnik. Auch unser letzter Camping-platz nördlich von Dubrovnik ist spektakulär mit 360-Grad-Rundumblick und einer süßen Badebucht. Mit dem öffentlichen Bus geht es in die Stadt Dubrovnik. Hier eröffnet sich uns bei einer Cable-Car-Fahrt auf 400 Metern über dem Meer ein atemberaubender Aus-blick über die Altstadt mit UNESCO-Weltkul-turerbe. Definitiv ein würdiger Abschluss.

Camping Glavotok, Insel Krk, Kroatien
kamp-glavotok.hr
Direkt am Meer gelegener terrassenförmiger Campingplatz mit Infinity-Pool mit Kinder-becken, Kinderbetreuung und Kinderdisco, Freicamping-Stellplätze ganz oben, sonst schattige Parzellen, auch in erster Reihe zum Meer; Felsvorsprünge zum Reinspringen und privater Kiesstrand; SUP-, Kajak- und Boots-verleih, Wasserranger-Touren für Kinder ab 6 Jahren; leckeres Restaurant und kleiner Shop

Camping Rapoca, Insel Losinj, Kroatien
losinia.hr/de/camps-und-apartments/
rapoca-camping-village
An zwei Strandbuchten in Laufdistanz zum hübschen Ort Nerezine gelegener Camping-platz mit kleinen Stellplätzen, auch direkt am Meer; großzügige Sanitäranlagen, kleiner Shop, Eiscafé, Spielplatz mit Kinderbetreuung, Kinderschminken, Kinderdisco, Aqua-Gymnastik, SUP- und Kajakverleih

Kajak Kamp Toni, Slowenien
kajakkamptoni.com
Gepflegter Platz mit Feuerstellen und kosten-losem Holz direkt am Fluss Soča mit Bergblick; Volleyballplatz, kleiner Spielplatz, kleines Café, Kräutergarten zur Selbstbedienung; an der Rezeption können Kajaktouren gebucht werden

Oben: Pinienduft und Badestrände verspricht die Inselwelt Kroatiens.
Unten: Seen, Flüsse und Wasserfälle wie der Slap Virje machen die slowenischen Alpen zu einem familienfreundlichen Bergparadies.

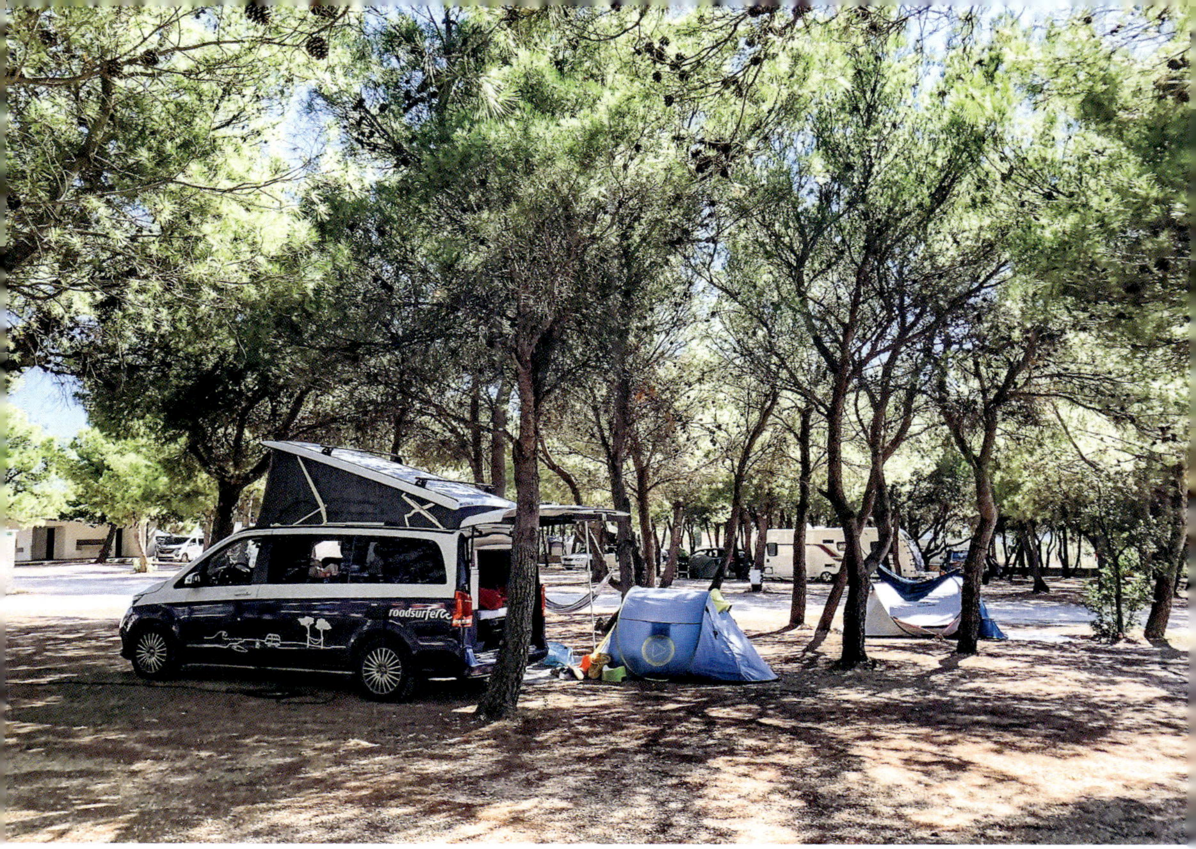
roadsurfer

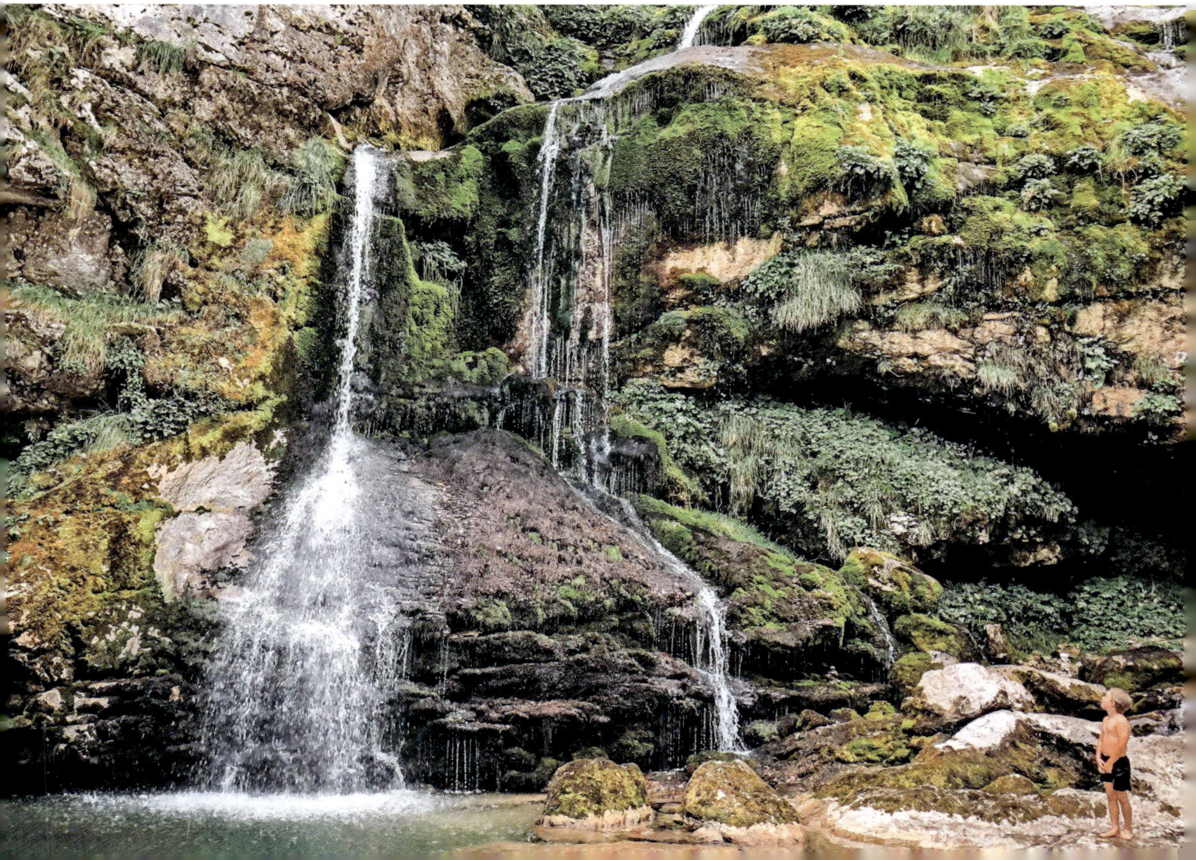

Novigrad
Jezero Butoniga
Vranja
KROATIEN
Cerovlje
Pazin
Vita Mia Camping
Rigaischer Meerbusen
Gradina
Camping Porto Sole
Kanfanar
Plomin
Porozina
Limski kanal
Rovinj
Barban
Cres
Bala
Adriatisches
Vodnjan
Marčana
Mali Brijuni
Fažana
Meer
Veli Brijuni
Brijuni
Amphitheater Pula
Valun
Veruda
Arena Stupice Campsite
Rt Kamenjak
Zeca

0   10 km

Startpunkt   Vrsar
Endpunkt   Pazin
Streckenlänge   150 km
Etappen   3–4
Reisedauer   10 Tage
Highlights
Dinosaurierspuren, Küstenradtouren und
-wanderungen, Nationalpark Brioni,
Wasserfälle, historische Städte, Arena Pula

Istrien – Wasserfälle, *Meer* und mehr

EINE TOUR VON ANGELA MIT SOHN

Die Halbinsel Istrien im Westen Kroatiens bietet nicht nur 500 Kilometer Küste mit malerischen Badebuchten, sondern auch viele versteckte Naturschönheiten und hübsche historische Orte. Und weil Istrien auf Massentourismus eingestellt ist, gibt es außerdem jede Menge Freizeitspaß für Familien. Vom Dinosaurierpark über das Wasserrutschenparadies bis zur Kartbahn fehlt kein Vergnügen. Im Frühling und Herbst entgeht ihr den Touristenmassen. Allerdings öffnen die meisten Campingplätze und Freizeitangebote längstens von Mitte April bis Mitte Oktober, und die Wassertemperaturen in der Adria sind erst ab Juni angenehm zum Baden.

Doch wer nur zum Baden nach Istrien fährt, verpasst einiges. Auch wenn die Entfernungen auf der Halbinsel kurz sind, bietet sich für Entdeckertouren ein kleiner Roadtrip an. Wir starten in Vrsar, folgen der Küste an die Südspitze zum Kap Kamenjak und kehren ins Landesinnere nach Pazin zurück. Von dort geht es entweder wieder durch Slowenien zurück Richtung Deutschland oder nach Opatja im Osten und weiter auf die Inseln der Kvarner Bucht.

Vrsar liegt malerisch auf einem Hügel am Limfjord. Das autofreie Ortszentrum bietet immer wieder schöne Aussichtsplätze auf die Küste mit den vielen vorgelagerten Inselchen. Ebenfalls fast ohne Autoverkehr führt eine kurze Fahrradtour von Vrsar durch Wald und Felder am Limfjord entlang zur Piratenhöhle (in der Saison mit Bewirtschaftung). Alternativ lässt sich der Fjord mit dem Ausflugsboot oder per Kajak erkunden. Ausflüge bieten sich auch nach Rovinj und Porec an. In der verkehrsberuhigten Altstadt von Porec lohnt die Euphrasius-Basilika einen Besuch. Vom Kirchturm blickt man über die Dächer der Stadt aufs Meer.

Mit dem Ausflugsschiff geht es ab Vrsar nach Rovinj. Das Städtchen gilt wegen seiner gut erhaltenen Altstadt auf einem Hügel im Meer als schönstes in Istrien. Auf dem Markt an der Straße Giuseppea Garibaldija werden

Die Arena von Pula ist die bekannteste Sehenswürdigkeit in Istrien.

vormittags landestypische Mitbringsel wie Honig, Olivenöl oder Trüffel verkauft. Wir lassen uns durch die malerischen Kopfsteinpflastergassen hinauf zur Barockkirche Sveta Eufemia treiben und genießen immer wieder tolle Ausblicke aufs Meer, bevor wir in einem der zahlreichen Cafés und Restaurants am Marsala-Tita-Platz entspannen.

Auf der Weiterfahrt Richtung Süden stoppen wir in Fazana. In dem hübschen Küstenort starten die Ausflugsboote in den Insel-Nationalpark Brioni (Brijuni). Die offiziellen Touren sollten je nach Saison vorab reserviert werden, weil nur eine begrenzte Besucherzahl auf die Hauptinsel darf, die der frühere jugoslawische Staatschef Tito sich zur Sommerresidenz erkoren hatte. In einer vielfältigen Parklandschaft entdecken wir bei einer Selbstfahrertour mit dem Golfcar Rehe, Fasane und tausendjährige Olivenbäume, aber auch archäologische Ausgrabungen altrömischer Siedlungen, einen Zoo und gut erkennbare Dinosaurierspuren.

Von Fazana ist es nicht weit bis Pula, der größten Stadt in Istrien. Die bekannteste Sehenswürdigkeit ist die sehr gut erhaltene römische Arena. Wer mehr Zeit hat, besucht auch die Festung und kehrt in einem der Cafés und Restaurants in der verkehrsberuhigten Altstadt ein. Wir fahren weiter zum Campingplatz Arena Stupice am Eingang in das Naturschutzgebiet Kap Kamenjak. Bei einer Küstenwanderung ist neben idyllischen Buchten und weiteren Dinosaurierspuren die

Safari Bar mit selbstgemachten Leckereien, Spielplatz und Riesenschaukel ein Highlight.

Anschließend führt unsere Istrien-Rundreise ins Landesinnere. Dort gibt es mehrere hübsche Orte wie etwa Hum, Motovun oder das Künstlerdorf Groznjan. Wir lassen uns zentral bei Pazin mit seiner Burg (mit Museum) über der tiefen Schlucht und mehreren Wasserfällen in der Umgebung nieder. Schwindelfreie können per Canopy über die Schlucht sausen. Wir starten an der Burg zu einer kurzen Wanderung am Fluss entlang und gelangen zum Doppel-Wasserfall Zare ki Krov, dessen Becken im Sommer zum Baden sehr beliebt ist.

Campingplatz Porto Sole, Vrsar
maistra.com/properties/campsite-porto-sole,
Petalon 1, 52450, Vrsar, Tel. +38/55/280 02 00
Ganzjährig geöffnetes, riesiges Campingresort
mit 24-Stunden-Rezeption, Shop, Tischtennis,
Tennis (auch Kurse), Strandbar, Tauchschule;
schöne Stellplätze und neue Sanitäranlagen im
Strandbereich

Campingplatz Arena Stupice, Kap Kamenjak
arenacampsites.com/de/campingplatze-is-
trien/camping-arena-stupice, Selo, 52203
Premantura. Tel. +38/55/257 51 11
Riesiger Platz mit Stellplätzen im Kiefernwald
und direkt am Meer (Fels- und Kiesstrand);
Surfschule, Spielplatz, Restaurant, Strandbar,
Shop; Sanitäranlagen teilweise älter

Mini Camping Vita Mia bei Pazin
vitamia.camp/de, Lindar 131b, 52000 Pazin,
Tel. +38/59/16 15 66 70
Zwischen Wald und Weinbergen gelegener
familiärer Campingplatz; Pool, Feuerstelle,
Kiosk, Bar, neue Sanitäranlagen mit großer
Familiendusche

Oben: Im Landesinneren von Istrien locken
erfrischende Wasserfälle.
Unten: Im Insel-Nationalpark Brijuni gibt es viel
zu entdecken.

Startpunkt Bozen, Südtirol
Endpunkt Cavallino, Venezien
Streckenlänge 400 Kilometer
Etappen 3
Reisedauer 10−20 Tage

Highlights
Seiser Alm, »Ötzi-Museum« Bozen,
Montiggler Seen, Kletterpark bei Drau,
Wasserfallhöhle bei Riva del Garda,
Gardasee, Venedig, Adriastrand

Die Top 3 von *Oberitalien:* Seiser Alm, Gardasee und *Venedig*

EINE TOUR VON ANGELA MIT SOHN

Von Südtirol über den Gardasee nach Venedig an die Adria führt diese Route durch Oberitalien. Sie bedient die unterschiedlichsten Freizeitvorlieben und eignet sich damit hervorragend für Familien mit vielseitigen Interessen. Am Anfang wandern und baden wir. Dann sind Klettern, Surfen und Naturspektakel angesagt. Und nach dem Sightseeing in der wohl berühmtesten Stadt Europas warten entspannte Badetage am Adriastrand.

Aus Südtirols Hauptstadt Bozen schwingen wir uns die Serpentinen hinauf in Richtung des Schlernmassivs. Vom Campingplatz Seiser Alm erreichen wir in einer halben Stunde zu Fuß durch den Wald den Badesee Völser Weiher mit Liegewiese, Imbiss und Eisdiele. Wer weiter läuft, kann sich auf der Tuffalm mit Knödeltris belohnen und in der aussichtsreichen Hofer Alpl zum Nachtisch Kaiserschmarrn genießen. Schöne Wanderungen locken auch an der Bergstation der Seiser

Blick auf den Schlern aus der Hängematte

Alm. Mit Kindern empfiehlt sich zum Beispiel die aussichtsreiche Panoramarunde über bunt blühende Almwiesen zum Puflatsch und die Hochgebirgswanderung zur Plattkofelhütte.

In Bozen statten wir nach einem Rundgang durch die sehenswerte Altstadt der Gletschermumie Ötzi im interaktiven Südtiroler Archäologiemuseum einen Besuch ab. Wenig weiter kombinieren wir an den Montiggler Seen einen Spaziergang mit einem Bad im See. Für die Weiterreise zum Gardasee wählen wir die mautfreie Route über die Südtiroler Weinstraße, die ohne große Steigungen bis Trient führt. Von dort folgen wir der SS45bis über den malerischen Tobliner See bis hinter Drau. Dort können wir im Elias Adventurepark klettern und mit der Zipline über das wilde Flüsschen Sarca sausen.

Am nördlichen Gardasee haben wir die Wahl zwischen unzähligen Aktivitäten. Ein einzigartiges Naturspektakel bietet der Parco Grotta Cascata Varone beim Städtchen Riva mit einer Wasserfallhöhle. Riva selbst lädt zum Bummeln ein, der See zum Surfen und Segeln und die Gardasee-Schifffahrt zu einem Tagesausflug in die Zitronenstadt Limone und das mittelalterliche Malcesine mit seiner Burg. Die nähere Umgebung ist bei Kletterern, Wanderern und Radfahrern gleichermaßen beliebt. Bei einem längeren Aufenthalt kann eine Familie mit älteren Kindern daher gut auch mal getrennte Wege gehen.

Wir verabschieden uns vom Gardasee auf der Uferstraße am östlichen Ufer. Bei Torri del Benaco schrauben wir uns hoch zur Autobahnauffahrt Affi und orientieren uns Richtung Venedig. Am Lido di Jesolo verlassen wir die Autobahn und fahren auf die lange Landzunge, auf der sich rund 50 Campingplätze aneinanderreihen. Zwei Fähranleger verbinden die Landzunge mit Venedig. Von Punta di Sabbioni starten die Fähren zum Markusplatz. Ab Cavallino-Treporti gelangen wir über die Inseln Murano und Burano ins östliche Venedig.

Zu den Highlights der sehenswerten Lagunenstadt zählt neben dem Markusplatz mit Turm, Kathedrale und Dogenpalast mit Kindern vor allem eine Bootstour durch den Canale Grande. Statt einer teuren einstündigen Gondelfahrt bietet sich mit Kids eine kurze, günstige Traghetto-Fahrt über den Kanal an. Im Dogenpalast gibt es spezielle Kinderführungen (unbedingt vorab buchen!). Interessant könnten auch das Naturkundemuseum mit Adria-Aquarium im Palazzo Turco oder das Historische Marinemuseum sein. Mit Kleinkindern empfiehlt sich ein

abgespecktes Sightseeingprogramm und eine Trage. Denn der Kinderwagen kommt in Venedig nicht durch. Nach beeindruckenden Erlebnissen in Venedig kann die ganze Familie zum Abschluss des Wohnmobilurlaubs am Sandstrand der Adria entspannen.

Camping Seiser Alm
camping-seiseralm.com, Dolomitenweg 10, 39050 Völs am Schlern, Tel. +39/0471/70 64 59
Aussichtsreicher 4-Sterne-Campingplatz bei Völs (Südtirol) mit Blick auf das Schlernmassiv; Pool, Spielplatz, Restaurant, Shop, hochwertige Sanitäranlagen, Mietbäder; Bushaltestelle direkt vor dem Platz; angegliederter Stellplatz für Kurzaufenthalte, Glampingunterkünfte

Camping Al Porto
campingalporto.it/de/home, Via al Cor 3, 38069 Torbole sul Garda, Tel. +39/0464/50 58 91
Gepflegter, familiärer Campingplatz mit Pool, Café, kleinem Shop und neuwertigen Sanitäranlagen; liegt stadtnah, ruhig und windgeschützt in zweiter Reihe zum Gardasee; freundliches Personal, kleiner Spielplatz, Fahrradverleih, Fahrradgarage, Platz für Surfboards Ferienwohnungen

Camping Union Lido

unionlido.com/de, Via Fausta 258,
30013 Cavallino-Treporti, Tel. +39/41/257 51 11
Riesiger 5-Sterne-Campingplatz mit großem
Wasserrutschenpark, zwei Poollandschaf-
ten, mehreren Restaurants, Einkaufsstraße,
Vergnügungspark, Sportangeboten, Animation,
Abendshows und Kidsclub; Stellplätze auf
schattigem Wiesengelände, direkter Strandzugang, verschiedene Mietunterkünfte

Oben: Gardasee-Panorama vom Monte Brione
Unten links: Zum Klettern bieten sich am nördlichen
Gardasee viele verschiedene Gelegenheiten, unter
anderem im Elias Adventure Park bei Drau.
Unten rechts: Stadtrundgang in Venedig

Start-/Endpunkt
Lutherstadt Eisleben in Sachsen-Anhalt

Streckenlänge 2100 km

Etappen 4

Reisedauer 12 Tage

Highlights
Stadt Luzern, Fahrt mit Rigi-Bahn,
SUP auf dem Lago Maggiore, Abendessen
im Ristorante Concordia, 800 Jahre
alte Brücke am Lago und Espresso

Schweiz und Oberitalien: Frühling am Lago

EINE WOHNWAGEN-TOUR VON MICHA MIT FAMILIE

Drei Seen in zwei Wochen erleben wir auf dieser Wohnwagen-Tour mit dem Ziel Lago Maggiore. Wir wählen die Strecke über den Vierwaldstätter See in der Schweiz für die Hinreise und fahren zurück über den Brenner mit Stopp am Gardasee.

Auf der Autobahn ist das Fahren in der Schweiz ganz entspannt, aber spätestens auf der engen Panoramastraße entlang des Vierwaldstätter Sees mit überhängenden Felsen verfliegt die Entspannung empfindlicher Beifahrer(-innen). Da es keine Alternative zum gewählten Campingplatz gibt, müssen wir da durch. Der Platz belohnt uns dafür. Der beheizte Pool mit Blick auf die schneebedeckten Berge ist das Highlight für unsere Kids.

Mit dem Schiff unternehmen wir einen Ausflug ins wunderbare Luzern, lassen uns dort treiben und klettern hoch zur Burg, um den Blick zu genießen. Ein weiterer toller Ausflug geht mit der historischen Rigi-Bahn

Weitblick in den Alpen mit Hörspiel auf dem Ohr

auf den gleichnamigen Berg mit wunderschönem Ausblick. Mit der Gästekarte gibt es das Tagesticket für die knallrote historische Zahnradbahn ermäßigt. Damit kann man nach Belieben ein- und aussteigen. Das ist gerade mit Kindern praktisch. So wird das Wandern keinem zu viel.

Am nächsten Tag kommen wir nach einer überschaubaren Etappe am frühen Nachmittag am Ostufer des Lago Maggiore an. Kommt am besten mit vollem Tank hierher, denn es gibt nur wenige, sehr teure Tankstellen. Die Zufahrt zum Campingplatz ist für große Gespanne wie unseres nur mit Beifahrer und Mover-Dauereinsatz zu bewältigen. Abends trifft sich dann der halbe Platz pünktlich um sieben, um den Pizzadienst zu begrüßen – lecker!

Die Städte rund um den Lago Maggiore haben scheinbar eine tolle Zeit hinter sich. Am Schweizer Seeufer lohnen Ausflüge in die Städte Locarno und Ascona. In Locarno fährt eine Zahnradbahn zur bedeutenden Wallfahrtskirche Madonna del Sasso. Von dort bietet sich ein fantastischer Ausblick auf den

Lago Maggiore. Wer mag, kann die Aussicht auf einer Rundwanderung durch das obere Locarno noch etwas länger genießen und dabei auch den Skulpturenpark und den Parco Orselina entdecken.

Auch am italienischen Ufer mangelt es nicht an historischen Ausflugszielen, die mal mit Schiff, mal zu Fuß und mal mit dem Auto entlang der herrlichen Küstenstraße zu erreichen sind. Der Glanz und die Massen sind in den italienischen Städtchen verschwunden, aber der Charme ist geblieben. Ein Highlight ist die Schifffahrt nach Cannobio. Die Wanderung zu der Kirche Sant' Anna mit 800 Jahre alter Rundbogen-Brücke geht meist am Fluss lang und wird so nicht langweilig. Unterhalb der Brücke kann man baden oder Steinchen werfen.

Am Gardasee kosten wir das mildere Klima und das gute Essen noch ein wenig aus. Von Lazise aus erreichen wir mit der Gardasee-Schifffahrt alle interessanten Städte im Süden des Sees, wie etwa das auf einer schmalen Landzunge gelegene mittelalterliche Sirmione. Am Ufer entlang ist es nicht weit bis zum Filmpark Movieland und zum Freizeitpark Gardaland. Nach einigen entspannten Tagen fahren wir schnell und gut erholt via Brenner nach Hause.

Oben: Mit dem Schiff über den Lago Maggiore
Unten: Macht der ganzen Familie Spaß –
Grillen am See

Camping Vietznau, Vierwaldstätter See (Schweiz)
camping-vitznau.ch
Sehr sauberer und ruhiger terrassenförmiger Platz am Hang mit tollem Blick auf den Vierwaldstätter See in fußläufiger Entfernung zur Rigi-Bahn und zum Schiffsanleger nach Luzern; toller Außenpool und viele Möglichkeiten für Kinder; Zufahrt mit Doppelachser nicht ohne Aufsetzen möglich

Lago Camp (Lago Maggiore, Italien)
lagocamp.com
Direkt am italienischen Ostufer des Lago Maggiore gelegener kleiner, einfacher aber sauberer Platz mit Zugang zum See (Kiesstrand); die Wege zum und auf dem Platz sind für größere Fahrzeuge eine Herausforderung; kleine Stellplätze, neue, saubere Sanitärgebäude, viele Bäume, Imbiss mit Frühstück, Pizzalieferdienst, im Sommer auch ein Wassersportzentrum direkt am Platz

Spiaggia d'Oro in Lazise
campingspiaggiadoro.com
Sehr großer Platz mit eigenem Strand am Gardasee, terrassenförmig angelegt mit zum Teil sehr steilen Anstiegen; große Plätze mit vielen Bäumen, saubere Sanitäranlagen, große beheizte Poollandschaft, eigener Supermarkt und Pizzeria direkt am Strand; Lazise ist in zehn Minuten zu Fuß am See entlang erreicht.

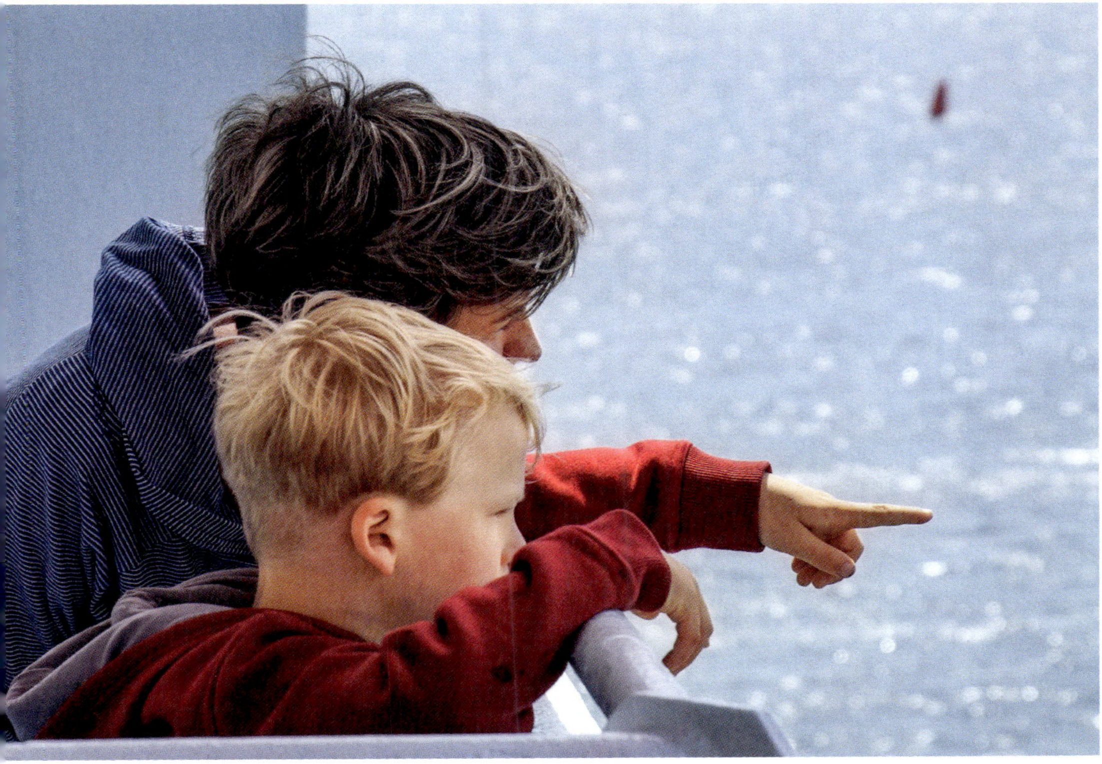

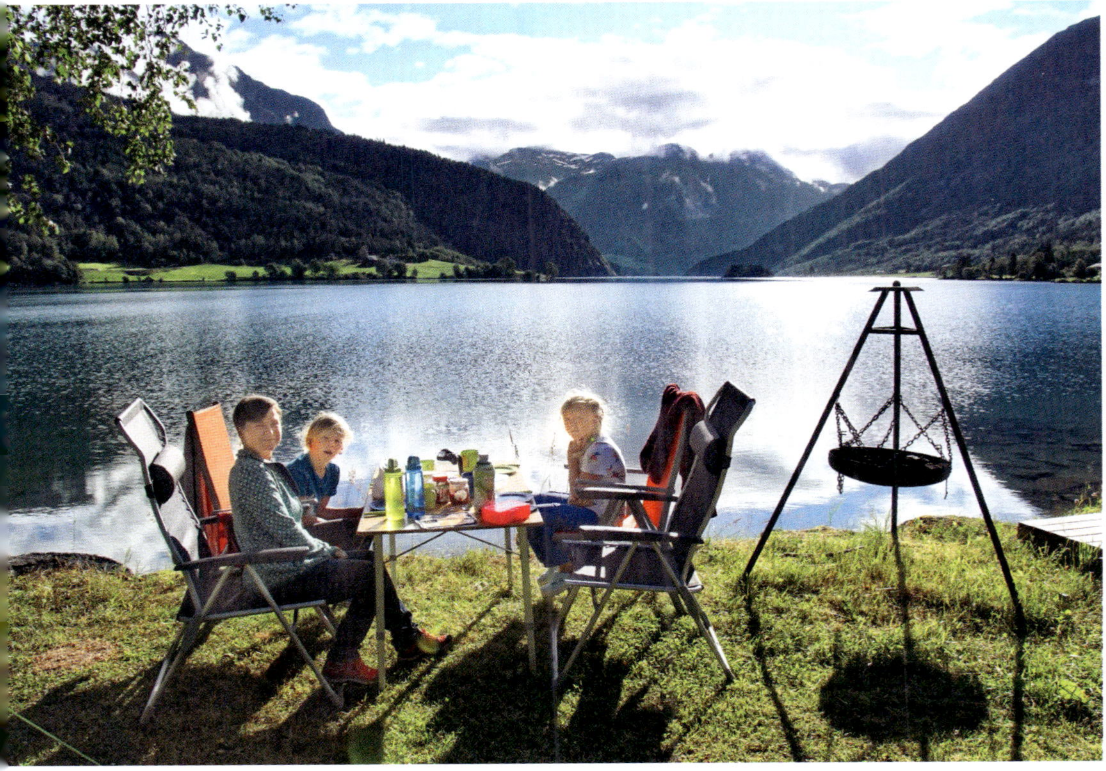

Startpunkt Lucca

Endpunkt Florenz

Streckenlänge 517 km

Etappen 10

Reisedauer
3 Wochen (inkl. An- und Abreise)

Highlights
Mittelalterstadt Lucca, die Thermen von
Saturnia, die Strände der Riviera, italienisches
Essen mit Pizza, Focaccia, Pasta und Gelato

Toskana: Kultur und Dolce Vita

EINE TOUR VON DAGMAR

Was kulturelle Highlights in einer Region angeht, sucht die Toskana weltweit ihresgleichen. Zugegeben, mit Kindern im Schlepptau lassen sich die Kulturschätze nicht immer so ausführlich bestaunen, wie sie es verdient hätten. Aber die Toskana bietet neben Kultur auch eine tolle Mischung aus italienischer Lebensfreude, Stränden und Natur, die ideal für einen Camper-Roadtrip mit Kids ist. Wer die teuren italienischen Campingplätze meiden will, findet zahlreiche einfache Stellplätze, auch direkt am Meer.

An der 400 Kilometer langen Küste der toskanischen Riviera gibt es reichlich Möglichkeiten für ausgedehnte Strandtage. Doch nicht die Strände, sondern die Städte sind die wahren Stars auf dieser Route. Unser Favorit ist Lucca. Die mittelalterliche Stadt liegt wenige Kilometer von der Küste entfernt und eignet sich perfekt zum Einstieg. Denn sie ist nicht so überlaufen wie andere Städte

Italienisches Dolce Vita versüßt den Kids das Sightseeing in der Toskana.

der Region. Gerade mit Kindern kann man sie sehr entspannt und gut zu Fuß erkunden. Auf der beeindruckenden, breiten Stadtmauer führt ein Rundweg mit Ausblicken und Mittelalter-Flair durch Parkanlagen einmal um die ganze Altstadt.

Bei Kindern steht allerdings eine andere Sehenswürdigkeit der Toskana hoch im Kurs: einmal den berühmten schiefen Turm von Pisa sehen. Der weitläufige Platz der Wunder (Piazza dei Miracoli), auf dem der Turm neben der Kathedrale von Pisa steht, ist wirklich wunderschön. Aber auch ein Bummel durch die Altstadt lohnt sich. Sehenswert ist zudem der Botanische Garten.

Gerade in den Sommerferien dürft ihr in Pisa aber keine Ruhe und Beschaulichkeit erwarten, genauso wenig wie an den Stränden der Gegend. Sie werden von den Liegenreihen der »Bagni«, der italienischen Strandbäder, dominiert. Weiter südwärts werden die Strände nach und nach leerer und naturbelassener. Südlich von Castiglione della Pescaia sind alle gut aufgehoben, die dem Trubel der Bagni entgehen möchten.

Aber auch wenn es verlockend ist: bloß nicht nur an der Küste verweilen! Im Landesinneren warten einige wahre Perlen der Toskana. Ganz im Süden finden sich die Thermen von Saturnia, treppenartige Schwefel-Heilquellen, in denen schon die alten Römer badeten. Der Umweg zu den Quellen lohnt sich. Es ist für die ganze Familie ein besonderes Erlebnis, in der sehenswerten Anlage zu baden.

Durch die wunderschöne toskanische Landschaft geht es vorbei an Weingütern bis nach San Gimignano und Siena. Beide Städte sind absolute Must-sees jeder Toskanatour und mit Kids herrlich zu Fuß zu erbummeln. Wer Menschenmassen scheut, dem seien im Sommer die Vormittagsstunden oder der späte Nachmittag für Stadtbesichtigungen empfohlen. Auch ein Stopp in Florenz muss natürlich sein, selbst wenn man hier den Touristenmassen in den Sommerferien zu keiner Tageszeit entgeht. Wer die Kathedrale oder die Uffizien besuchen will, sollte Tickets unbedingt vorab online kaufen. Aber auch ohne diese Top-Sehenswürdigkeiten ist ein Bummel durch Florenz eindrucksvoll. Die kleineren Städte der Toskana sind mit Kids deutlich charmanter und entspannter.

Agricamper Ippocampo, Cecina
agricampeggioippocampo.it, Via F. D. Guerrazzi 107, 57023 Cecina
Netter Agricamping, 800 Meter vom Meer entfernt, nicht weit von Pisa und Lucca; alles neu, schöner Pool

Area Parking Canova
areaparkingcanova.com, Strada della Canova, 58100 Marina di Grosseto
Einfacher Wohnmobilstellplatz unter Pinien, 500 Meter vom schönen Sandstrand entfernt zwischen Marina di Grosseto und dem mittelalterlichen Küstenstädtchen Castiglione della Pescaia; Picknickplatz, Toiletten, Duschen, Fahrradverleih

Agricampeggio La Romita
campingromita.it, Strada Romita Cap, 50028 Tavarnelle, Val di Pesa
Terrassenförmiger Platz im Chianti-Gebiet zwischen Siena und Florenz mit Pool und Ausblick; 16 Stellplätze und Zeltplätze in einem Olivenhain; ordentliche Sanitäranlagen, Brotservice, Wein- und Öldegustationen

Oben: An Läden mit Süßigkeiten und am Schiefen Turm von Pisa führt bei einer Toskana-Tour mit Kindern kein Weg vorbei.
Unten: Die berühmte Ponte Vecchio in Florenz ist auch für Kids eine Besonderheit.

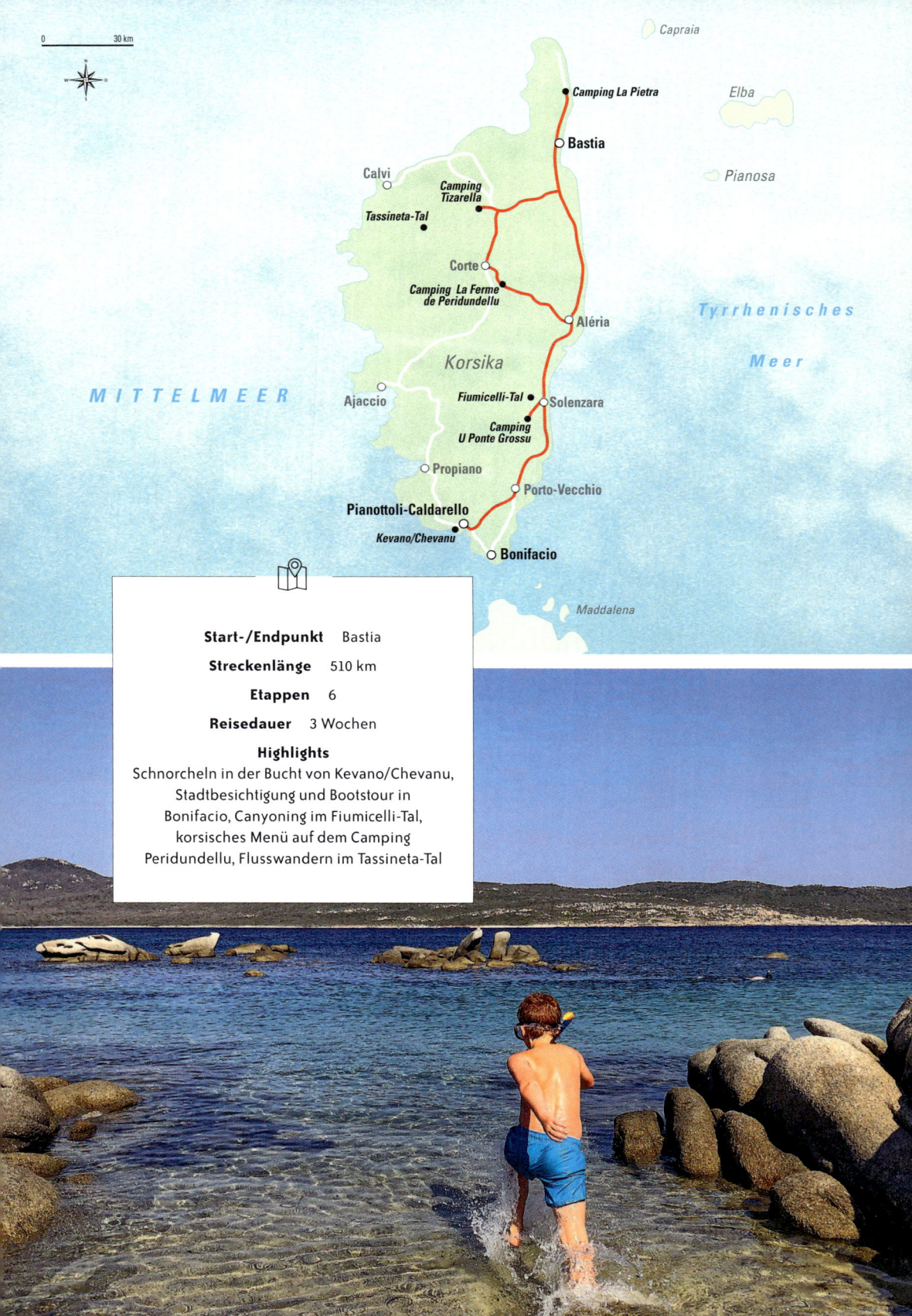

Capraia

Camping La Pietra

Bastia

Elba

Pianosa

Calvi

Camping
Tizarella

Tassineta-Tal

Corte

Camping La Ferme
de Peridundellu

Aléria

Tyrrhenisches

Korsika

Meer

MITTELMEER

Ajaccio

Fiumicelli-Tal

Solenzara

Camping
U Ponte Grossu

Propiano

Porto-Vecchio

Pianottoli-Caldarello

Kevano/Chevanu

Bonifacio

Maddalena

0   30 km

Start-/Endpunkt   Bastia

Streckenlänge   510 km

Etappen   6

Reisedauer   3 Wochen

Highlights
Schnorcheln in der Bucht von Kevano/Chevanu,
Stadtbesichtigung und Bootstour in
Bonifacio, Canyoning im Fiumicelli-Tal,
korsisches Menü auf dem Camping
Peridundellu, Flusswandern im Tassineta-Tal

Korsika: Wasserspiele im Inselinneren

EINE TOUR VON ANGELA

Die französische Mittelmeerinsel Korsika hat uns bei unserem ersten Urlaub im Nordwesten so begeistert, dass wir unbedingt mehr davon sehen wollten. Während einer dreiwöchigen Wohnmobiltour in den Sommerferien haben wir uns deshalb den Rest der bergigen Insel vor der Küste der Toskana angeschaut.

Am Meer wechseln sich spektakuläre Steilküsten und Traumstrände ab. Dazwischen bedecken duftende Macchia, Kastanien- und Korkeichenwälder die felsigen Ebenen und Hänge. Historisch gewachsene Küstenstädte wie Bonifacio, Bastia oder Napoleons Geburtsort Ajaccio laden zum Bummeln und Entdecken ein. Auch die Hauptstadt Corte in der Inselmitte lohnt einen Besuch.

Korsikas Natur zeigt sich im Inselinneren ungeheuer wild. Mit ihren drei Gebirgsketten und Gipfeln bis 2750 Meter Höhe zieht

Die malerischen Strände im Südwesten Korsikas laden Groß und Klein zum Schnorcheln ein.

Korsika Weitwanderer und Bergsteiger an, verlangt Wohnmobilisten aber mitunter einiges ab. Manche der engen Bergstraßen sind für Wohnmobile komplett gesperrt. Kleine Campingbusse sind hier im Vorteil.

Unsere Route führt vom äußersten Südwesten bis zum nordöstlichsten Zipfel. Auf dem Weg vom Fährhafen in Bastia zu unserem ersten Campingplatz müssen wir auf der vermeintlichen Inselhauptstraße erst einmal eine große Ziegenherde passieren lassen. Dann steht Relaxen und Planschen in der Bade- und Schnorchelbucht Kevano bei Pianottoli-Caldarello auf dem Programm.

Ein Highlight in diesen entspannten Tagen ist der Besuch von Bonifacio. Die mittelalterliche Stadt mit ihrer Burg liegt auf einem hohen Felsplateau direkt über dem Meer. Die Fahrt mit dem Ausflugsboot führt auch in Wasserhöhlen. Ein Ausflug zu den Megalithen von Cauria bei Tizzano und in die ursprüngliche Stadt Sartène lohnt sich ebenfalls.

Danach ziehen wir weiter ins Inselnere. Korsikas Flusstäler sind echte Familienparadiese. Überall gibt es Badegumpen, Sprungfelsen und kleine, natürliche Wasserrutschen. Vom Solenzara-Tal starten wir unter fachmännischer Anleitung und mit professioneller Ausrüstung zum Familien-Canyoning im Fiumicelli-Fluss – Action, Adrenalin und Abenteuer inklusive. Im Tassineta-Tal, das vom oberen Ascotal abzweigt, kombinieren wir auf eigene Faust Baden und Wandern zu einem kleinen Canyoning-Abenteuer. Neopren-Badeschuhe leisten dabei gute Dienste.

Auch bei unseren anderen Wanderungen sind die Badesachen immer im Gepäck – selten umsonst. Nur bei der spektakulären Küsten-Wandertour auf dem Zöllnerpfad am nördlichsten Zipfel des Cap Corse blieb die Badehose im Rucksack. Nach den spannenden Flussbädern war das Meer langweilig. Es empfiehlt sich also, bei einer Wohnmobiltour mit Kindern auf Korsika den Strandurlaub an den Anfang zu setzen. Dafür bietet sich neben dem Südwesten auch der Inselosten mit vielen langen Stränden nicht weit vom Fährhafen in Bastia an. Besonders schöne Strandbuchten findet man in der Balagne im Nordwesten Korsikas. Zwischen Île Rousse und Calvi gibt es eine gute Struktur an Strandcampingplätzen. Im Sommer sollte man dennoch unbedingt reservieren.

Camping U Ponte Grossu
upontegrossu.com,
BP9, 20145 Sari-Solenzara
Direkt am Fluss mit Badegumpen im Solenzara-Tal gelegener gepflegter Platz mit modernem Sanitärgebäude mit Kindertoiletten; auf dem Gelände hat der Canyoning-Anbieter Corsica Forest eine Niederlassung (corsica-forest.com)

Camping La Ferme de Peridundellu
campingvenaco.e-monsite.com, N 42.223617, E 9.194175, Peridundellu, 20231 Venaco
Auf einem Bergrücken mit weitem Ausblick ins südliche Zentralgebirge nahe Venaco und Corte gelegener Naturcampingplatz mit einfachen Sanitäranlagen aber hervorragender Küche; das französische Drei-Gänge-Menü begeistert auch kleine Feinschmecker.

Camping Tizarella
camping-tizarella.com
Am flachen Flussbett im unteren Ascotal gelegener naturnaher Platz mit mehreren Spielplätzen und schönem Pool; direkt gegenüber befindet sich eine Schildkrötenaufzuchtstation

Oben: Im Inselinneren zeigt sich Korsika mit der Hauptstadt Corte und zahlreichen Bade-Flüssen familienfreundlich – sogar beim Canyoning.
Unten: Am Cap Corse lockt eine kinderfreundliche Küstenwanderung mit spektakulären Ausblicken.

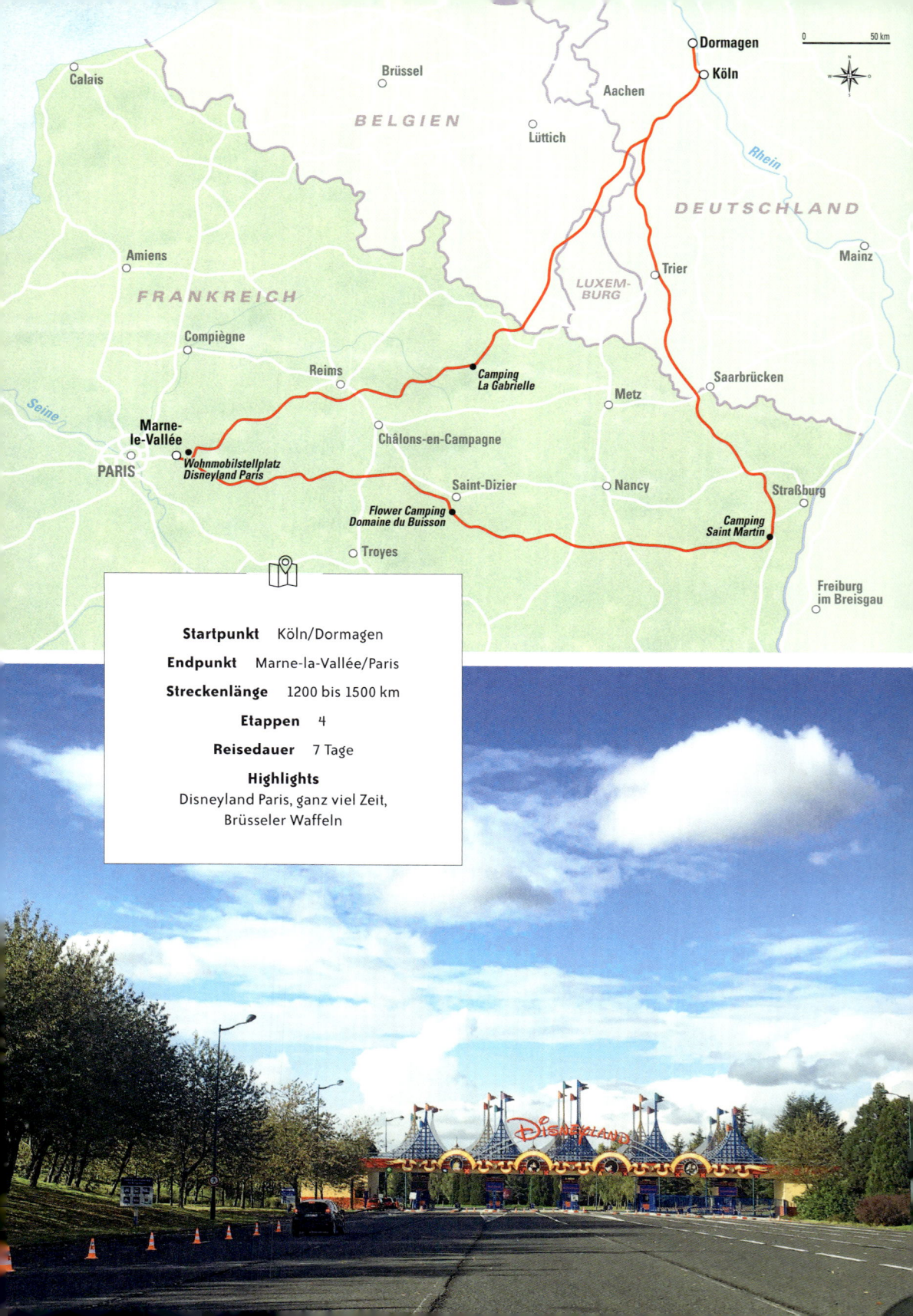

Startpunkt Köln/Dormagen

Endpunkt Marne-la-Vallée/Paris

Streckenlänge 1200 bis 1500 km

Etappen 4

Reisedauer 7 Tage

Highlights
Disneyland Paris, ganz viel Zeit,
Brüsseler Waffeln

Disneyland Paris: Fahrt ins Blaue

EINE TOUR VON REBECCA

Diese Tour durch Luxemburg, das Saarland und den Osten Frankreichs eignet sich ideal für Wohnmobil-Einsteiger, die es ruhig angehen lassen möchten. Unser Ziel, das Disneyland Paris, ist vom Westen Deutschlands aus schnell erreichbar. Im Prinzip ist die Tour ab Köln und Umgebung in drei knackigen Tagen machbar: ein Tag Anreise, ein Tag Aufenthalt im Vergnügungspark, ein Tag Heimreise.

Mit gut doppelt so viel Zeit erkunden wir unterwegs die idyllische französische Region Grand Est und kehren in einem weiten Bogen über Straßburg und das Saarland zurück ins Rheinland. Grand Est umfasst die Gebiete Elsass, Lothringen und Champagne-Ardenne. Alle drei sind für gutes Essen, Kultur und weitläufige regionale Naturparks bekannt. Zudem versammeln sie viele sehenswerte Städte wie Straßburg, Reims, Metz, Mühlhausen, Nancy und das wunderschöne Colmar mit seinen weltberühmten Fachwerkhäusern.

Sehnsuchtsziel vieler Kinder: der Freizeitpark Disneyland bei Paris

Frankreich hat ein gut ausgebautes Straßennetz mit vielen Rastplätzen, Tankstellen und sauberen Sanitäranlagen. Wir fahren abseits der Autobahnen auf einsamen Landstraßen vorbei an Feldern, Wiesen und Weingütern.

Hin und wieder kommen wir durch beschauliche Dörfer und lebendige Kleinstädte. Dann geht es an Kanälen und Flüssen entlang oder auf verschlungenen, schmalen Wegen bergauf und bergab durch dichte Wälder. Mit unserem wendigen kleinen Mietcamper mit ordentlicher Motorleistung sind diese Strecken kein Problem.

Das unumstrittene Highlight der kleinen Einsteiger-Tour ist natürlich der Besuch im Disneyland Paris. Walt Disneys magische Welt zaubert für einen kompletten Tag ein Strahlen in die Kinderaugen. Es empfiehlt sich allerdings, den Besuch vorab zu planen. Denn ein Tag reicht nicht, um alle Attraktionen und Highlights des Resorts zu erleben. Wenn klar ist, wo die Interessen der Kinder liegen, lässt sich ein Schwerpunkt auf eine der vier Erlebniswelten mit ihren unzähligen Attraktionen legen. Ein Muss ist natürlich die große

Parade der bekannten Disney-Charaktere zum Feierabend.

Das zweite, heimliche Highlight der Route ist viel unverplante gemeinsame Zeit. Die Tour ist extra so gestaltet, dass wir Pausen machen können, wo es uns gefällt. Wir essen viel zu viele der ach so köstlichen Gaufres de Bruxelles. Die fluffigen, eckigen Brüsseler Waffeln gibt es im Grand Est an jeder Ecke frisch zu kaufen.

Wer mehr erleben will, kann den ersten Stopp schon in der Stadt Luxemburg einlegen. Ein durchgehender Grüngürtel mit Spielplätzen und Aussichtspunkten umschließt das Stadtzentrum mit der Kathedrale Notre-Dame und der Place d'Armes. Auf der Weiterfahrt Richtung Reims bietet der Parc Argonne die seltene Gelegenheit, zwei Wolfsrudel und viele verschiedene Vögel zu beobachten. Bevor ihr die Altstadt von Colmar besichtigt, kann sich ein Aufenthalt am nahe gelegenen Lac de Gérardmer lohnen. Dort gibt es nicht nur einen Strand und Mietboote, sondern auch einen Kletterwald und schöne Wanderwege etwa zu einem Wasserfall. Kurz vor dem Grenzübergang nach Deutschland durchquert ihr mit dem Biosphärenreservat Nordvogesen ein großartiges Wandergebiet. Und im Saarland beeindruckt das gigantische technische Denkmal und Weltkulturerbe Völklinger Hütte garantiert auch die Kleinen.

Camping La Gabrielle
lagabrielle.nl, N 49.19.17, E 05.04.56,
Tel. +33/329/85 11 79
Bauernhof-Camping nahe des Flusses Maas (Meuse) mit Stellplätzen auf einer Wiese unter Obstbäumen mitten im Grünen; frisches Brot auf Bestellung

Wohnmobilstellplatz Disneyland Paris
disneylandparis.com, Boulevard de Parc, 77700 Coupvray, Marne-la-Vallée
Auf dem offiziellen Parkplatz von Disneyland Paris gibt es einen separaten Bereich, in dem man mit dem Wohnmobil kostenpflichtig übernachten kann; weder landschaftlicher Charme noch Beschäftigungsmöglichkeiten, aber ausreichend saubere Sanitäranlagen und ein unschlagbarer Vorteil: direkt morgens nach dem Aufwachen schon bei Micky und Minnie vor Ort

Camping du Buisson
camping-lac-du-der.com, Tel. +33/6/84 97 93 31
4-Sterne-Camping im ehemaligen Schlosspark; idyllisch auf hügeligem Gelände mit altem Baumbestand gelegen, nicht weit vom großen See Lac du Der; Stellplätze am Flussufer, Spielplatz, kleiner Pool, Kletterpark, Angelmöglichkeiten, moderne Sanitäranlagen

In der französischen Region Grand Est locken naturnahe Campingplätze zu Auszeiten.

Startpunkt
Sisteron

Endpunkt
Ménerbes

Streckenlänge
360 km

Etappen
6

Reisedauer
14 Tage

Highlights
Zitadelle von Sisteron, Paddeln in der Verdonschlucht, Wandern in den Calanques, Zedernwald bei Bonnieux, Ockersteinbrüche, die schönsten Dörfer Frankreichs

Provence: Naturspektakel zwischen Wasser und Felsen

EINE TOUR VON ANGELA

Die Provence zieht vor allem zur Lavendelblüte im Juni viele Touristen an. Aber auch im Herbst ist die Region in Südfrankreich reizvoll. Unsere Route konzentriert sich auf die Naturspektakel im Dreieck zwischen Aix-en-Provence im Osten, Marseille im Süden und Avignon im Westen. Sie ergeben gepaart mit dem Charme mittelalterlicher Dörfer und Kleinstädte eine perfekte Mischung für den Familienurlaub.

Relativ kurze Entfernungen zwischen den einzelnen Stationen sind ein weiteres Plus beim Reisen mit Kindern in der Provence. Wohnmobilreisende finden zudem eine gute Infrastruktur. Einige der Campingplätze schließen zwar Anfang Oktober. Ver- und Entsorgungsstationen sind jedoch in vielen Gemeinden ausgeschildert, und das Einladungsprogramm France Passion bietet zahlreiche idyllische Stellplätze in Weinbergen und Olivenhainen.

Die Landschaft der südfranzösischen Provence ist nicht nur zur Lavendelblüte reizvoll und lieblich.

Unsere Route startet in Sisteron, dem nordöstlichen Tor zur Provence. In der Zitadelle spielen kleine Entdecker Burgfräulein und Ritter, während die Eltern die Ausblicke in alle Himmelsrichtungen genießen. Die nächsten Highlights warten am türkisblauen Lac de Sainte-Croix. Wir paddeln mit geliehenen Kajaks in die beeindruckende Verdonschlucht und sehen bei einer Panorama-Autotour Adler knapp über unseren Köpfen kreisen.

Den bergigen Osten der Provence verlassen wir Richtung Südwesten. Wir durchqueren das urwaldbewachsene Tal von Saint-Zacharie südlich von Aix-en-Provence und erreichen in Cassis das Mittelmeer. Auf einer aussichtsreichen Route durch die Calanques erwandern wir uns die zerklüftete Küste mit tief eingeschnittenen Buchten.

Von Cassis aus wenden wir uns geradewegs Richtung Norden. Im Luberon erkunden wir bei einem Zwischenstopp auf einem Weingut zwei der schönsten Dörfer Frankreichs, Ansouis und Bonnieux. Im nahen Zedernwald spielen und bauen die Kinder mit Baumstammhütten.

Ein großer Naturspielplatz erwartet uns auch am Ockersteinbruch Colorado de Rustrel. Von Menschenhand ist hier eine orangerot-bunte Felsenlandschaft entstanden. Orangerot ist nach dem abwechslungsreichen Rundweg mit vielen Spielstopps zum Malen und Kraxeln auch mein Sohn. Die unterirdischen Ockerminen Mines de Bruoux mit ihrer Champignonzucht lassen wir uns dennoch nicht entgehen. Wer noch mehr über die Ocker-Geschichte erfahren will, ist im Ockermuseum in Roussillon gut aufgehoben. Wir lassen unsere Tour bei Ménerbes am nördlichen Rand des Luberon ausklingen. Die Dörfer im Vaucluse-Luberon zählen zu den schönsten Orten Frankreichs. Das Wohnmobil bleibt jedoch am besten am Ortsrand stehen. Durch schmale stille Kopfsteinpflaster-Gassen laufen wir zwischen schmucken Häuschen die Hügel hinauf. Nicht selten thront eine Burg (in Lacoste) oder eine Kirche (in Bonnieux) oder beides (in Menerbes) über dem mittelalterlichen Ortskern. Und in jedem Ort findet sich ein schöner Platz, wo wir einen Café au lait mit Aussicht über die Hügellandschaft genießen, bevor wir über die mautpflichtige Autobahn bei Avignon zurückkehren.

Camping La Source
camping-la-source.eu, Margaridon, Les Salles-sur-Verdon, Tel. +33/4/94 70 20 40
Terrassenförmig angelegter 4-Sterne-Campingplatz am Ufer des Lac de Sainte-Croix, nicht weit vom Ortszentrum; Stellplätze mit Seeblick, moderne Sanitäranlagen mit Familienduschen, sehr nette, deutschsprachige Rezeption, Kajak- und SUP-Verleih

Camping La Gantesse
camping-lagantesse.fr, D560, ZA, La Foux, Saint-Zacharie, Tel. +33/4/42 72 91 38
Absolut ruhig im Urwaldtal bei Saint-Zacharie gelegener einfacher Campingplatz mit wenigen Wiesenplätzen; Swimmingpool, Lamas, Wanderwege

Domaine Les Tuiles Bleues
lestuilesbleues.fr, 602 chemin des clots, Sannes, Tel. +33/7/83 38 53 37
Stellplatz zwischen Weinbergen und einem Abenteuerwäldchen mit Kunstinstallationen im Einladungsprogramm France Passion bei einer sehr netten, jungen Bio-Winzerfamilie; Tischtennisplatte, Plumpsklo und viel Platz, nahe Ansouis

Oben: Rostrot – die Ockersteinbrüche von Rustrel
Unten: Türkisblau – das Mittelmeer in den Calanques bei Cassis

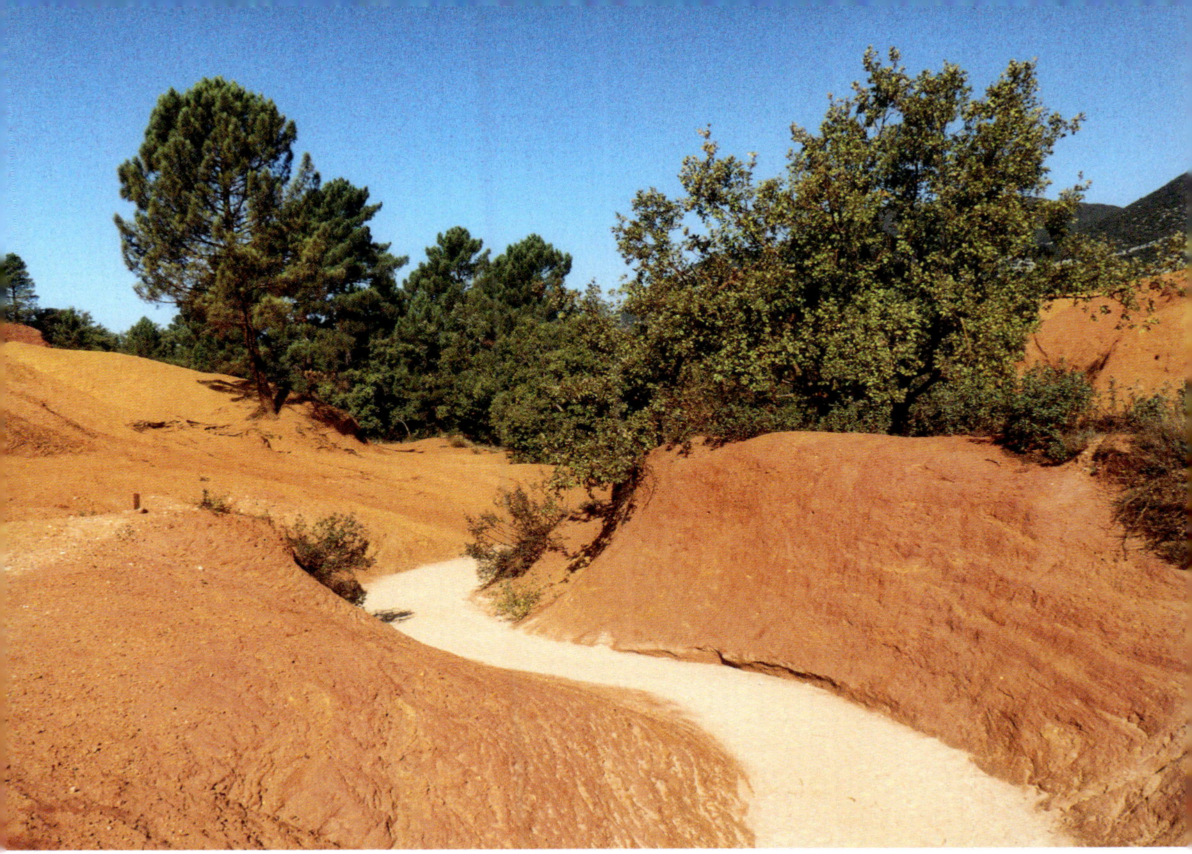

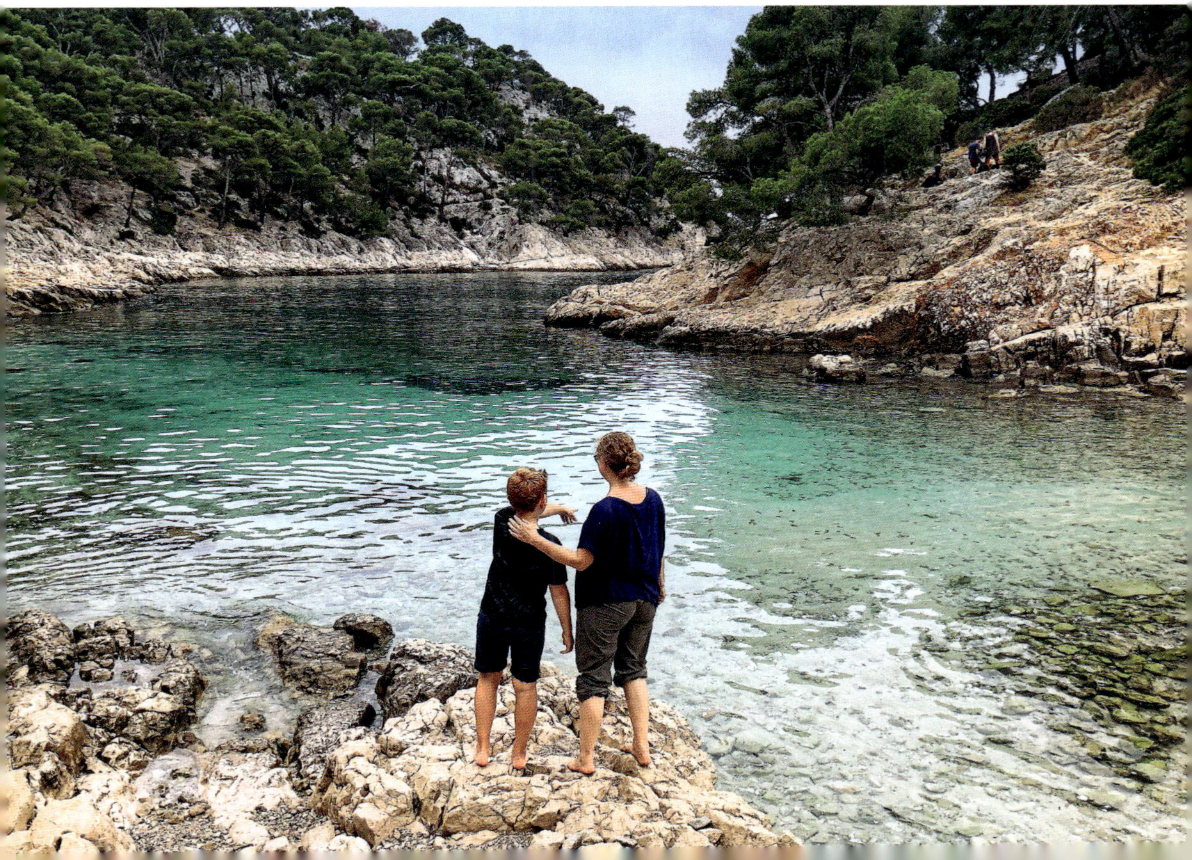

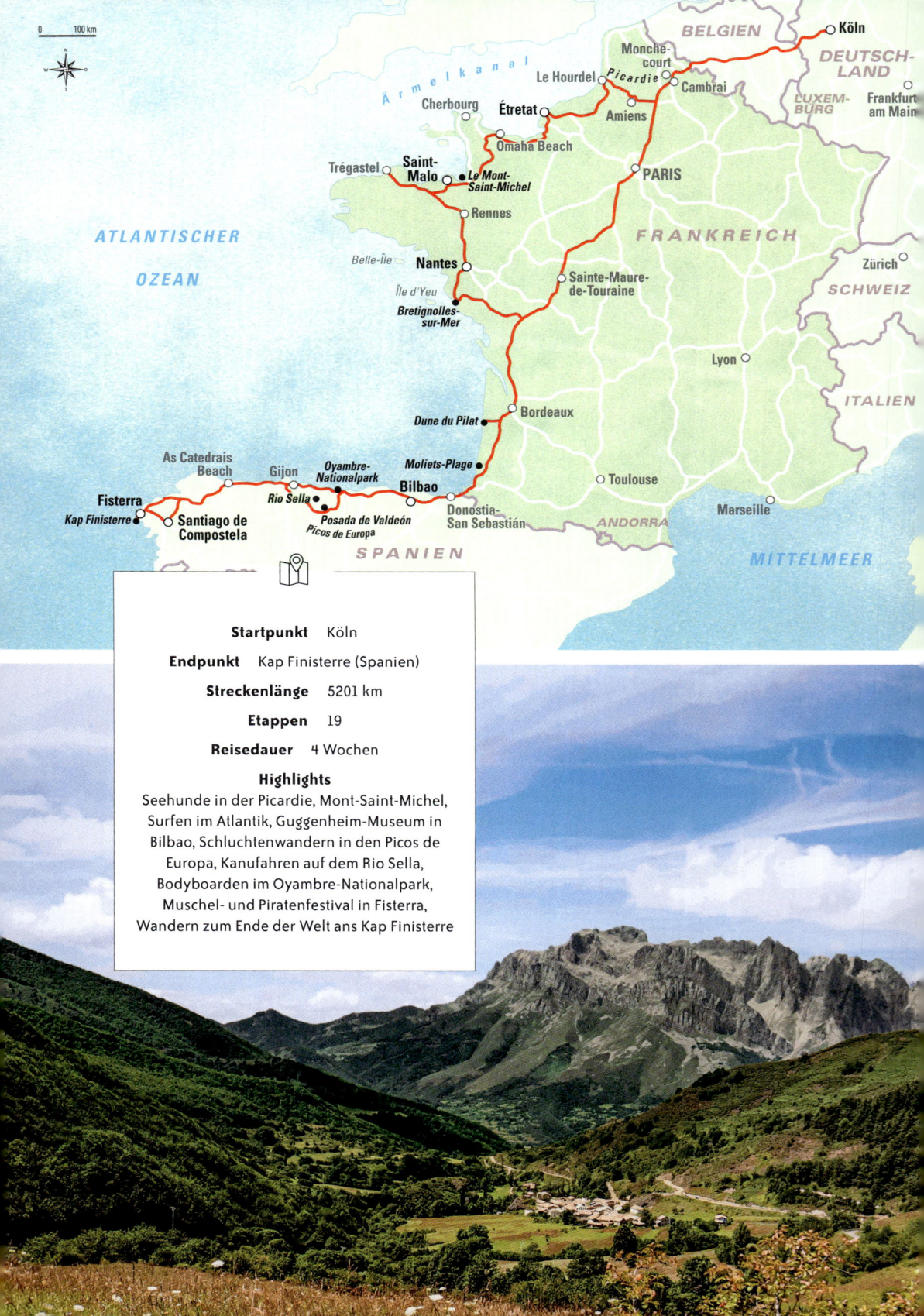

Startpunkt Köln

Endpunkt Kap Finisterre (Spanien)

Streckenlänge 5201 km

Etappen 19

Reisedauer 4 Wochen

Highlights
Seehunde in der Picardie, Mont-Saint-Michel,
Surfen im Atlantik, Guggenheim-Museum in
Bilbao, Schluchtenwandern in den Picos de
Europa, Kanufahren auf dem Rio Sella,
Bodyboarden im Oyambre-Nationalpark,
Muschel- und Piratenfestival in Fisterra,
Wandern zum Ende der Welt ans Kap Finisterre

Ruta Atlántica: Küstenstraßen in Frankreich und Spanien

EINE ROUTE VON ANDI UND JENNY

Aus Köln kommend erreichen wir den Atlantik in der Normandie. An dieser rauen, felsigen Küste beeindrucken vor allem die Orte Étretat mit steilen Klippen, Mont-Saint-Michel mit einem Kloster auf einem Berg im Meer, und Saint-Malo mit seiner bunten Mischung aus Kultur, Strand und Hafen. Weiter geht es an die rosa Granitküste in der Bretagne. Danach folgen endlose Sandstrände, die perfekt zum Surfen und Bodyboarden geeignet sind, und die größte Wanderdüne Europas, die Dune du Pilat.

In Spanien machen wir Station in den baskischen Städten San Sebastián und Bilbao. Während die baskische Hafenstadt San Sebastián vor allem für ihre Tapas (Pintxos) und ihre Lage an einer schönen Strandbucht bekannt ist, beeindruckt Bilbao mit moderner Architektur und dem Guggenheim Museum, das auch Kinder begeistern kann. Anschlie-

ßend erkunden wir bei ausgiebigen Wanderungen das wunderschöne Gebirge der Picos de Europa. In Galizien führt unser Weg in die Pilgerstadt Santiago de Compostela mit ihrer berühmten Kathedrale und bis an das Kap Finisterre. Das »Ende der Welt« ist der Wendepunkt unserer Reise.

Der große Reiz dieses Roadtrips liegt in der sich stetig wandelnden Küstenlandschaft und darin, immer am und im Atlantik zu sein. Ins Gepäck gehören Badesachen und Bodyboards sowie je nach Jahreszeit auch Neoprenanzüge für die Kinder. Trotz der langen Strecke ist das Reisetempo in vier Wochen eher gemächlich. Die Straßen sind durchweg gut, sodass wir zügig vorankommen. Zum Übernachten bieten sich nicht nur Camping- und Stellplätze an, sondern auch einige schöne Flecken zum Freistehen.

Highlights für die ganze Familie:

- Strandurlaub an den endlosen Sandstränden mit perfekten Wellen zum Bodyboarden in Bretignolles-sur-Mer und Moliets-Plage an der französischen Atlantikküste.

Die Gebirgsregion der nordspanischen Picos de Europa ist nur ein Highlight bei einer Tour entlang des Atlantiks.

- Stadtbummel am Fluss, Tapas, Eisessen und Besuch im Guggenheim-Museum in Bilbao; abends vom Stellplatz auf einem Hügel die Lichter der Stadt anschauen.
- Wanderung auf der Ruta del Cares durch spektakuläre Schluchten in den Picos de Europa. Hier hat unser Siebenjähriger unfreiwillig in einem etwa 12 Grad »warmen« Bergbach gebadet. Zum Glück hatte sein großer Bruder noch einen viel zu großen Kapuzenpulli dabei, den er dann als Pluderhose tragen konnte.
- Unverhofft in ein Piratenfest zu Ehren der weltberühmten Schwertmuschel am »Ende der Welt« in Fisterra geraten und abends von den Klippen aus über den endlosen Atlantik in Richtung Amerika schauen und sich den Wind um die Nase pusten lassen.

Oyambre-Nationalpark (Spanien)
San Vicente de la Barquera, an der CA-236, in der Nähe des Hotels Gerra Mayor
Morgens weckt uns das Klingeln eines Glöckchens vom vorbeifahrenden Bäcker mit frischen Schokocroissants; tagsüber gehen wir Bodyboarden am Traumstrand mit perfekten Wellen; abends sehen wir vom Stellplatz auf der Wiese aus in den Sonnenuntergang über dem tosenden Atlantik. Aber Vorsicht, auf den steilen Hängen mit feuchten Wiesen kann man sich leicht festfahren.

**Posada de Valdeón,
Picos de Europa (Spanien)**
valdeon.org/turismo-en-valdeon/
area-autocaravanas
Ein ganz neu gestalteter Stellplatz mit 36 Plätzen an einer Weide neben einem Spielplatz und einer Turnhalle, die kostenlos mitgenutzt werden kann (mit Kletterwand!); am Ortsrand, sodass auch mal ein paar Kröten vorbeiwatscheln; perfekter Startpunkt für aufregende Wanderungen durch die Schlucht Ruta del Cares

**Aire de Camping-cars Moliets-Plage
(Frankreich)**
Avenue de l'Océan, 40660 Moliets-et-Maa
Fußläufig zum Traumstrand gelegener Womo-Stellplatz, der genauso schön und schattig unter Pinien liegt wie die benachbarten High-End-Campingplätze, als einfacher Stellplatz aber deutlich günstiger ist.

Oben: Weit reicht der Blick übers Meer am Kap Finisterre (Spanien).
Unten: Berühmt ist das Kloster auf der Felseninsel Mont Saint Michel (Frankreich).

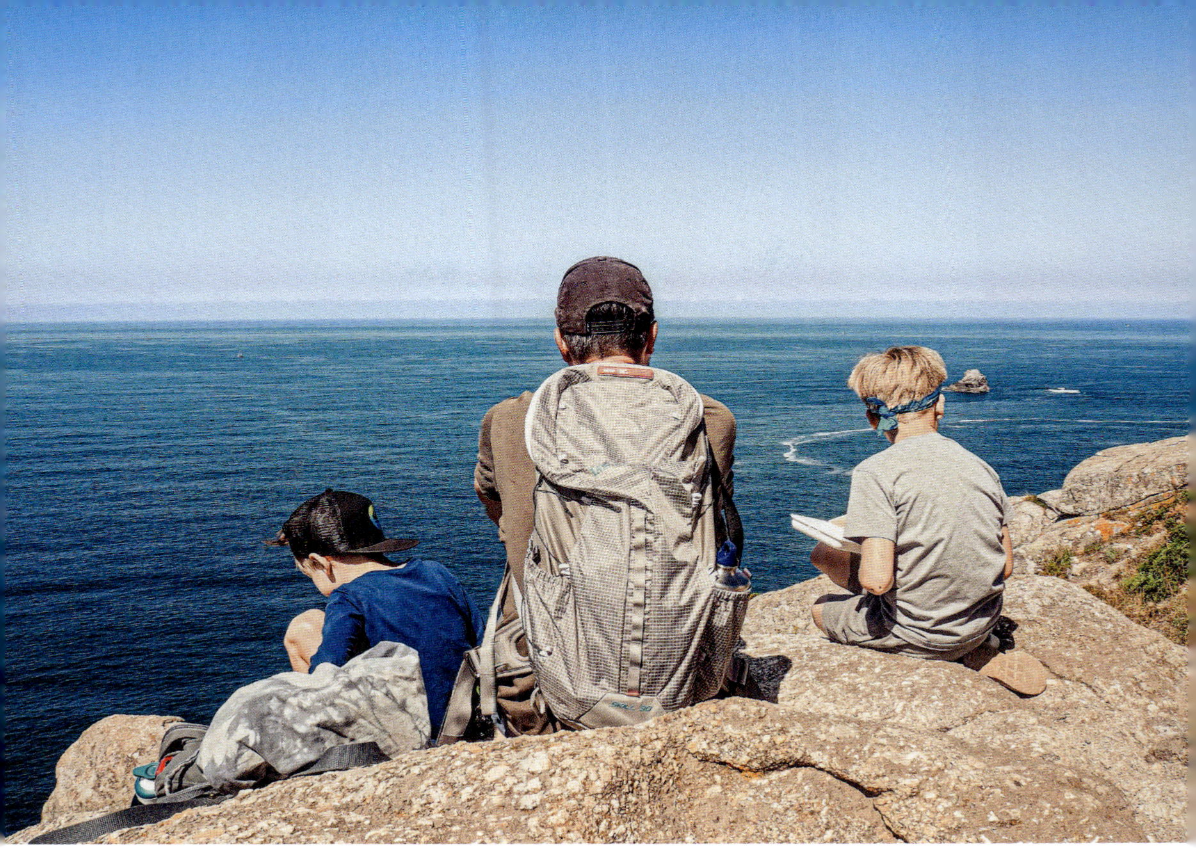

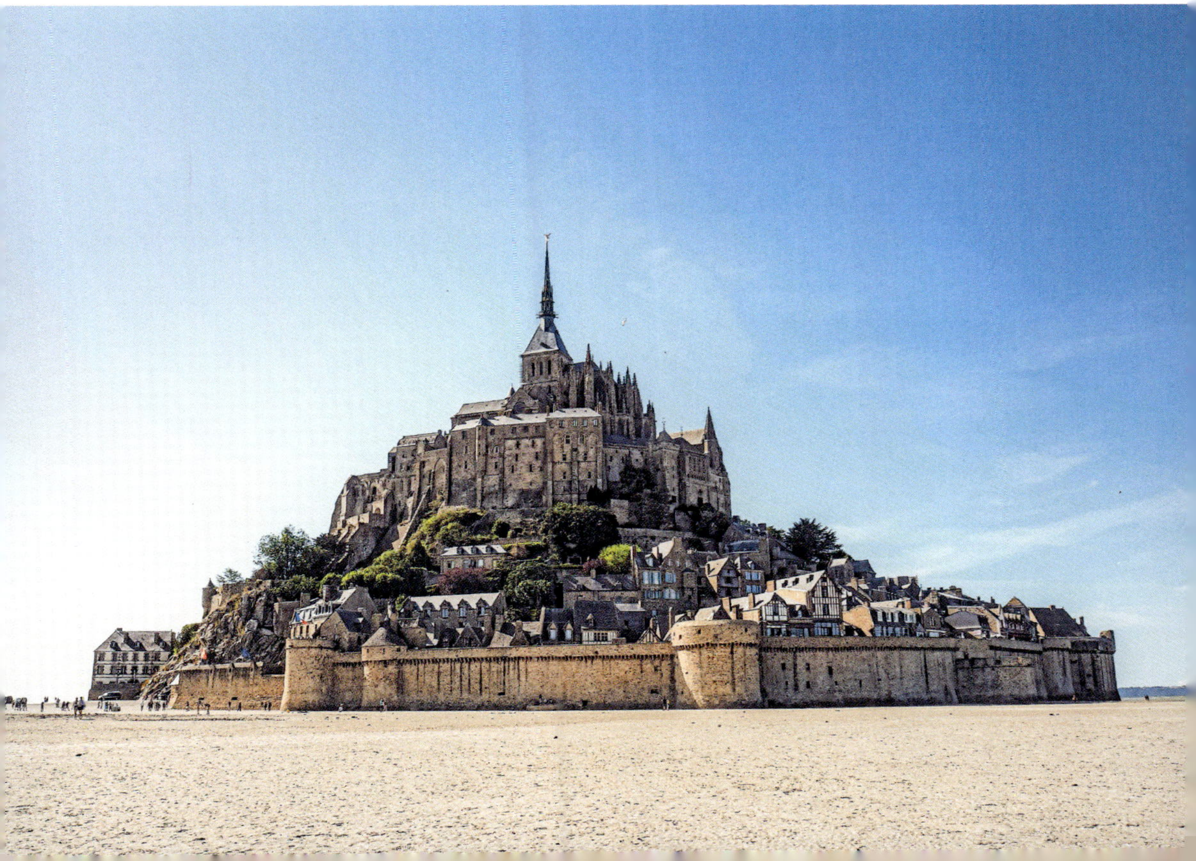

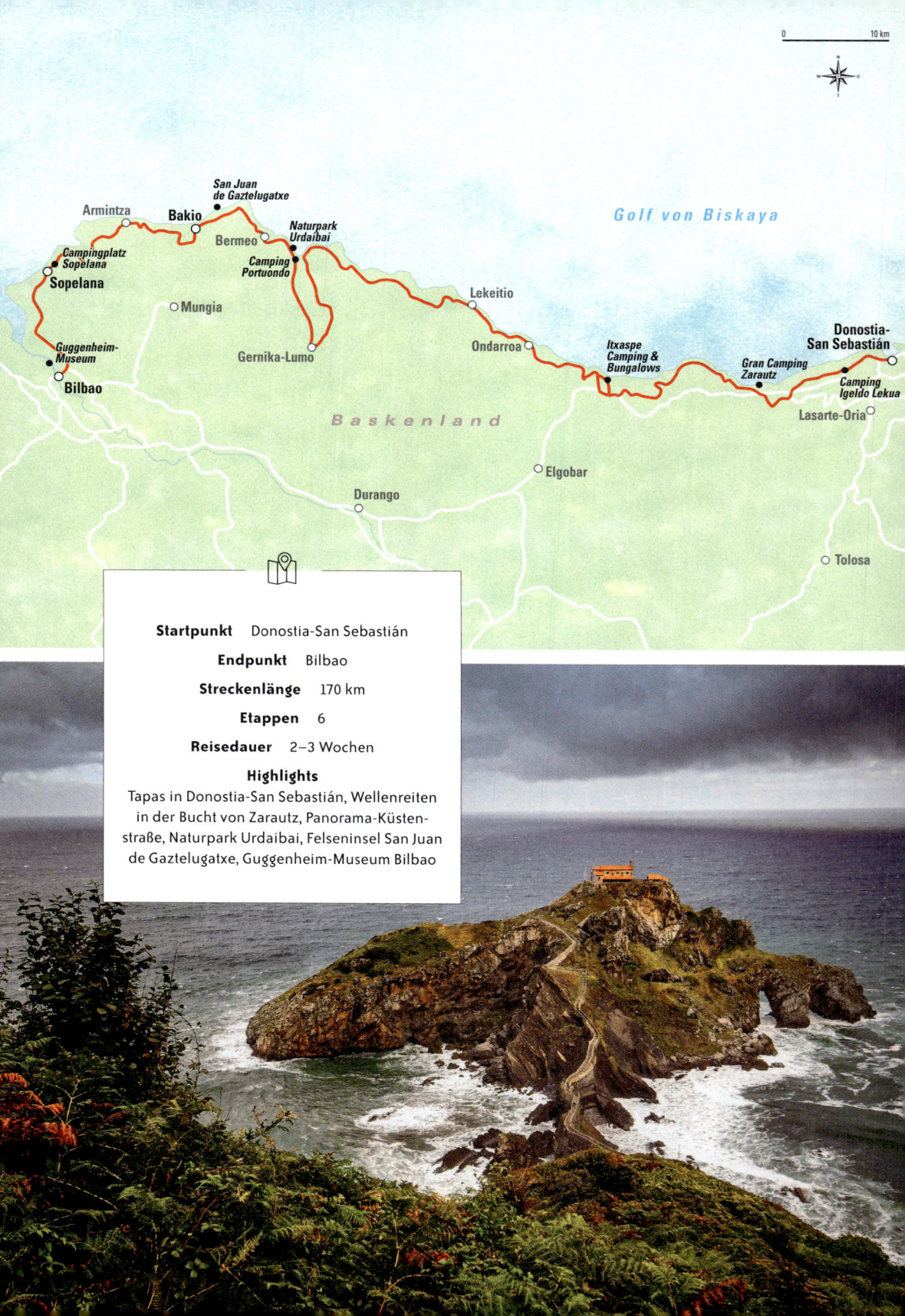

Golf von Biskaya

Armintza

San Juan de Gaztelugatxe

Bakio

Campingplatz Sopelana

Sopelana

Bermeo

Naturpark Urdaibai

Camping Portuondo

Mungia

Guggenheim-Museum

Bilbao

Gernika-Lumo

Lekeitio

Ondarroa

Donostia-San Sebastián

Itxaspe Camping & Bungalows

Gran Camping Zarautz

Camping Igeldo Lekua

Lasarte-Oria

Baskenland

Elgobar

Durango

Tolosa

Startpunkt	Donostia-San Sebastián
Endpunkt	Bilbao
Streckenlänge	170 km
Etappen	6
Reisedauer	2–3 Wochen

Highlights

Tapas in Donostia-San Sebastián, Wellenreiten in der Bucht von Zarautz, Panorama-Küsten-straße, Naturpark Urdaibai, Felseninsel San Juan de Gaztelugatxe, Guggenheim-Museum Bilbao

Baskische Atlantikküste:

Panorama-Roadtrip

EINE TOUR VON JASMIN UND JONAS

Das Baskenland zählt zu den reizvollsten und schönsten Reisezielen Spaniens. Lebendige Städte, verschlafene Dörfer, traumhafte Strände und atemberaubende Natur säumen die Küste von San Sebastián bis Bilbao. Zudem besitzt das Baskenland eine einzigartige Kultur, Küche, Architektur und Sprache.

Dabei sind die Region und ihre Bewohner sehr kinder- und camperfreundlich. Spielplätze gibt es noch im kleinsten Dorf. Mit dem Wohnmobil sind auch abgelegene Straßen bei Regen gut zu befahren. Regelmäßig gibt es Entsorgungsstationen, Tankstellen, Supermärkte und Campingplätze. In der Nebensaison kann man prima frei stehen. Wohnmobil- oder Campermiete und Rückgabe sind sowohl in Bilbao als auch in San Sebastián möglich.

Vor der baskischen Küste ragt die Felseninsel San Juan de Gaztelugatxe aus dem tosenden Atlantik.

Unsere Tour beginnt in der Hauptstadt der Provinz Donostia-San Sebastián in den Ausläufern der Pyrenäen. In der Altstadt mit ihren historischen Bauwerken essen wir Pintxos, wie die Tapas hier heißen, im Restaurant Ni Neu. Weiter geht es nach Zarautz, einem Paradies für Naturliebhaber und Surfer. Die lebhafte Strandpromenade ist von Cafés und Restaurants gesäumt. Am Ostende des Strandes mündet der Fluss Iñurritza in den Golf von Biskaya. Die für die baskische Küste ungewöhnliche, ausgedehnte Dünenlandschaft steht unter Naturschutz. Eine Wanderung ist vor allem für Vogelliebhaber interessant.

Die Weiterreise auf der Höhenstraße N 634 von Zarautz bis Zumaia ist atemberaubend. Ab Zumaia führen malerische kleine Straßen am Golf von Biskaya entlang. Auf diesem Abschnitt lohnen sich Abstecher in die kleinen Buchten. Surfer und Kletterer können sich in Deba voll ausleben.

Wir folgen der BI-3438 in Richtung Lekeitio bis zum Naturpark Urdaibai. Durch das 22 000 Hektar große Sumpfgebiet verläuft eine Straße entlang einer Flussmündung mit zahlreichen Vögeln, Meeresklippen und Stränden. Ein Abstecher in das Urdaibai Bird Centre lohnt sich. An der Küste gibt es zahlreiche Aussichtspunkte.

Die Dörfer Laga und Mundaka schmiegen sich zwischen schroffe Felsmassive. Die Playa de Laga zählt zu den schönsten Stränden des Baskenlandes mit breitem Wassersportangebot. Das Inland hat wunderschöne familientaugliche Wanderwege zu bieten.

Wer auf der weiteren Route die Insel San Juan de Gaztelugatxe besuchen will, kommt vom Wohnmobil-Übernachtungsparkplatz auf einem gut begehbaren Wanderweg zur malerischen Felsinsel. Den Abend kann man in Bakio ausklingen lassen.

Die Großstadt Bilbao am Ende unserer Route ist umgeben von einer fruchtbaren Landschaft mit Wäldern, Bergen und Stränden, die von steilen Küsten eingeschlossen sind. Ein Ausflug ins Guggenheim-Museum ist auch mit Kindern sehr zu empfehlen. Am Wochenende werden dort Workshops für Kinder angeboten.

Camping Sopelana
campingseuskadi.com/sopelana,
Playa Atxabiribil, 30, Sopelana,
Tel. +34/94/676 19 81
Sehr sauberer Platz in einmaliger Umgebung in der Natur zwischen dem Meer und den Bergen in Nähe zur Stadt; Spielplatz, Schwimmbad, schöne Sanitäranlangen, große Stellplätze

Camping Portuondo
campingportuondo.com, 48360 Mundaka (Bizkaia), Tel. +34/94/687 77 01
Tolle Lage im Herzen des Naturparks Urdaibai am Ufer der Ria de Mundaka; kindergerechte Sanitäranlagen, Schwimmbad mit Rutsche, auch Bungalows

Itxaspe Camping & Bungalow
campingitxaspe.com,
20829 Itziar – Deba, Tel. +34/94/319 93 77
Unschlagbare Lage am Meer nahe der prähistorischen Höhle Ekainberri (Zestoa) im Geopark Costa Vasca; Kinderspielplatz, große Stellplätze, sauber, Schwimmbad

Oben: Zeit für Entdeckungen jenseits der Touristen-Highlights ist bei Wohnmobilreisen mit Kindern Gold wert.
Unten: Die Küstenstraßen in Nordspanien sind nicht immer perfekt ausgebaut, aber allesamt atemberaubend schön.

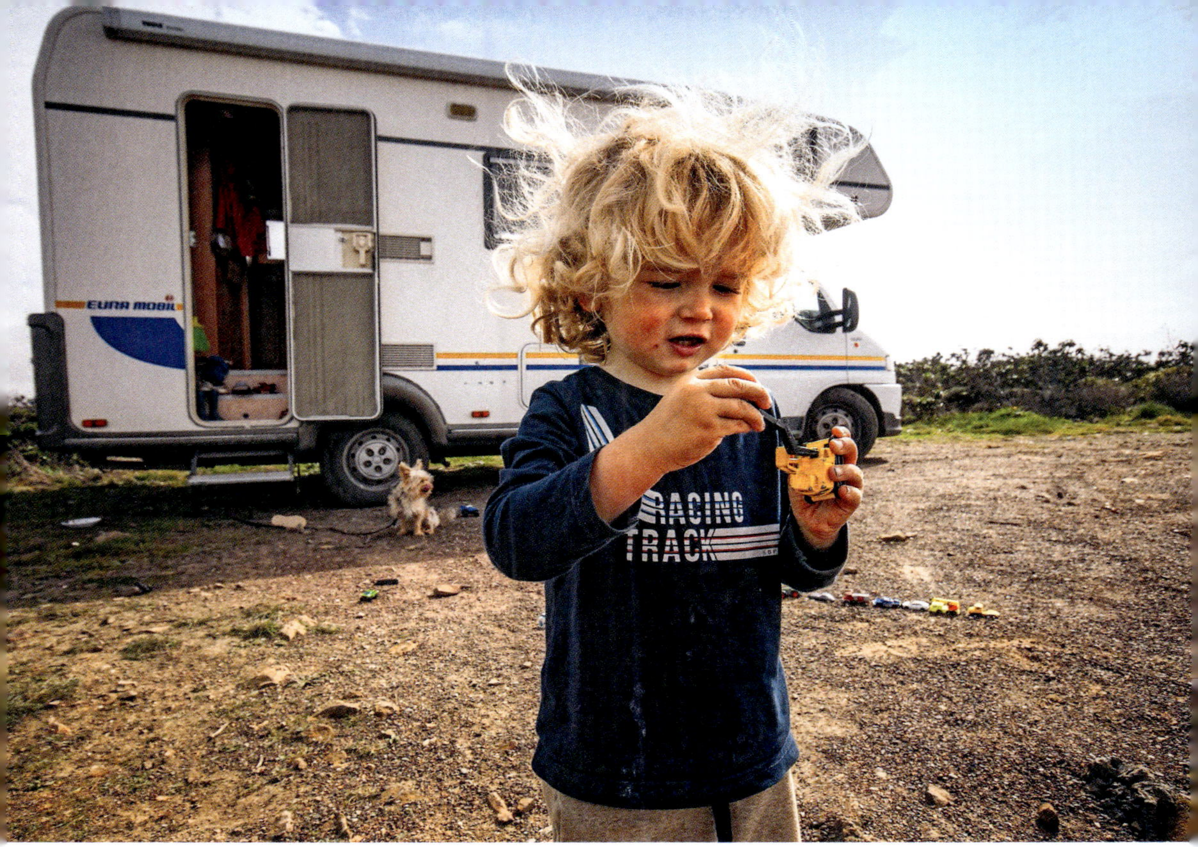
EURA MOBIL
RACING
TRACK

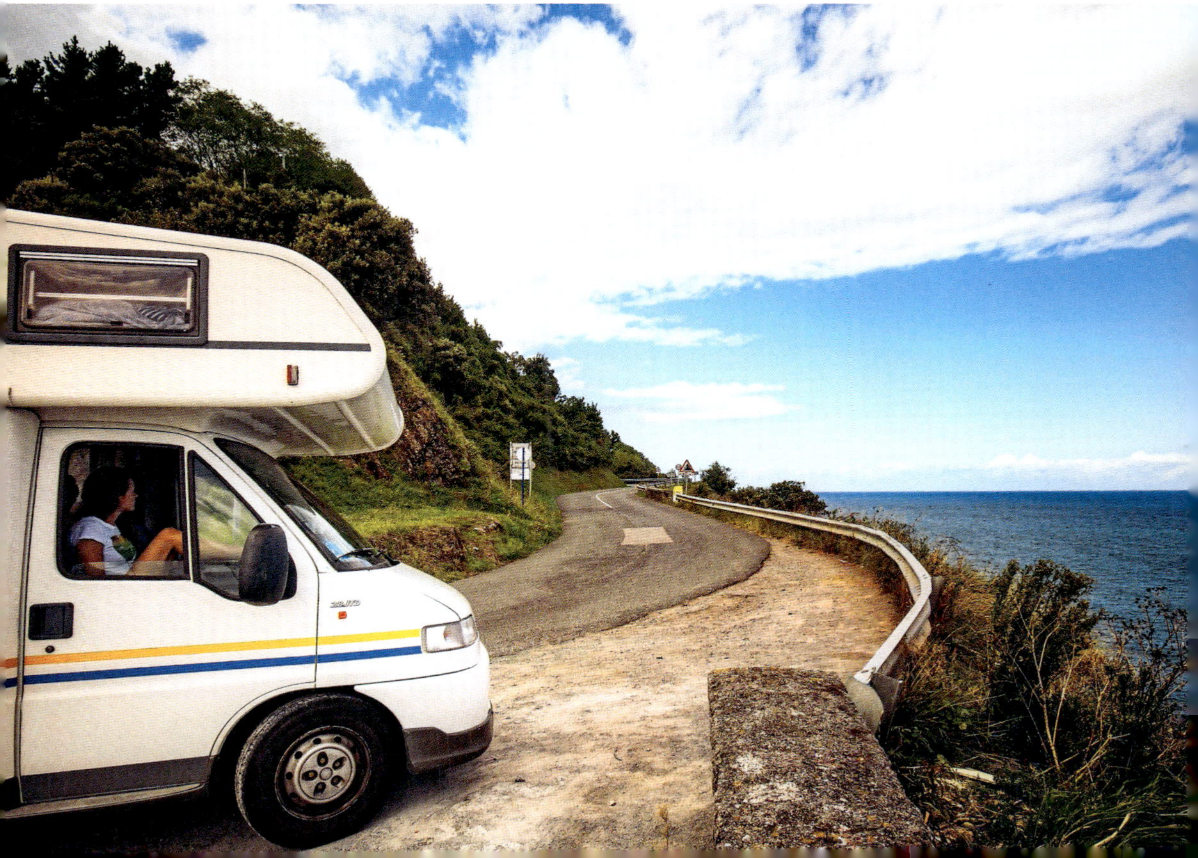

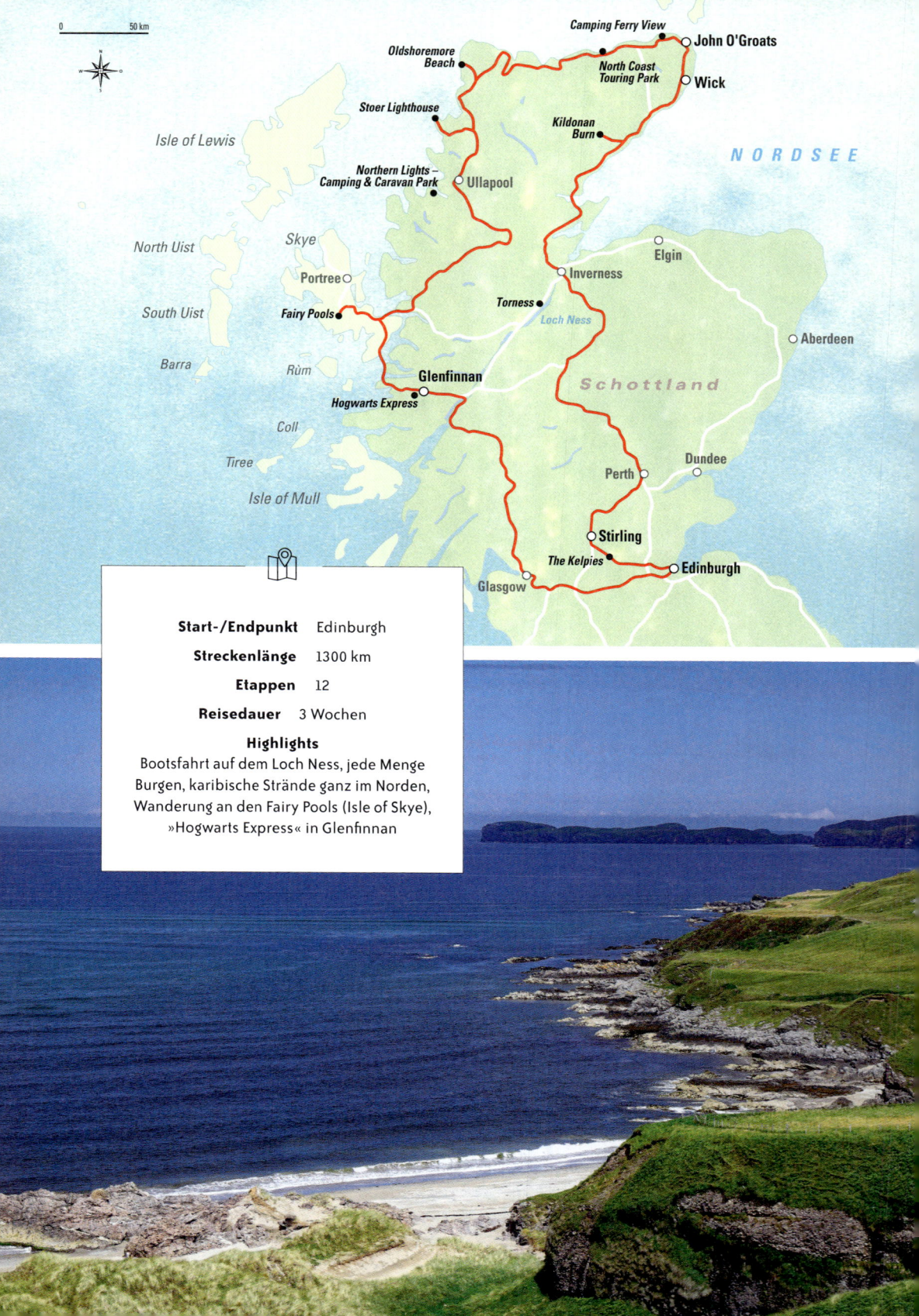

Start-/Endpunkt Edinburgh

Streckenlänge 1300 km

Etappen 12

Reisedauer 3 Wochen

Highlights

Bootsfahrt auf dem Loch Ness, jede Menge Burgen, karibische Strände ganz im Norden, Wanderung an den Fairy Pools (Isle of Skye), »Hogwarts Express« in Glenfinnan

Schottland: Gold, Seeungeheuer und ein zauberhafter Zug

EINE TOUR VON ANJA

Schottland ist Natur und Abenteuer pur. Das Grün in den Highlands leuchtet hinter jeder Kurve in einem anderen Licht. Die Weite der Landschaft ist überwältigend. Ganz im Norden gibt es außerdem karibisch anmutende Strände. Auf den Straßen kommen uns Schafe und ab und zu sogar Hochlandrinder entgegen. Außerdem gibt es jede Menge Burgen – einige groß und nach wie vor bewohnt, von anderen sind nur noch Überreste da. Kleine Entdecker haben hier also viel zu erleben.

An der Küste entlang wechseln sich unendliches Grün, verschlafene kleine Ortschaften und faszinierende Küstenlandschaften ab. Die Straßen sind dort relativ breit. Dagegen kommen wir auf den schmalen Straßen der Highlands selbst im kleinen Campingbus nur langsam voran.

Der Strand beim schottischen Coldbackie ist auch als Karibik des Nordens bekannt.

Unsere Route führt zunächst über die Kelpies – eine monumentale Stahlskulptur mit zwei Pferden – und Stirling mit seinem Castle zum berühmten Loch Ness. Bei einer Bootstour gehen wir auf die Suche nach Nessie. Mein Sohn darf das Boot zwischendurch sogar steuern. Davon erzählt er immer noch gern.

Weiter geht es über Wick, wo wir wieder ein Castle bestaunen, ganz in den Norden nach John O'Groats. Auf dem Weg liegt die echte Goldwaschstätte Kildonan Burn. An einem kleinen Unterstand an einem Fluss liegen eine Tageszeitung des gestrigen Tages und einige Bücher aus. Außerdem sind die Regeln für ambitionierte Goldsucher angepinnt. Kinder verfallen hier sofort in einen Goldrausch und haben riesigen Spaß bei der Goldsuche am Fluss.

Schließlich führt unsere Route an die Nordküste Schottlands. Sie überrascht mit unglaublich schönen Stränden, etwa dem Oldshoremore Beach. Der weiße Sand und das türkisblaue Wasser erinnern an die Karibik. Leider sind jedoch die Wassertemperaturen alles andere als karibisch. Es genügt vollkommen, die Füße ins kalte Nass zu stecken.

An der Westküste entlang wenden wir uns wieder Richtung Süden. Bei einer Übernachtung am Leuchtturm Stoer erfüllt sich der nächste Kindertraum. Am Abend beobachten wir andächtig das Licht des Leuchtturms aus unserem Camper heraus.

Nach ein paar Tagen herrlicher Ruhe in den Highlands erreichen wir die Isle of Skye ganz bequem über eine Brücke. Mit der Ruhe ist es angesichts der vielen Touristen auf der Insel vorbei. Dennoch ist sie eines der Highlights unserer Schottland-Rundreise. Die zauberhaften Fairy Pools besuchen wir morgens, um den Massen zuvorzukommen. An den kleinen und größeren Wasserfällen führt eine Wanderung entlang, die zwar nicht ganz leicht, aber ein riesiger Spaß für Kinder ist. Teilweise hüpfen wir von Stein zu Stein über kleine Bäche.

Für die Überfahrt zum Festland nutzen wir die Skye Ferry. Dabei haben wir das Glück, Seehunde zu sehen. Anschließend geht es nach Glenfinnan. Dort sehen wir den echten »Hogwarts Express«, der eigentlich Jacobite Steam Train heißt, bei der Überfahrt über das Glenfinnan-Viadukt. Zum Abschluss unserer Rundreise machen wir schließlich noch Halt am Loch Lomond. Der See liegt in einem wunderschönen Nationalpark.

Camping Ferry View
ferryview.scot
Einfacher, familiengeführter Campingplatz an der Küste bei John O'Groats; Öko-Konzept, Gemeinschaftsgrillplatz, kleiner Shop; super zum Fährenbeobachten

North Coast Touring Park
thehalladaleinn.co.uk/
northcoasttouringpark
Platz in einem Gasthof, vermietet auch beheizbare Pods, nur wenige Minuten zu Fuß zu einem wundervollen Strand

Northern Lights – Camping & Caravan Park
1 Cnoc Dubh, Badcaul, Garve IV23 2QY, UK, Tel. +44/1697/37 13 79
Kleiner Campingplatz mit 12 Plätzen und wunderbarer Aussicht aufs Meer

Oben: Der Jacobite Steam Train wurde als Hogwarts-Express weltberühmt.
Unten: Am nördlichsten Punkt Schottlands wacht der Leuchtturm von Dunnet Head.

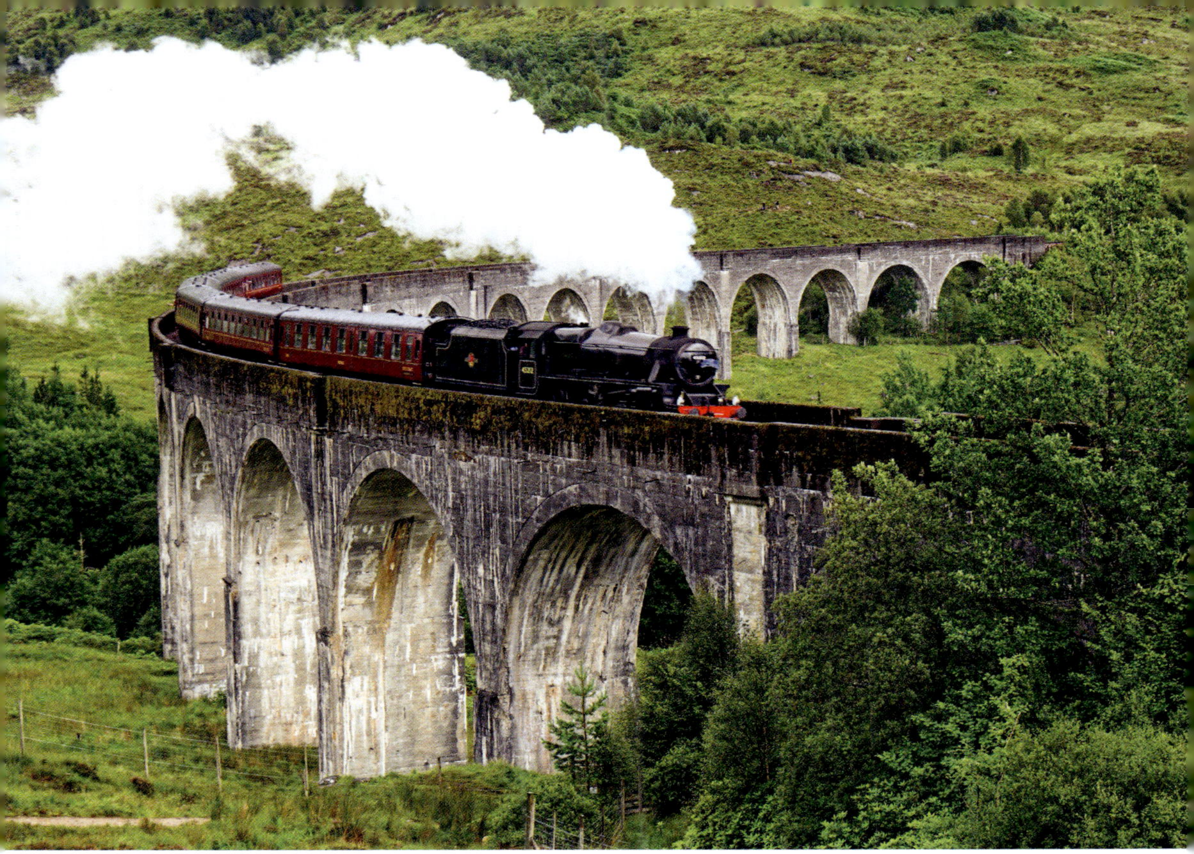

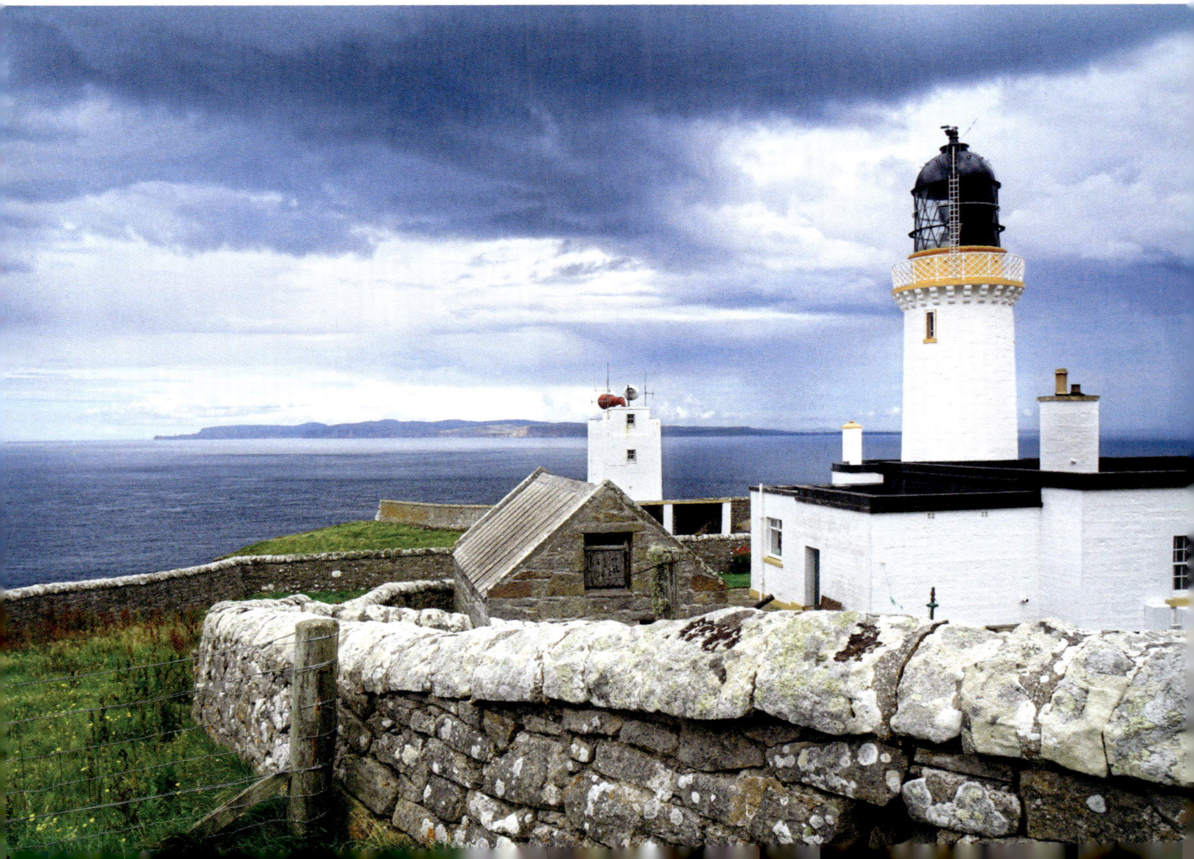

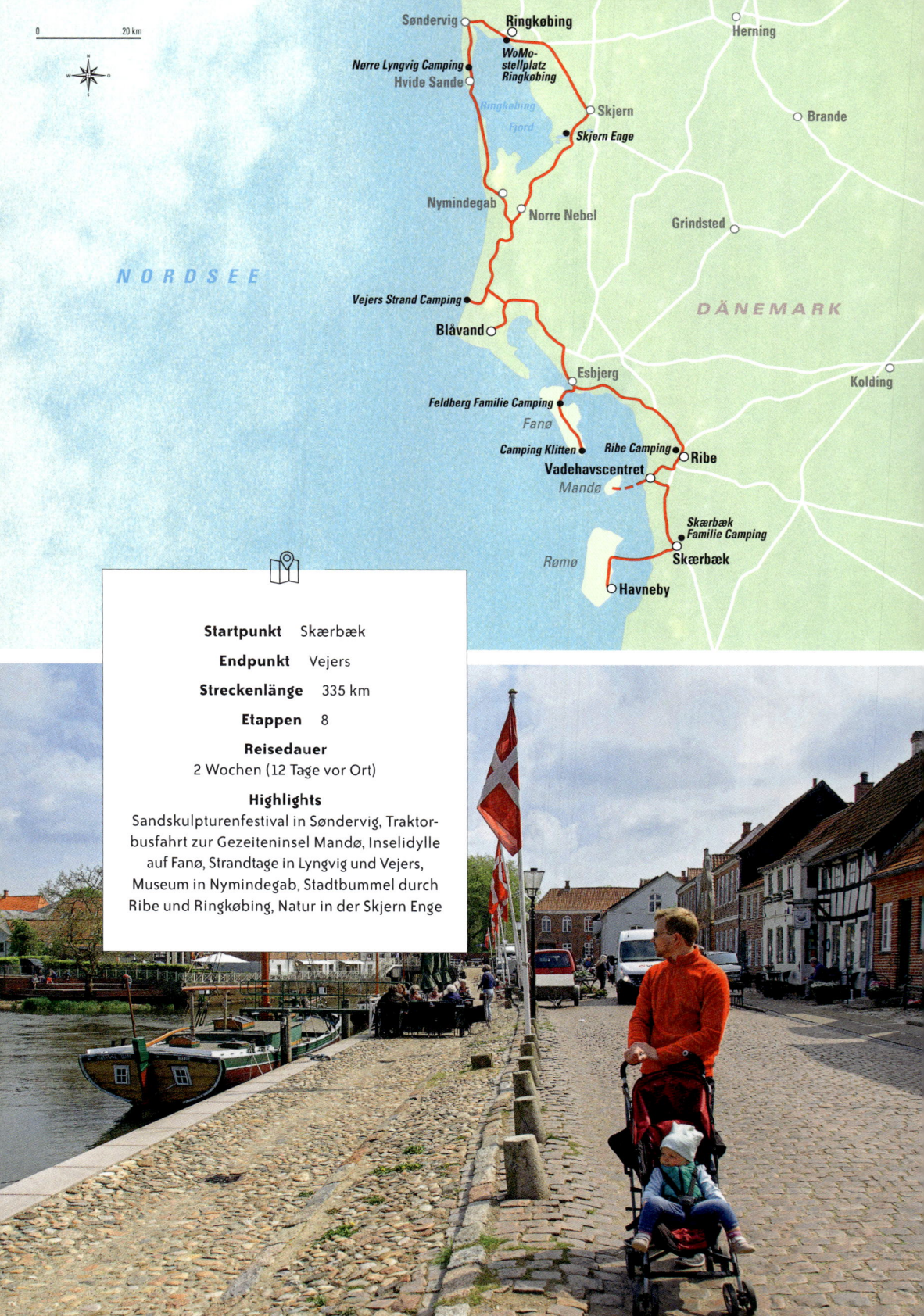

0   20 km

Søndervig   **Ringkøbing**

Herning

WoMo-
stellplatz
Ringkøbing

Nørre Lyngvig Camping
Hvide Sande

Skjern

Brande

Skjern Enge

*Ringkøbing
Fjord*

Nymindegab

Norre Nebel

Grindsted

N O R D S E E

Vejers Strand Camping

DÄNEMARK

Blåvand

Esbjerg

Kolding

Feldberg Familie Camping

Fanø

Camping Klitten   *Ribe Camping*   **Ribe**

Vadehavscentret

Mandø

*Skærbæk
Familie Camping*

Rømø   **Skærbæk**

Havneby

Startpunkt   Skærbæk

Endpunkt   Vejers

Streckenlänge   335 km

Etappen   8

Reisedauer
2 Wochen (12 Tage vor Ort)

Highlights
Sandskulpturenfestival in Søndervig, Traktor-
busfahrt zur Gezeiteninsel Mandø, Inselidylle
auf Fanø, Strandtage in Lyngvig und Vejers,
Museum in Nymindegab, Stadtbummel durch
Ribe und Ringkøbing, Natur in der Skjern Enge

Dänemarks Nordseeküste: Insel-Hopping im Wattenmeer

EINE ROUTE VON NICOLE

Wenn ihr ein relativ nahes Reiseziel und eine gemütliche, aber dennoch abwechslungsreiche Route sucht, dann passt Dänemarks Nordseeküste perfekt. Im Gegensatz zur deutschen Nordseeküste verwöhnt die dänische Westküste mit langen und breiten Sandstränden, die bei so ziemlich jedem Wetter Kindheitsträume wahr werden lassen – bei Sonnenschein in der Badehose, an kühleren Tagen mit Gummistiefeln.

Neben den herrlichen Stränden laden die ausgedehnten Dünenlandschaften zu Spaziergängen oder Radtouren ein. Schöne Etappenziele sind Leuchttürme. Der Lyngvig Fyr begeistert uns mit seinem wunderbaren Ausblick auf die Nordsee zur einen und den riesigen Ringkøbing-Fjord zur anderen Seite.

Ein besonderes Erlebnis ist ein Besuch der drei Wattenmeerinseln. Mit seinen schier endlosen Stränden lockt Rømø Familien und

Bummel mit Buggy durch die Altstadt von Ribe am Wasser entlang

Sportbegeisterte an. Während die größte der Wattenmeerinseln über einen Damm mit dem Festland verbunden ist, erreichen wir das beschaulichere Fanø nur per Kurzfähre ab Esbjerg. Die Strände sind hier ebenso schön, jedoch leerer. Besonders schön ist der südliche Zipfel von Fanø. Wir schlendern durch die urigen kleinen Gassen von Sønderho, vorbei an Reetdachhäuschen und bunten Gärten. Ein paar Schritte weiter wecken Marschland, Strandwiesen und der versandete Hafen des Inselörtchens den Entdeckergeist der Kinder. Von Juni bis September werden ab Sønderho Wattwanderungen, Planwagenfahrten und Bootstouren zu den Seehundbänken angeboten. Auf den vorgelagerten Sandbänken rekeln sich Robben in der Sonne.

Nur bei Niedrigwasser ist der Besuch der Gezeiteninsel Mandø möglich. Bei Flut ist sie eine Insel, bei Ebbe eine Halbinsel. Schon die Anfahrt ist ein Highlight für Kinder: Wir tuckern im Traktorbus über einen Schotterdamm auf das nur knapp acht Quadratkilometer kleine Eiland. Mandøs grüne Küste lässt sich bequem zu Fuß erkunden, auch mit Tippelschritten.

Ein Highlight auf dem Festland ist der Besuch des Sandskulpturenfestivals in Søndervig. Vierzig internationale Künstler setzen ein jährlich wechselndes Thema in Form von riesigen, fantasievollen Skulpturen aus Sand um – beeindruckend für Groß und Klein. Und da die Geduld der ganz Kleinen naturgemäß begrenzt ist, steht ein großer Sandkasten für eigene Kreationen bereit, während die Erwachsenen abwechselnd weiter durch die Ausstellung bummeln.

Ein weiteres Highlight ist das Nymindegab-Museum. Besonders spannend fanden wir das große Außengelände mit dem Wohnhaus und der Werkstatt einer Zimmermannsfamilie um 1930 und der dazugehörigen Windmühle. Im Hvalhuset beeindruckt außerdem ein 12 Meter langes Skelett eines in der Gegend gestrandeten Pottwals.

Die ehemals bedeutende Hafenstadt Ringkø-bing mit ihrer gemütlichen kleinen Altstadt sollte man auch nicht links liegen lassen. Anschließend verlassen wir die Küste und besuchen das Natur- und Vogelschutzgebiet Skjern Å. Die lieblich grüne Auenlandschaft längs des wasserreichsten Flusses Däne-marks erkundet man am besten per Rad. Zum Abschluss geht es noch einmal ans Meer zum Buddeln und Sandburgenbauen im Vejers Strandcamping.

Oben: Kinderspaß – Traktorbus zur Insel Mandø und Schaukeln auf dem Campingplatz
Unten: Wanderung – Mit Kind in der Kraxe geht's zum Leuchtturm Lyngvig Fyr.

Vejers Strand Camping
vejersstrandcamping.de, Vejers Sydstrand 3, 6853 Vejers Strand, Tel. +45/75/27 70 50
Weitläufiger, unparzellierter Platz in den Dünen am breiten Nordseestrand; Platz mit vollem Service, sauberen Sanitäranlagen, Küche, Grillplatz, Mini-Markt und schönem Kinderspielplatz; das gemütliche Städtchen Vejers liegt in fußläufiger Entfernung

Skærbæk Familie Camping
skaerbaekfamiliecamping.dk-camp.dk, Ulle-rupvej 76, 6780 Skærbæk, Tel. +45/74/75 22 22
Kleiner Wiesenplatz am Waldrand mit ordentlichen Sanitäranlagen, kleinem Laden und kostenfreiem WLAN; für Kinder gibt es einen großen Sandkasten, viel Spielzeug und sogar einen Streichelzoo; perfekt für Ausflüge auf die Inseln Rømø und Mandø

Lyngvig Camping
lyngvigcamping.dk, Holmsland Klitvej 81, 6960 Hvide Sande, Tel. +45/97/31 12 31
Sehr weitläufiger Platz ohne Parzellierung mit modernen Sanitäranlagen (auch Kinderbad), Küche, Shop, drei Spielplätzen und kleinem Indoor-Pool; der Nordseestrand und der Leuchtturm Lyngvig Fyr sind nur einen Katzensprung entfernt

Husøy

Kvaløya

Senja

Finnsnes

Andenes
Andenes Camping
Andøya

NORWEGEN

Stø
Stø Camping

Grytøya

Andørja

Europäisches

Nordmeer

Langøya

Sortland

Stokmarknes
Hadseløya

Hinnøya

Ofotfjord

Narvik

Riksgränsen

Vesterålsfjorden

Melbu

Austvågøya

Eggum

Unstad

Uttakleiv Beach

Kabelvåg

Vestfjord

Vestvågøya
Skjelfjord

Engeløya

Moskenesøya

Moskenes Camping

SCHWEDEN

0   50 km

Startpunkt   Riksgränsen
Endpunkt   Insel Husøy
Streckenlänge   950 km
Etappen   10
Reisedauer   16 Tage

Highlights
Mitternachtssonne in Eggum, Lofotr
Vikingmuseum, Arctic Surfers in Unstad,
Wanderungen auf den Mannen (Uttakleiv)
und Volandstinden (Skjelfjord)

Lofoten, Vesterålen und Senja:

Im Land der Mitternachtssonne

EINE TOUR VON HARTMUT

Spitze Berge, Strände mit klarem Wasser und pittoreske Fischerdörfer: Die Inselgruppen im Nordwesten Norwegens sind eine einzigartige Landschaft, für die sich die lange Anreise weit über den Polarkreis wirklich lohnt.

Im schwedischen Riksgränsen überqueren wir die Grenze zu Norwegen. Zielstrebig steuern wir auf der E 10 auf die Lofoten zu – das Hauptziel unserer Reise in den Norden Skandinaviens. Wir übernachten frei stehend am Meer und kaufen beim deutschen Bäcker in Kabelvåg gutes deutsches Brot und leckeren Kuchen.

Dann geht es weiter an die Westküste zum beliebten Stellplatz nach Eggum. Hier sind wir Mitte Juli nicht alleine. Auch andere bestaunen die Mitternachtssonne, die gegen ein Uhr nachts nur kurz den Horizont berührt, um danach wieder aufzugehen – ein fantasti-

In Uttakleiv schweift der Blick aus dem Campingbus über die Küste der Lofoten.

sches Schauspiel! Am nächsten Tag wandern wir entlang der kargen Küste der Lofoten nach Unstad zu den Arctic Surfers – den wohl härtesten Surfern der Nordhalbkugel. Sie reiten in dicken Neoprenanzügen durch die eisigen Wellen.

In Uttakleiv können wir für eine kleine tägliche Gebühr direkt am Meer campen - Toiletten und Trinkwasser inklusive. Ein Highlight neben langen hellen Abenden und Nächten am Lagerfeuer ist die Wanderung auf den Berg Mannen. Von dort oben genießen wir einen fantastischen Rundumblick über die einzigartige Landschaft der Lofoten.

Unsere Reise führt weiter gen Süden mit einer Übernachtung frei stehend am Meer im Skjelfjorden. Nach der Besteigung des Volandstinden geht es über kurvige Straßen, durch enge Tunnel und über viele kleine Brücken nach Moskenes. Dort haben wir nach neun Tagen endlich eine Möglichkeit zum Duschen und Wäschewaschen.

Ein kulturelles Highlight ist das Lofotr Vikingmuseum in Borg bei Bøstad. Am Original-Ausgrabungsort ist das größte je gefundene Wikinger-Langhaus rekonstruiert worden. Kinder können dort unter anderem verschiedenen Handwerkern bei der Arbeit zusehen, Pony reiten, Axt werfen oder Lammsuppe essen. Zum Museumsgelände gehört auch ein Bootshaus mit Wikingerschiffen.

Nach einer Zwischenübernachtung in der Nähe von Kabelvåg setzen wir mit der Fähre auf die Vesterålen über. Dort heißt unser Ziel Stø, ein kleines Fischerdorf ganz im Norden von Langøya. Stø ist neben dem bekannteren Andenes im Norden von Andøya Ausgangspunkt für Walsafaris. Eine Garantie für Sichtungen gibt es bei den Fahrten über das mitunter stürmische Nordmeer freilich nicht. Mit Glück sieht man die Meeressäuger von der Küste aus bei einer Wanderung auf der nach Königin Sonja benannten Königinnenrunde. Papageitaucher lassen sich dort allemal beobachten. An der Westküste von Andøya erleben wir eine weitere Wanderung und eine Nacht an einem schönen Strand.

Weiter nördich in Andenes nutzen wir noch einmal die Annehmlichkeiten eines Campingplatzes, bevor wir nach einer stürmischen Fährüberfahrt in Gryllefjord auf Senja ankommen. Dort bremst uns tagelang schlechtes Wetter aus. Doch damit muss man in Nordnorwegen immer rechnen. Nach einem Besuch der Insel Husøy machen wir uns daher auf den Weg zurück ins sommerliche Schweden.

Moskenes Camping
moskenescamping..no, Birger Eriksens vei 30, 8392 Sørvågen, Tel. +47/994/89 405
Fast direkt am Meer und in unmittelbarer Nachbarschaft des Hafens in Moskenes, dem Tor zu den Lofoten; sehr gepflegter Platz mit guten sanitären Anlagen und Waschmöglichkeiten

Andenes Camping
whalesafari.no/?page_id=3389&lang=de, Bleiksv 31, 8480 Andenes, Tel. +47/413/40 388
Eher einfacher, sauberer Platz oberhalb eines Sandstrandes; naturbelassene Stellplätze teilweise mit Meerblick; guter Ausgangspunkt für Überfahrten nach Senja oder eine Walsafari

StøBobilcamp
Fiskeværsveien, 8438 Stø, Tel. +47/911/05 518
Recht basaler Campingplatz mit kleinem Restaurant (abends warme Küche); Walsafaris starten in der Nähe

Oben: Die Wanderung zum Volandstinden führt durch die außergewöhnliche Natur der Lofoten.
Unten: Am Stellplatz in Eggum wird es Mitte Juni niemals dunkel.

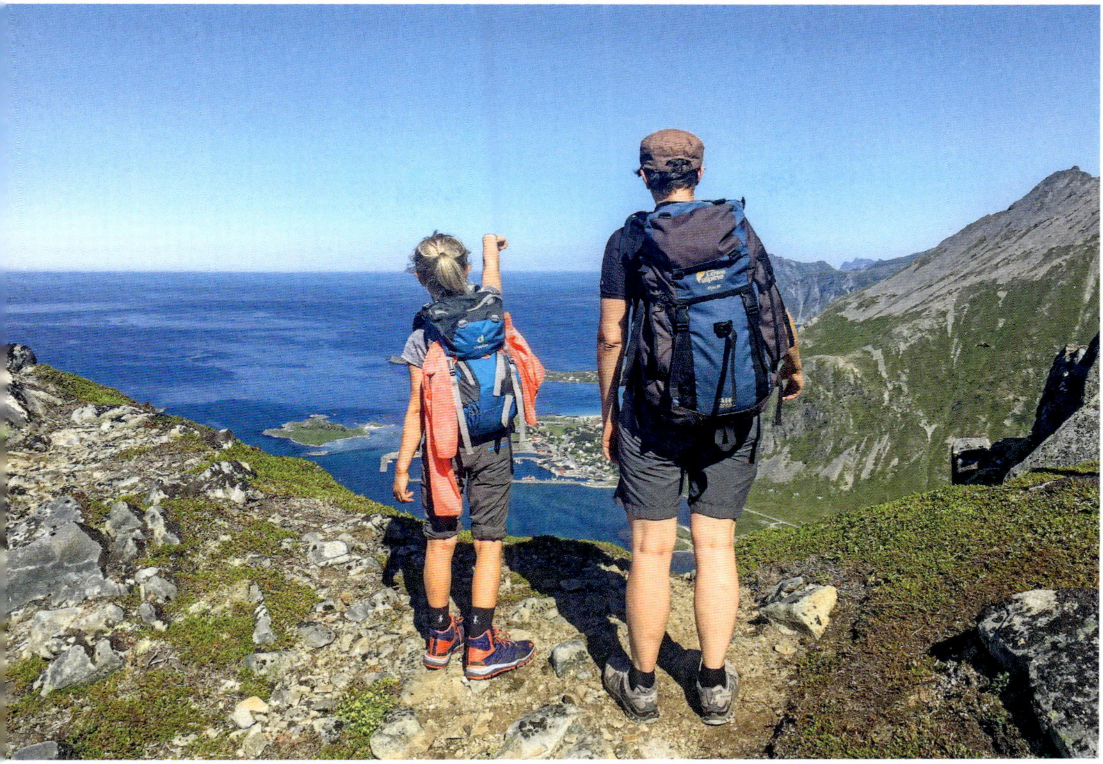

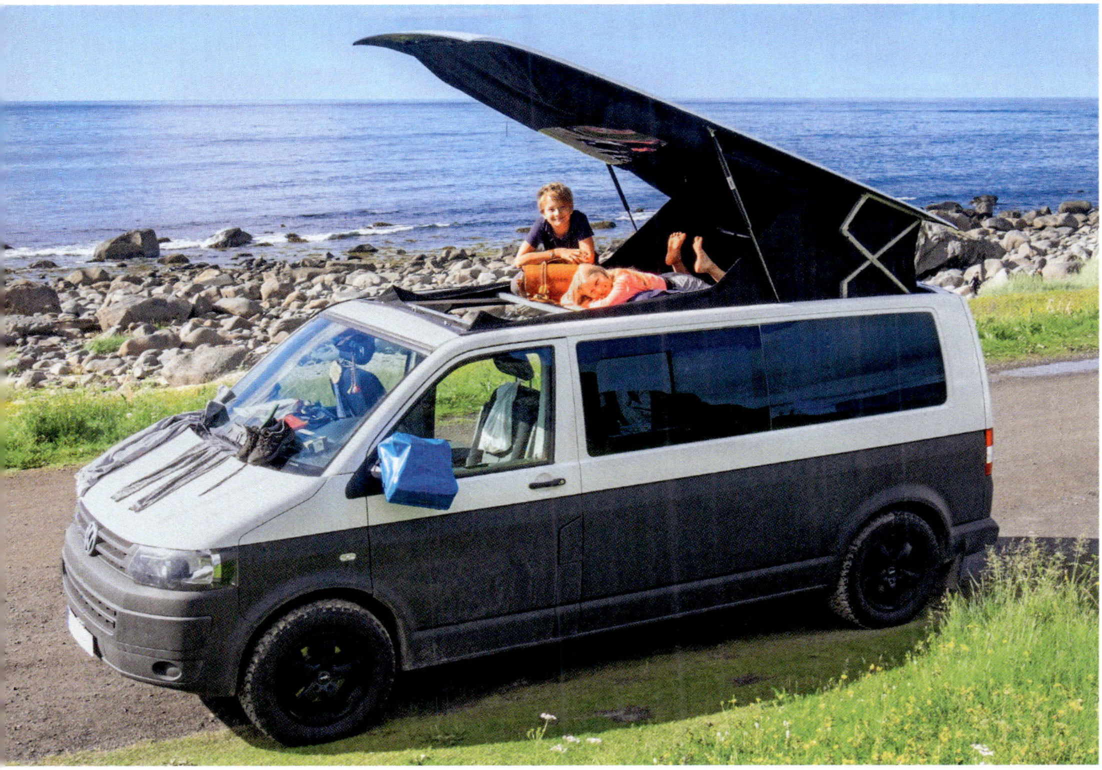

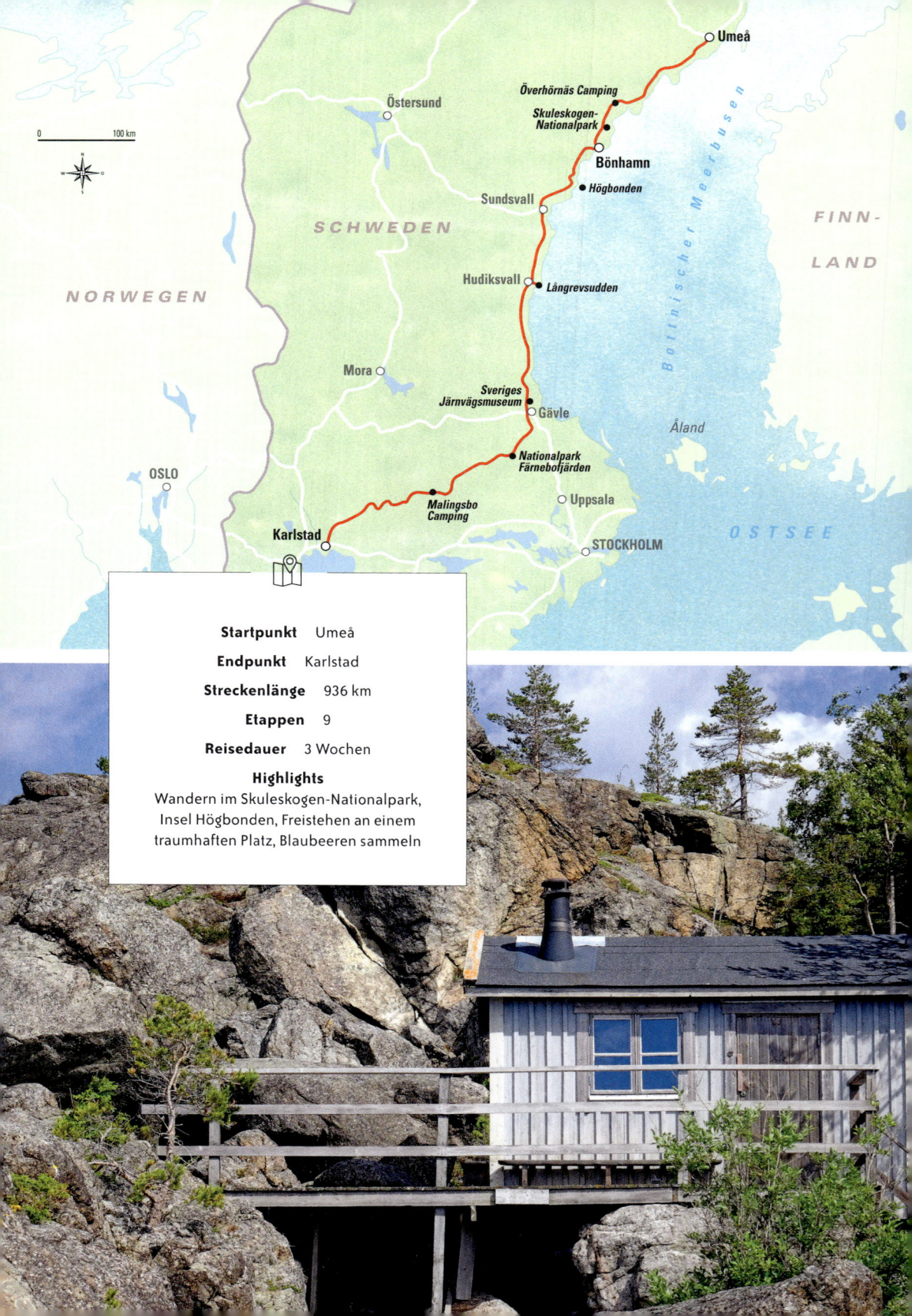

Startpunkt Umeå

Endpunkt Karlstad

Streckenlänge 936 km

Etappen 9

Reisedauer 3 Wochen

Highlights
Wandern im Skuleskogen-Nationalpark,
Insel Högbonden, Freistehen an einem
traumhaften Platz, Blaubeeren sammeln

Schwedens wilde Ostküste:

Naturabenteuer pur

EINE TOUR VON NORA UND MARIUS

Die Ostküste Schwedens ist eines der landschaftlichen Highlights in Skandinavien. Auf unserer Tour sind wir der abwechslungsreichen Ostseeküste von Norden nach Süden gefolgt, bis wir in Gävle ins Inland zu den Seen abgebogen sind. Zwischen Umeå und Karlstad liegen auf insgesamt rund 900 Kilometern unzählige Naturerlebnisse und spannende Orte.

Wald, sanfte Hügel und eine felsige Küste mit vielen kleinen vorgelagerten Inseln prägen die Landschaft. Zwischen Umeå und Karlstad liegen mit dem Skuleskogen- und dem Färnebofjärden-Nationalpark zwei wunderschöne Naturreservate. Dazu hat uns noch eine Insel in ihren Bann gezogen. Unendlich viele unkomplizierte und schöne Freistehplätze mit Plumpsklo und Feuerstelle machen die Tour perfekt. Die Straßen sind zwar abseits der

Die malerische Sauna auf der kleinen Insel Högbonden steht irgendwo im Nirgendwo.

großen Hauptverkehrsstraßen oft Schotterpisten, aber allesamt sehr entspannt zu fahren, da meist wenig Verkehr herrscht.

Das erste Highlight für Familien ist der Skuleskogen-Nationalpark mit seinem Urwald, der nur von Felsplateaus auf Bergrücken unterbrochen wird. Vom Südeingang wandern wir bis zum Slattdaskraven, einer tief eingeschnittenen Schlucht, und auf das dazugehörige Bergplateau. Die Wanderung ist mit sieben Kilometern und mehr als 100 Höhenmetern für kleine Kinder anspruchsvoll, aber sehr abwechslungsreich und spannend.

Danach geht es weiter nach Bärsta. Dort setzen wir mit einer zehnminütigen Bootsfahrt auf die Insel Högbonden über. Diese kleine Insel zählt wie der Nationalpark Skuleskogen zum UNESCO-Welterbe Höga Kusten. Sie ist unbewohnt und sehr wild. Spannende Pfade führen zu vielen einsamen Ecken. Nur Möwen leisten uns dort Gesellschaft.

Am Nachmittag stärken wir uns im Café am Leuchtturm und beobachten die Lastenseilbahn, die das Café versorgt. Ein traumhafter

Stellplatz an der Küste lädt uns dazu ein, ein paar Tage zu verweilen. Am kleinen Sandstrand mit flachem Wasser genießen wir bei wundervollem Wetter perfektes Urlaubsfeeling.

Das bekannte schwedische Eisenbahnmuseum in Gävle ist auch 2022 nach Renovierungsarbeiten noch nicht wieder eröffnet. Dafür entschädigt das Grängesbergsbanornas Järnvägsmuseum, das etwa auf dem halbem Weg von Gävle nach Karlstad in der Provinz Dalarna viele historische Züge, Loks und alte Gleisanlagen zeigt. Noch mehr Industriegeschichte erleben Familien im Besucherbergwerk Flogbergets Gruva zwischen Smedjebacken und Ludvika.

Nicht weit vom Malingsbo Camping befindet sich außerdem der Nationalpark Färnebofjärden. Die vogelreiche Wald-, Moor- und Seenlandschaft kann man auf Holzstegen und Wanderwegen in verschiedenen Längen erkunden.

Auf der Weiterfahrt durchs Landesinnere finden wir danach immer einen Stellplatz an einem See, wo wir richtig zur Ruhe kommen. Wir sammeln Blaubeeren, backen Blaubeerpfannkuchen über dem Lagerfeuer und das Glück ist perfekt – so einfach ist das in einem schwedischen Sommer.

Parkplatz am Skuleskogen-Nationalpark Südeingang
N 63.08385, E 18.47849
Einfacher Parkplatz mit Komposttoiletten, idealer Startpunkt für Wanderungen in den Nationalpark

Stellplatz in der Nähe von Hudiksvall
N 61.65788, E 17.3886
Wunderschöner Stellplatz auf einer Halbinsel bei Hudiksvall am Ende einer fünf Kilometer langen Schotterpiste; sehr flache Bucht, ideal zum Baden für Kinder; Komposttoiletten, Feuerstelle und Strand; sehr ruhig, wunderschöne Sonnenuntergänge

Malingsbo Camping
malingsbocamping..se, 77793 Söderbärke, Tel. +46/24/03 50 98
Sehr ruhiger Campingplatz am See, in der Nähe des Färnebofjärden-Nationalparks; einfache, aber saubere Sanitäranlagen; gepflegter Minigolfplatz und viele Wandermöglichkeiten

Oben: Der Weg zum Slattdalskrevan im Skuleskogen-Nationalpark führt über Stege mitten durch den Wald.
Unten: Am Ufer von Schwedens größtem See, dem Vänern, gibt es viele idyllische Plätze für verantwortungsbewusste Camper.

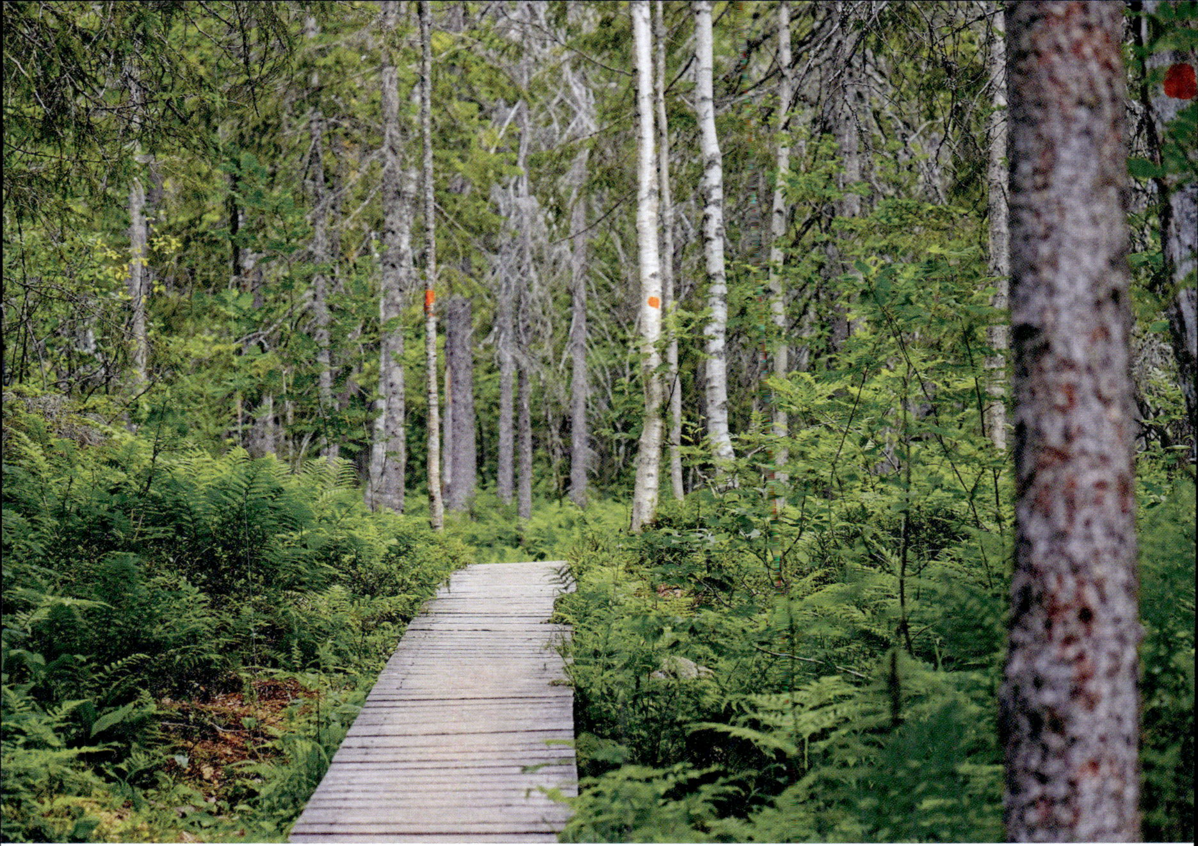
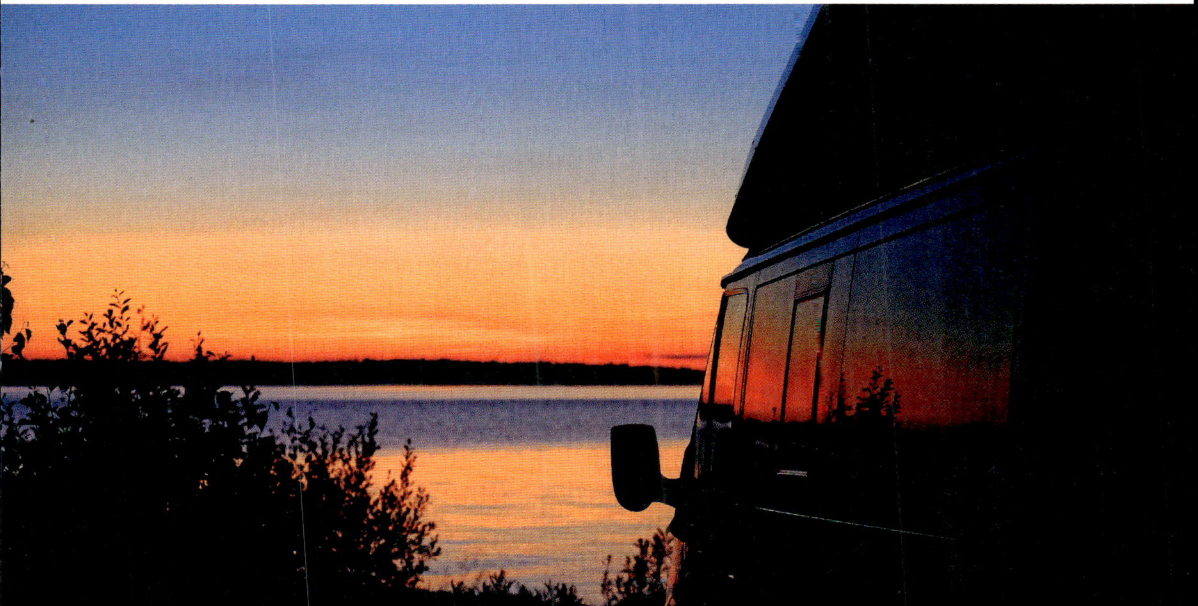

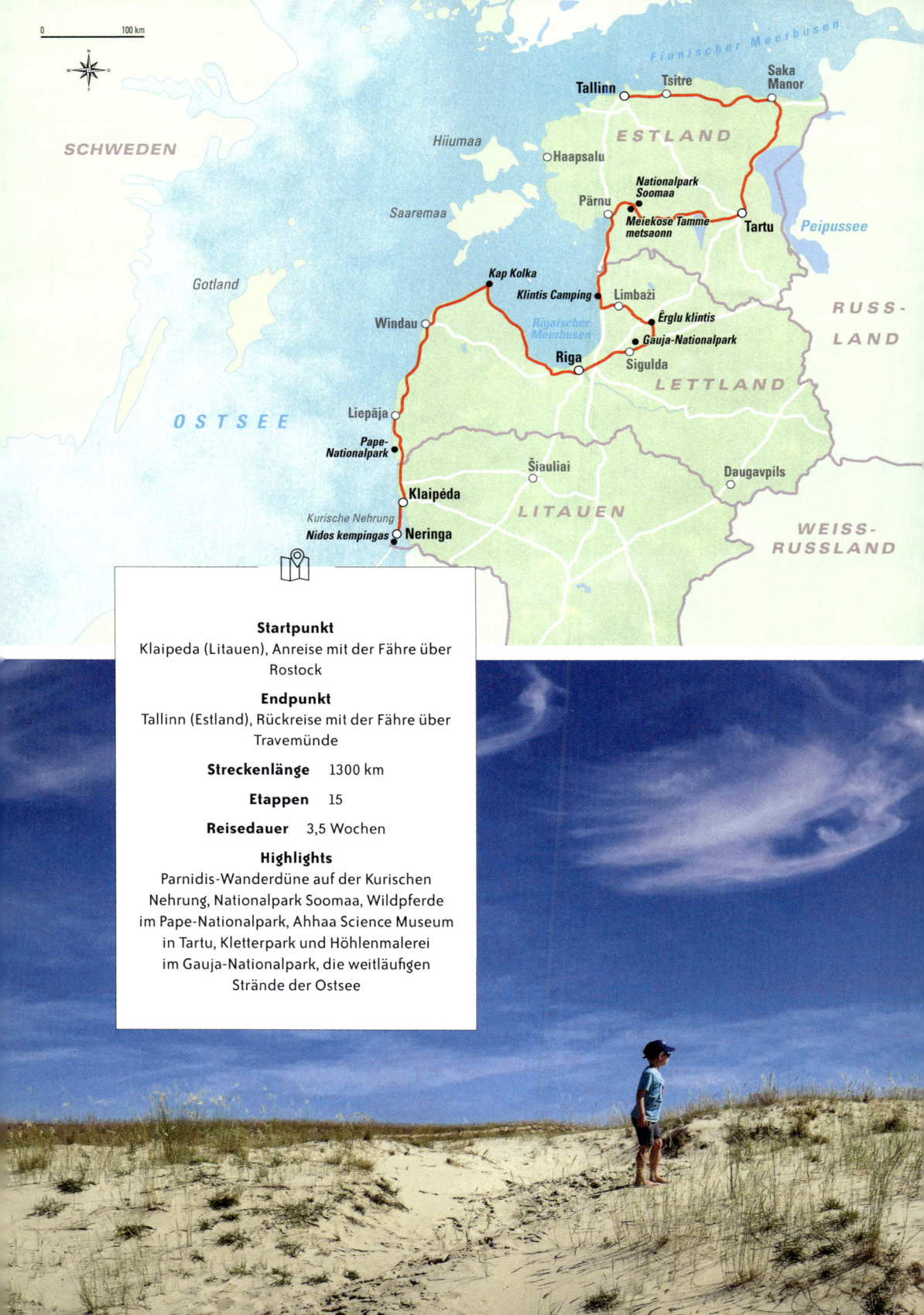

SCHWEDEN

Fionischer Meerbusen

Tallinn • Tsitre • **Saka Manor**

Hiiumaa

ESTLAND

○ Haapsalu

Nationalpark Soomaa

Pärnu ○

Meiekose Tamme metsaonn

Tartu

Saaremaa

Peipussee

Gotland

Kap Kolka ●

Klintis Camping ● Limbaži ○

Windau

Rigaischer Meerbusen

● *Ērglu klintis*

● *Gauja-Nationalpark*

Riga Sigulda

RUSS-LAND

LETTLAND

OSTSEE

Liepāja ○

Pape-Nationalpark ●

Šiauliai ○

Daugavpils

Klaipėda

Kurische Nehrung

Nidos kempingas ○ **Neringa**

LITAUEN

WEISS-RUSSLAND

0 ——— 100 km

Startpunkt
Klaipeda (Litauen), Anreise mit der Fähre über Rostock

Endpunkt
Tallinn (Estland), Rückreise mit der Fähre über Travemünde

Streckenlänge   1300 km

Etappen   15

Reisedauer   3,5 Wochen

Highlights
Parnidis-Wanderdüne auf der Kurischen Nehrung, Nationalpark Soomaa, Wildpferde im Pape-Nationalpark, Ahhaa Science Museum in Tartu, Kletterpark und Höhlenmalerei im Gauja-Nationalpark, die weitläufigen Strände der Ostsee

Baltikum: Seen, Flüsse, Meer

EINE ROUTE VON BIRGITTA

Unberührte Natur, tiefe Wälder, wildromantische Sandstrände – das Baltikum ist ein Camping- und Familienparadies. Vom Fährhafen im litauischen Klaipeda erreichen wir die Kurische Nehrung nach einer zehnminütigen Fährfahrt. Auf der 98 Kilometer langen Landzunge bestaunen wir eine der größten Dünen Europas. Die Parnidis-Wanderdüne ist ein Highlight unserer Reise und für die Kinder ein riesiger Sandkasten zum Buddeln und Sandsurfen.

Das mittlere Land der baltischen Staaten, Lettland, wartet mit gleich vier Nationalparks auf. Die Wiesen im Pape-Nationalpark zwischen Dünen am Meer und Moorgebieten rund um den großen Pape-See gehören Wildpferden und Auerochsen. Auf dem Orchideenpfad kann man außerdem seltene Orchideen sehen.

Immer an der Küste entlang fahren wir weiter zum Kap Kolka. Dort treffen sich die Wellen der offenen Ostsee mit denen der Rigaer Bucht. Der Bucht folgend erreichen wir Lettlands sehenswerte Hauptstadt Riga. Sie bezaubert nicht nur mit einer gut erhaltenen Altstadt, die als Kulturerbe geschützt

Ein gigantischer Sandspielplatz erwartet Familien an der Parnidis-Wanderdüne auf der Kurischen Nehrung.

ist. Riga hat auch für Kinder viel zu bieten. Zoo, nationales Naturmuseum, das lettische ethnografische Freilichtmuseum, Motormuseum, Eisenbahnmuseum und mehrere In- und Outdoor-Freizeitparks lassen keine Langeweile aufkommen.

Anschließend fahren wir ins Landesinnere zum größten und ältesten Nationalpark Lettlands. Im Gauja-Nationalpark beeindrucken gelb-rot leuchtende Sandsteinfelsen. In den von Höhlen durchzogenen Felsen spielen wir Verstecken. Der Fluss Gauja ist bei Kanufahrern sehr beliebt.

In Estland erwartet uns eine Idylle aus Moorlandschaften, Wäldern und Seen. Der flache Soomaa-Nationalpark wird zur Schneeschmelze und nach starken Regenfällen fast vollständig überschwemmt. Dann erkundet man ihn am besten im Kanu. Doch es gibt auch spannende Wanderwege. Am Besucherzentrum können Wohnmobile übernachten. Vor dort führt der Biberrundweg auch mit Kinderwagen mitten durch die Wildnis. In Karuskose startet der drei Kilometer lange Ingatsi-Lehrpfad als Bohlenweg, der sich bis zu acht Meter über das Moor erhebt. Auf dem Weg dorthin finden sich weitere Übernachtungsplätze.

Noch einmal biegen wir ins Landesinnere, um die historische Universitätsstadt Tartu zu besuchen. Die zweitgrößte estnische Stadt ist noch ein kleiner Geheimtipp, wird aber 2024 Kulturhauptstadt Europas. Kinder begeistert das interaktive Science Center Ahhaa. In dem Wissenschaftsmuseum kann man unter anderem auf einem Drahtseil Fahrrad fahren und ein Laserlabyrinth durchqueren. Im schönen, mittelalterlichen Tallinn ist dann aber Schluss mit Idylle. Die estnische Hauptstadt wird von Kreuzfahrttouristen überschwemmt.

In den Städten des Baltikums trifft häufig Tradition auf Moderne. Doch außerhalb der Großstädte ist es noch recht ursprünglich. In jedem noch so kleinen Dorf gibt es tägliche Märkte. Mit frischen Waldbeeren, Pfifferlingen, Gemüse, eingelegten Gurken und Honigwaben sind sie ein Paradies für Schleckermäuler.

Auf Familien mit Kindern warten im Baltikum jede Menge Abenteuer. Wir pflücken Beeren in den Wäldern und sammeln Treibgut an den Stränden. Flüsse, Seen und das Meer laden zum Planschen und Baden. Für Camper stellen die nationalen Forstämter viele kostenlose, saubere Plätze zur Verfügung. Auch private Höfe bieten Übernachtungsplätze, oft mit direktem Strandzugang.

Oben: Das AHHAA Science Center in Tartu ist das größte Wissenschaftszentrum im Baltikum.
Unten: Kayak-Tour im Soomaa-Nationalpark

Nidos Kempingas
kempingas.lt, E. A. Jonušo g. 11, 93127 Neringa
Nida, Tel. +370/469/520 45
Der von Birken gesäumte Platz ist für Camper die einzige Übernachtungsmöglichkeit auf der Kurischen Nehrung und daher im Sommer oft überfüllt; Stadt und Wanderdüne sind fußläufig erreichbar; Sanitäranlagen und Küche alt, aber sauber; Spielplatz

Klintis Camping
klintis.lv, Salacgrīvas novads, Salacgrīvas pagasts, Klintis, LV-4033, Lettland
Großzügig angelegter Campingplatz mit freier Platzwahl im Gauja-Nationalpark, direkt an roten Sandsteinklippen; zu jedem Stellplatz gehört ein überdachter Picknickplatz; einfache, aber saubere Sanitäranlagen, zwei Saunen (kostenpflichtig), Spielgeräte für Kinder, Restaurant und Café; günstige Stellplätze vor der Schranke

RMK Meiekose Saarte lõkkekoht
N 58°27'24,2'' E 24°59'37,3''
Riisa, 86815 Pärnu County, Estland
Der kostenlose Parkplatz im estnischen Soomaa-Nationalpark liegt direkt am Fluss Raudna Jogi nicht weit von Nationalparkinformation, Biberlehrpfad und Moorwanderweg; überdachter Picknickplatz, Feuerholz, Feuerstelle mit Sitzgelegenheiten, Toilettenhäuschen und Schutzhütte

REGISTER

ACSI-Karte 33
ADAC-Campingkarte 33
Aix-en-Provence 175
Ajaccio 167
Alkoven-Wohnmobil 20, 23
Almbachklamm 143
Alpen-Nationalpark Berchtesgaden 143
Andenes 196
Andøya 180
Anhänger 20
Annweiler 140
Ansouis 175
Apps 31
Arnsberger Wald 131
Auffahrkeile 23
Ausflugsplanung 31, 85
Australien 53, 66, 86 f.
Autarkes Fahrzeug 23

Babys 16, 35, 94 f., 101 f.
Bakio 184
Baltikum 78, 203 f.
Bärsta 199
Baskenland 183
Bastia 167
Bauernhofcamping 32, 135 f., 168
Berchtesgaden 142
Berlin 135
Besucherbergwerk Ramsbeck 131
Biggesee 131
Bilbao 179, 183
Bleder See 147
Boitzenburger Land 135
Bonifacio 167
Bonnieux 175
Bordbatterie 23
Bosnien 148
Bøstad 195
Bozen 154
Brandenburg 135 f.
Brenner 140
Bretagne 179
Brijuni 152
Brioni 152
Burg Altena 132

Calanques 175
Camperausstattung 34 f., 61 f., 69, 98
Camperküche 46
Campervan 32
Camping Card International 33
Camping Key Europe 33

Campingbus 20, 53 ff., 57 ff., 74 ff., 81 ff., 86 f., 108 f., 118
Camping-Packliste 34
Campingplatz 15, 28 f., 31, 33, 42
Campingplatzsuche 31
Camping-Rabattkarten 33
Cannobio 156
Cap Corse 168
Cassis 175
Castiglione della Pescaia 163
Cavallino 154
Chiemsee 144
Chemietoilette 23
Clubkarte des Deutschen Camping Club 33
Colmar 171
Colorado de Rustrel 176
Cres 147

Dachzelt 15, 20, 118 ff.
Dahner Felsenland 140
Dänemark 85, 86, 191 f.
Deba 183
Digitale Nomaden 106
Disneyland Paris 57, 171 f.
Dubrovnik 148
Dumpen 23
Dune du Pilat 179

Eco-Camping 23
Eggum 195
Einfüllstutzen 23
Einladungsprogramme 32
Einwegmiete 23
Entsorgungsstation 23
Erlebnisberg Kappe 131
Estland 203
Étretat 179

Fährüberfahrten 20
Fahrzeug-Check 37
Fahrzeugtechnik 37
Fahrzeugwahl 20, 61, 77, 89 f., 113, 118
Fairy Pools 188
Fanø 191
Fazana 152
FCFS (First Come First Served) 23
Ferien 20, 28
Flatow 135
Florenz 162
Frankreich 61, 69, 85, 101, 171 f., 175 f., 179 f., 183

Freistehen 23, 32, 89, 105, 117, 118 ff., 195, 199
Freizeitpark Fort Fun 131
Frühbucherrabatt 23

Galizien 179
Gardasee 155 f.
Gauja-Nationalpark 203
Gävle 200
Gerswalde 136
Glenfinnan 188
Golf von Biskaya 183
Grand Est 171
Grundausstattung 34
Gryllefjord 196

Hambacher Schloss 139
Haus der Berge 143
Heckgarage 23
Heimweh 109, 114
Heki 23
Hennesee 131
Hintersee 144
Höga Kusten 199
Högbonden 199
Höhenbeschränkungen 20
Hook-up 23
Husøy 196
Hygiene 34, 195

Isle of Skye 188
Istrien 151 f.
Italien 69, 78, 86, 155 f., 163 f.

Japan 61, 86 f.
John O'Groats 187

Kabelvåg 195 f.
Kanada 94
Kap Finisterre 179
Kap Kamenjak 151
Karlstad 198
Kastenwagen 8, 20, 23, 89 f.
Kelpies 187
Kildonan Burn 187
Kinderbeschäftigung 41, 62, 97, 102
Kindergartenkinder 19, 81, 101
Klaipeda 203
Klausbachtal 144
Kleinkinder 19, 36, 94 f., 101 f.
Klima 19
Köln 170, 179
Komfort 20

Königssee 144
Kontrollboard 23
Körperpflege 34
Krk 159
Krka-Nationalpark 159
Kroatien 78, 151, 159 f.
Küchenausstattung 34
Kurische Nehrung 203
Kvarner Bucht 151

Lac du Sainte Croix 175
Lago Maggiore 155
Langøya 196
Langzeitreisen 8, 86, 101 ff., 106 ff., 113 ff.
Lettland 203
Limfjord 151
Limone 156
Linumer Bruch 135
Litauen 203
Loch Lomond 188
Loch Ness 187
Lofoten 195
Losinj 159
Luberon 175
Lucca 163
Luzern 155
Lychen 135
Lyngvig Fyr 175

Malcesine 156
Mandø 175
Mannheim 138
Markise 23
Ménerbes 160
Meschede 131
Metz 155
Mietfahrzeug 15, 16, 24 ff., 89
Möhnesee 131
Mont-Saint-Michel 179
Moskenes 195
Mühlhausen 171

Nachhaltigkeit 105, 113 ff.
Nancy 171
Nationalpark Berchtesgaden 143
Naturcampingplatz 23
Navigation 31
Nerezine 147
Neufahrzeug 24
Neuseeland 53, 86 f., 118
Normandie 179
Norwegen 66, 86, 123, 195 f.

Oberitalien 155
Obersee 144
Oberuckersee 136
Oldshoremore Beach 187
Opatja 151
Österreich 86

Ötzi 155

Parnidis-Düne 203
Pazin 150
Pfälzerwald 139
Pisa 163
Playa de Laga 184
Plitvicer Seen 159
Porec 151
Portugal 69
Pubertiere 19, 86
Pula 152
Punta di Sabbioni 156
Pyrenäen 183

Ramsau 142
Reims 171
Reinigung 34
Reiseapotheke 34
Reisedauer 20
Reiseziel 19
Rezepte 46
Rheinland 171
Rheinland-Pfalz 139
Rigi 155
Riksgränsen 195
Ringkøbing-Fjord 191
Riva 155
Rømø 191
Routenplanung 28 ff., 41, 124
Rovinj 151

Saarland 171
Saint-Malo 179
Saint-Zácharie 175
Saison 19, 28, 33
Salzbergwerk Berchtesgaden 143
San Gimignano 164
San Juan de Gaztelugatxe 184
San Sebastian 179, 183
Santiago di Compostela 179
Saturnia 164
Sauerland 131 f.
Scenic Route 41
Schlafplätze 20
Schönau am Königssee 144
Schottland 89, 187 f.
Schulkinder 19, 57 f., 61 f., 66 f., 106 f., 123 f.
Schwanger 81
Schwarzwasser 23
Schweden 86 f., 101, 195 f., 199 f.
Schweiz 85, 86, 155 f.
Seiser Alm 155
Senja 196
Siebeldingen 139
Siena 164
Sisteron 175
Sitzplätze 20, 70

Skandinavien 195
Skjelfjorden 195
Skradinski Buk 148
Skuleskogen-Nationalpark 199
Slowenien 147 f.
So a-Tal 147
Soest 132
Sønderho 191
Søndervig 192
Spanien 61, 69, 85, 197 f., 183 f.
Speyer 138
Spiele unterwegs 41
Stellplatz 28 ff., 31, 33, 42
Stellplatzsuche 31
Stoer 188
Strasburg 171
Streckenwahl 41
Südtirol 154
Südtiroler Archäologiemuseum 155

Tallinn 203
Technik 34
Teenager 86 f., 101, 195 f., 199 f.
Temperaturen 19
Trifels 139
Triglav-Nationalpark 147

Uckermark 135
Umeå 198
Urdaibai 183
USA 8, 53, 74, 86
Uttakleiv 195

Venedig 155
Venezien 154
Verdonschlucht 175
Versorgungsstation 23
Vesterålen 196
Vierwaldstätter See 155
Vintgarklamm 147
Vrsar 150
Vrši -Pass 147

Wick 187
Wildcampen 32
Wimbachklamm 144
Winterberg 131
Wohnmobiltechnik 37
Wohnmobil 8, 20, 61 f., 66 f., 113 f.
Wohnmobilmiete 16, 24 ff., 58 f., 69 f., 89
Wohnmobilstellplatz 23, 33
Wohnwagen 15, 20, 123 ff.

Zarautz 183
Zauberwald 144
Zempow 135
Zuladung 23
Zulässiges Gesamtgewicht 23

Impressum

Verantwortlich: Kerstin Thiele
Lektorat: Christian Schneider
Layout: Eva-Maria Klaffenböck
Repro: LUDWIG:media
Kartografie: Huber Kartografie
Herstellung: Anna Katavic
Printed in Slovenia by Florjancic

Sind Sie mit diesem Titel zufrieden? Dann würden wir uns über Ihre Weiterempfehlung freuen. Erzählen Sie es im Freundeskreis, berichten Sie Ihrem Buchhändler oder bewerten Sie beim Onlinekauf. Und wenn Sie Kritik, Korrekturen, Aktualisierungen haben, freuen wir uns über Ihre Nachricht an Bruckmann Verlag, Postfach 40 02 09, D-80702 München oder per E-Mail an lektorat@verlagshaus.de.

Unser komplettes Programm finden Sie unter

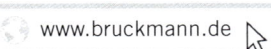

www.bruckmann.de

Bildnachweis:

Alle Fotos stammen von der Autorin, mit Ausnahme von: Andreas Arnold: S. 50/51, 60 (oben und unten), 63 (oben und unten), 64/65, 178, 181 (oben und unten); Dagmar Gumnior: S. 67 (oben und unten), 72 (oben und unten); Anja Hänisch: S. 107 (oben und unten), 108/109, 111, 186, 189 (oben und unten); Tanja Klose: S. 95 (oben und unten), 96 (oben und unten), 99 (oben und unten), 130, 133 (oben und unten); Tatjana Kopel: S. 17, 18 (unten), 44/45, 53 (oben und unten), 54/55, 146, 149 (oben und unten); Rebecca Köpcke: S. 56 (oben und unten), 59, 170, 173; Birgitta Kuhn: S. 75, 76 (oben und unten), 79 (oben und unten), 202; Jonas Mittag: S. 112 (oben und unten), 115, 116 (oben und unten), 182, 185 (oben und unten); Marius Müssig: S. 22 (unten), 38/39, 47, 100, 103, 104 (oben und unten), 198, 201 (oben und unten); Nicole Rempe: S. 22 (oben links), 80 (oben und unten), 82/83, 84, 190, 193 (oben und unten); Julia Schoon: S. 119 (oben und unten), 120, 134, 137 (beide oben); Michael Schwarz: S. 26 (oben), 122 (oben und unten), 125, 126, 158, 161 (oben und unten); Shutterstock/ YuriFineart: S. 128/129; Shutterstock/ Eriks Z: S. 205 (oben); Shutterstock/Uskarp: S. 205 (unten); Hartmut Vogt: S. 68, 87 (oben und unten), 88 (oben und unten), 91, 92 (oben und unten), 190, 197 (oben und unten)

Umschlagvorderseite: oben: shutterstock/alicja neumiler; unten: shutterstock/godluz
Umschlagrückseite: Hartmut Vogt

Die Deutsche Nationalbibliothek verzeichnet diese Publikation in der Deutschen Nationalbibliografie; detaillierte bibliografische Daten sind im Internet über http://dnb.d-nb.de abrufbar.

© 2023 Bruckmann Verlag GmbH
Infanteriestraße 11a, 80797 München

Originalausgabe mit dem Titel „ Wohnmobilreisen mit Kindern" , ISBN 978-3-7343-1980-8

ISBN 978-3-7343-2731-5